韩香云　魏晓娅　程向阳 ◎ 主编

大学生
DAXUESHENG
XINGSHI YU ZHENGCE

形势与政策

配套
精品教学课件
+学生无纸化
考试平台

中共中央党校出版社
The Central Party School Publishing House

图书在版编目（CIP）数据

大学生形势与政策 / 韩香云，魏晓娅，程向阳主编. -- 北京：中共中央党校出版社，2019.7
ISBN 978-7-5035-6585-4

Ⅰ.①大… Ⅱ.①韩… ②魏… ③程… Ⅲ.①时事政策教育－高等学校－教材 Ⅳ.① G641.41

中国版本图书馆 CIP 数据核字（2019）第 104420 号

大学生形势与政策

责任编辑	宗　边
责任校对	马　晶
责任印制	陈梦楠
出版发行	中共中央党校出版社
	（北京市海淀区长春桥路 6 号）
邮政编码	100089
网　　址	www.dxcbs.net
电　　话	（010）62808912（发行）　68929788（总编室）
经　　销	全国各地新华书店
印　　刷	天津市蓟县宏图印务有限公司
字　　数	255 千字
版　　次	2019 年 7 月第 1 版　2022 年 1 月第 8 次印刷
开　　本	787 毫米 ×1092 毫米　1/16
印　　张	13
定　　价	36.00 元

版权所有・侵权必究
如发现印装质量问题，请与本社发行部联系

编 委 会

主　编： 韩香云　魏晓娅　程向阳
副主编： 朱敏忠　张国梁　敬　希　张晓翔
编　委： 刘　军　张雁鸿　张艳坤　朱长彦
　　　　　池佳晖　柳　辉　郭兰英　董　勇
　　　　　李永红　胡晓敏　夏　鹰　俞薇薇
　　　　　袁兆荣　段耀峰　周兴前　潘亚兰
　　　　　赵　强

前 言

教育是国之大计、党之大计，承担着立德树人的根本任务。思想政治理论课是落实立德树人根本任务的关键课程，发挥着不可替代的作用。办好思想政治理论课，要放在世界百年未有之大变局、党和国家事业发展全局中来看待，要从坚持和发展中国特色社会主义、建设社会主义现代化强国、实现中华民族伟大复兴的高度来对待。思想政治理论课建设只能加强、不能削弱，必须切实增强办好思想政治理论课的信心，全面提高思想政治理论课的质量和水平。

"形势与政策"课是理论武装时效性、释疑解惑针对性、教育引导综合性都很强的一门高校思想政治理论课，是帮助大学生正确认识新时代国内外形势，深刻领会党的十八大以来党和国家事业取得的历史性成就、发生的历史性变革、面临的历史性机遇和挑战的核心课程，是第一时间推动党的理论创新成果进教材进课堂进学生头脑，引导大学生准确理解党的基本理论、基本路线、基本方略，明确自身历史使命的重要渠道。

当今世界正处在世纪疫情和百年变局交织的特殊时期，党和国家的事业处在重新起航的重要阶段，国内外形势正在发生深刻复杂的变化，中国和世界都面临着巨大的挑战，未来充满了不确定性，党和国家都在积极寻求应对之策。这在客观上为大学生对形势与政策的学习、认识和判断提供了丰富的素材，成为大学生学习"形势与政策"课的生动课堂。为了帮助大学生学好这门生动的"形势与政策"课，我们编写了本书。

在本书的编写过程中，我们始终怀着强烈的责任感，在确保基本功能定位的前提下，及时把握国内外社会、经济发展的形势与热点，紧密结合新时代大学生的知识水平及个性特点，兼顾当前高校其他思想政治理论课课程所涉及的知识内容体系，力求内容的科学性、时效性和生动性；紧紧围绕学习贯彻习近平新时代中国特色社会主义思想这个首要任务，深入贯彻党的十九大和十九届二中、三中、四中、五中和六中全会精神，帮助学生深刻把握习近平新时代中国特色社会主义思想的重大意义、科学体系、精神实质、实践要求，增强"四个意识"，坚定"四个自信"，坚决做到"两个维护"，培养德智体美劳全面发展的社会主义建设者和接班人。

本书共九个专题，主要讲述国内外时事和热点问题，以及中国在国际事务中的立场和主张。每个专题除主要内容外，我们还精心设计了"知识链接""相关链接""拓展阅读""阅读推荐"及"思考题"辅助模块。"知识链接"对正文中提到的相关知识点进行介绍;"相关链接"采用二维码展现,以视频或图文的形式丰富本专题的内容;"拓展阅读"选取与本专题相关的文章,供学生多方面了解本专题知识;"阅读推荐"为学生推荐若干相关文章资料,供学生在课后查阅学习,加深理解;"思考题"提出本专题相关问题,启发学生进行思考。本书图文并茂,视听结合,形式多样,时效性、针对性、趣味性和可读性强,希望能为大学生学习和掌握国内国际基本形势、认识和理解国家相关政策提供帮助。

在本书的编写过程中,我们参考了大量专家、学者编写的相关文献资料,查阅了大量权威网站、书刊和报纸的有关内容,听取和吸收了相关学科专家的宝贵建议,在此一并表示诚挚的感谢。尽管我们力求完美,但因水平所限,书中难免存在不足或疏漏之处,敬请广大读者朋友提出宝贵意见,以便我们在今后的工作中不断完善和提高。

编 者

2021 年 12 月

目 录

专题一　深入学习贯彻党的十九届六中全会精神 ················· 1
　一、党的十九届六中全会召开的时代背景 ······················· 2
　二、关于党的十九届六中全会议题的考虑 ······················· 5
　三、《决议》稿的基本框架和主要内容 ··························· 8
　四、党的十九届六中全会的重大意义 ··························· 12

专题二　中国共产党的百年奋斗重大成就和历史经验 ··········· 21
　一、中国共产党百年奋斗的重大成就 ··························· 22
　二、中国共产党百年奋斗的历史意义 ··························· 31
　三、中国共产党百年奋斗的历史经验 ··························· 33
　四、在新时代新征程上展现新气象新作为 ······················· 36

专题三　全过程人民民主——人民民主的时代命题 ············· 41
　一、准确理解全过程人民民主的丰富内涵 ······················· 42
　二、深刻把握全过程人民民主的鲜明特征 ······················· 46
　三、发展全过程人民民主的重大历史和现实意义 ················· 49
　四、坚持中国特色社会主义政治发展道路，不断发展全过程人民民主 ··· 53

专题四　稳字当头，稳中前进，推动高质量发展 ··············· 61
　一、认真总结"十四五"良好开局，深入分析当前经济形势 ········· 62
　二、准确把握2022年经济工作的总体要求和政策取向 ············· 68

三、正确认识和把握新的重大理论和实践问题 …………………………… 71
四、提高领导经济工作能力，贯彻落实决策部署 …………………………… 74
五、坚定信心，集中力量做好自己的事情，迎接党的二十大胜利召开 … 75

专题五　在高质量发展中促进共同富裕 …………………………………… 81

一、共同富裕是社会主义的本质要求 …………………………………… 82
二、扎实推动共同富裕的历史阶段 ……………………………………… 84
三、把握好促进共同富裕的原则 ………………………………………… 86
四、在高质量发展中促进共同富裕 ……………………………………… 89

专题六　铸牢中华民族共同体意识，推进新时代党的民族工作高质量发展 …………………………………………………………………… 97

一、全面准确认识新形势下党的民族工作的时代背景 ………………… 98
二、深入领会习近平总书记关于加强和改进民族工作的重要思想 …… 99
三、新时代党的民族工作的根本遵循 …………………………………… 101
四、深刻认识铸牢中华民族共同体意识的科学内涵和重大意义 ……… 105
五、坚持以铸牢中华民族共同体意识为主线，推进新时代党的民族工作高质量发展 …………………………………………………………… 107

专题七　把稳中美巨轮共同前行之舵 ……………………………………… 115

一、中美元首视频会晤的主要内容及现实启示 ………………………… 116
二、新时期中美相处应坚持的三个原则 ………………………………… 122
三、把舵引航，引领中美巨轮共同前行 ………………………………… 124

专题八　关注全球气候治理，构建人与自然生命共同体 ………………… 133

一、全球性危机：气候变化 ……………………………………………… 134
二、中国应对气候变化的政策与行动 …………………………………… 138
三、推动构建人与自然生命共同体 ……………………………………… 146

专题九　弘扬全人类共同价值，推动构建人类命运共同体 ········· 155
　　一、全人类共同价值的丰富内涵和光辉实践 ················· 156
　　二、全人类共同价值的重要意义 ·························· 159
　　三、全人类共同价值的时代意蕴和理论底蕴 ················· 161
　　四、全人类共同价值是人类命运共同体的理论基石 ············ 166
　　五、弘扬全人类共同价值，推动构建人类命运共同体 ·········· 171

2021年下半年国内、国际时事热点汇总 ······················ 181

参考文献 ··· 197

专题一

深入学习贯彻党的十九届六中全会精神

2021年11月8—11日，中国共产党十九届六中全会胜利举行。这是中国共产党在百年华诞的重要时刻，在"两个一百年"奋斗目标交汇的重要历史关头召开的一次具有重大历史意义的会议。全会最重要的成果，是审议通过了《中共中央关于党的百年奋斗重大成就和历史经验的决议》（以下简称《决议》）。

习近平总书记在庆祝中国共产党成立100周年大会上的重要讲话中指出:"党的十八大以来,中国特色社会主义进入新时代……中华民族迎来了从站起来、富起来到强起来的伟大飞跃,实现中华民族伟大复兴进入了不可逆转的历史进程!"这一重要论述体现了我们党勇立民族复兴潮头的先进本色,彰显了百年大党主动融入历史发展大势的睿智从容,为新征程上完成肩负的历史使命提供了重要遵循。

一、党的十九届六中全会召开的时代背景

（一）新阶段 新成就 新矛盾

古人云:"辨方位而正则。"顺应时代潮流,把握时代特点,回答时代课题,是中国共产党永葆旺盛生命力和坚强战斗力、不断从胜利走向胜利的一个重要原因。党的十八大以来,中国特色社会主义进入新时代,我国发展站到了新的历史起点上。伴随着全面建成小康社会的伟大胜利,我国又进入全面建设社会主义现代化国家的新发展阶段。这个新的发展阶段既同改革开放以来的发展一脉相承,又有很大不同,发展环境和发展条件有了重大变化。习近平总书记指出:"进入新发展阶段,是中华民族伟大复兴历史进程的大跨越。"这一跨越标志着中华民族在实现全面小康的千年梦想之后,踏上朝着更加宏伟目标奋进的新征程,体现了社会主义事业和现代化建设连续性和阶段性的统一。立足新发展阶段,既要把握实践发展的连续性,又要把握时代发展的阶段性;既要抓住国内外环境深刻变化带来的新机遇,又要准备迎接一系列新挑战,确保全面建设社会主义现代化国家开好局、起好步。

我国进入新发展阶段,有着坚实的物质基础和巨大的现实成就。中国共产党成立100年来,团结带领中国人民书写了中华民族几千年历史上最恢宏的史诗。新中国成立70多年来,党团结带领人民创造了世所罕见的经济快速发展奇迹和社会长期稳定奇迹。特别是党的十八大以来,党团结带领人民解决了许多长期想解决而没有解决的难题,办成了许多过去想办而没有办成的大事,党和国家事业取得历史性成就、发生历史性变革。我们坚持和加强党的全面领导,统筹推进"五位一体"总体布局、协调推进"四个全面"战略布局,坚持和完善中国特色社会主义制度、推进国家治理体系和治理能力现代化,坚持依规治党、形成比较完善的党内法规体系……这些都为实现中华民族伟大复兴提供了更为完善的制度保证、更为坚实的物质基础、更为主动的精神力量,推动中华民族伟大复兴进入了不可逆转的历史进程。

相关链接:

不可逆转的历史进程

深入学习贯彻党的十九届六中全会精神

　　任何事物发展都是一个从量变到质变，再到新的量变和质变的不断前进和发展的过程。中国特色社会主义同样也是一个随着形势和条件的变化而不断发展和完善的历史过程。随着改革开放的深入推进和中国特色社会主义进入新时代，我国社会主要矛盾也由人民日益增长的物质文化需要同落后的社会生产之间的矛盾，转化为人民日益增长的美好生活需要和不平衡不充分的发展之间的矛盾。我国社会主要矛盾发生深刻变化，是关系全局的历史性变化，反映了新时代我国发展的实际状况，对党和国家工作提出了许多新要求。抓住了社会主要矛盾，就找到推动发展的"金钥匙"。及时、准确地判断社会主要矛盾，为推动党和国家事业发展提供了科学准确的认识前提，锚定了解决当代中国发展问题的根本着力点。

（二）新思想　新战略　新斗争

　　实践永无止境，理论创新永无止境。中国特色社会主义进入新时代，更为根本、最为重要的是形成了体现新的时代特征、符合新的时代要求并指导新的时代发展的新思想。党的十八大以来，围绕新时代坚持和发展什么样的中国特色社会主义、怎样坚持和发展中国特色社会主义的重大时代课题，我们党创立了习近平新时代中国特色社会主义思想。这一思想深刻回答了时代和历史之问、世界和中国之问，使我们党对共产党执政规律、社会主义建设规律、人类社会发展规律的认识达到了新高度，为发展马克思主义作出了原创性贡献。在新时代，创立习近平新时代中国特色社会主义思想，体现了中国共产党坚持和发展马克思主义的理论自信和使命担当，标志着新时代中国共产党人高高举起了当代中国马克思主义、21世纪马克思主义的旗帜。

　　科学思想有多高远，美好理想就能走多久远。习近平新时代中国特色社会主义思想的创立，为实现中华民族伟大复兴的中国梦高擎理论旗帜、指明前进方向、汇聚奋斗力量。实现中华民族伟大复兴，是中华民族近代以来最伟大的梦想。迢迢复兴路，悠悠中国梦。习近平总书记指出："一百年来，中国共产党团结带领中国人民进行的一切奋斗、一切牺牲、一切创造，归结起来就是一个主题：实现中华民族伟大复兴。"中国特色社会主义进入新时代，意味着近代以来久经磨难的中华民族迎来了从站起来、富起来到强起来的伟大飞跃，迎来了实现中华民族伟大复兴的光明前景。新时代新作为，以习近平同志为核心的党中央高瞻远瞩作出了新的"两步走"战略安排，勾画出全面建成社会主义现代化强国的时间表、路线图。其中，中国共产党成立100周年之际，经过全党全国各族人民持续奋斗，我们实现了第一个百年奋斗目标，在中华大地上全面建成了小康社会，历史性地解决了绝对贫困问题。从2020年到2035年，在全面建成小康社会的基础上，再奋斗15年，基本实现社会主义现代化；从2035年到本世纪中叶，在基本实现现代化的基础上，再奋斗15年，把我国建成富强民主文明和谐美丽的社会主义现代化强国。

一分部署，九分落实。实现中华民族伟大复兴的中国梦、全面建成社会主义现代化强国，绝不是轻轻松松、敲锣打鼓就能实现的。习近平总书记强调："要抓实、再抓实，不抓实，再好的蓝图只能是一纸空文，再近的目标只能是镜花水月。"今天，我们比历史上任何时期都更接近、更有信心和能力实现中华民族伟大复兴的目标，同时必须准备付出更为艰巨、更为艰苦的努力。新的征程上，要增强忧患意识、始终居安思危，贯彻总体国家安全观，统筹发展和安全，深刻认识错综复杂的国际环境带来的新矛盾新挑战，敢于斗争、善于斗争，逢山开道、遇水架桥，勇于战胜一切风险挑战。要坚持大团结大联合，加强思想政治引领，广泛凝聚共识，广聚天下英才，努力寻求最大公约数、画出最大同心圆，形成海内外全体中华儿女心往一处想、劲往一处使的生动局面，汇聚起实现民族复兴的磅礴力量。

（三）新格局　新贡献　新风貌

不谋万世者，不足谋一时；不谋全局者，不足谋一域。习近平总书记深刻指出："领导干部要胸怀两个大局，一个是中华民族伟大复兴的战略全局，一个是世界百年未有之大变局，这是我们谋划工作的基本出发点。"当前，百年变局和世纪疫情交织叠加，世界局势"东升西降"加速演变的特征更趋明显。以习近平同志为核心的党中央审时度势，明确构建以国内大循环为主体、国内国际双循环相互促进的新发展格局。构建新发展格局是事关全局的系统性、深层次变革，是立足当前、着眼长远的战略谋划。置身"两个一百年"奋斗目标的历史交汇期，我们要面向未来，主动实施新的发展战略，坚定不移深化改革、扩大开放、推动创新，牢牢把握世界百年未有之大变局提供的战略机遇，加快构建新发展格局，全面建设社会主义现代化国家，向第二个百年奋斗目标进军。

中国始终是世界和平的建设者、全球发展的贡献者、国际秩序的维护者。图为中国企业联合体承建的克罗地亚佩列沙茨跨海大桥施工现场。

长风破浪会有时，直挂云帆济沧海。中华民族伟大复兴是引发世界百年未有之大变局的重要原因，也是引领世界百年未有之大变局的重要力量。在人类社会发展历史中，新时代中国特色社会主义致力于创造中国式现代化新道路、创造人类文明新形态，不断推动构建人类命运共同体。从提出"一带一路"倡议到召开全球政党大会,从APEC北京会议到G20杭州峰会,从设立丝路基金到发起创办亚洲基础设施投资银行……全方位、多层次、立体化的外交布局徐徐展开,中国特色大国外交硕果累累,我国国际影响力、感召力、塑造力进一步提高。放眼全球,当今中国与世界的关系已发生深刻变化,已不再是国际秩序的被动接受者,而是积极的参与者、建设者、引领者。世界对中国的关注,从未像今天这样广泛、深切、聚焦;中国对世界的影响,也从未像今天这样全面、深刻、长远。事实已充分证明,中国特色社会主义道路、理论、制度、文化不断发展,拓展了发展中国家走向现代化的途径,给世界上那些既希望加快发展又希望保持自身独立性的国家和民族提供了全新选择,为解决人类问题贡献了中国智慧和中国方案。

打铁必须自身硬。办好中国的事情,关键在党,关键在坚持党要管党、全面从严治党。习近平总书记指出:"中国特色社会主义进入新时代,我们党一定要有新气象新作为,关键是党的建设新的伟大工程要开创新局面。"党的十八大以来,我们全面加强党对一切工作的领导,坚决维护习近平总书记党中央的核心、全党的核心地位,坚决维护党中央权威和集中统一领导。按照新时代党的建设总要求,不断推进党的建设新的伟大工程,切实增强党自我净化、自我完善、自我革新、自我提高能力,确保党始终拥有旺盛的生命力和强大的战斗力,为党和国家事业发展提供坚强的政治保证。中国共产党立志于中华民族千秋伟业,百年恰是风华正茂。新的征程上,必须增强全面从严治党永远在路上的政治自觉,以党的政治建设为统领,不断严密党的组织体系,着力建设德才兼备的高素质干部队伍,坚定不移推进党风廉政建设和反腐败斗争,坚决清除一切损害党的先进性和纯洁性的因素,清除一切侵蚀党的健康肌体的病毒,确保党不变质、不变色、不变味,确保党在新时代坚持和发展中国特色社会主义的历史进程中始终成为坚强领导核心。

复兴路漫漫,扬帆正当时。中国特色社会主义进入新时代,我们实现了从"赶上时代"到"引领时代"的伟大跨越。新时代要有新气象、新作为,必须不忘初心、牢记使命、善始善终、善作善成,以永不懈怠的精神状态和一往无前的奋斗姿态,一以贯之坚持和发展中国特色社会主义,一以贯之推进党的建设新的伟大工程,一以贯之增强忧患意识、防范风险挑战,在实现中华民族伟大复兴的征程中绘就更加壮丽的历史画卷。

二、关于党的十九届六中全会议题的考虑

我们党历来高度注重总结历史经验。早在延安时期,毛泽东同志就指出:"如果不把党的历史搞清楚,不把党在历史上所走的路搞清楚,便不能把事情办得更

好。"在争取抗日战争最后胜利的关头，1945年，党的六届七中全会通过了《关于若干历史问题的决议》，对建党以后特别是党的六届四中全会至遵义会议前这一段党的历史及其经验教训进行了总结，对若干重大历史问题作出了结论，使全党特别是党的高级干部对中国革命基本问题的认识达到了一致，增进了全党团结，为党的七大胜利召开创造了充分条件，有力促进了中国革命事业发展。

进入改革开放新时期，邓小平同志说："历史上成功的经验是宝贵财富，错误的经验、失败的经验也是宝贵财富。这样来制定方针政策，就能统一全党思想，达到新的团结。这样的基础是最可靠的。"1981年，党的十一届六中全会通过了《关于建国以来党的若干历史问题的决议》，回顾了新中国成立以前党的历史，总结了社会主义革命和建设的历史经验，对一些重大事件和重要人物作出了评价，特别是正确评价了毛泽东同志和毛泽东思想，分清了是非，纠正了"左"右两方面的错误观点，统一了全党思想，对推动党团结一致向前看、更好推进改革开放和社会主义现代化建设产生了重大影响。

现在，距离第一个历史决议制定已经过去了76年，距离第二个历史决议制定也过去了40年。40年来，党和国家事业大大向前发展了，党的理论和实践也大大向前发展了。站在新的历史起点上，回顾过去，展望未来，全面总结党的百年奋斗重大成就和历史经验特别是改革开放40多年来的重大成就和历史经验，既有客观需要，也具备主观条件。

党中央认为，在党成立100周年的重要历史时刻，在党和人民胜利实现第一个百年奋斗目标、全面建成小康社会，正在向着全面建成社会主义现代化强国的第二个百年奋斗目标迈进的重大历史关头，全面总结党的百年奋斗重大成就和历史经验，对推动全党进一步统一思想、统一意志、统一行动，团结带领全国各族人民夺取新时代中国特色社会主义新的伟大胜利，具有重大现实意义和深远历史意义。

相关链接：

百年奋斗：新时代答卷

党中央认为，党的百年奋斗历程波澜壮阔，时间跨度长，涉及范围广，需要研究的问题多。要按照总结历史、把握规律、坚定信心、走向未来的要求，把党走过的光辉历程总结好，把党团结带领人民取得的辉煌成就总结好，把党推进革命、建设、改革的宝贵经验总结好，把党的十八大以来党和国家事业砥砺奋进的理论和实践总结好。具体来说，就是要深入研究党领导人民进行革命、建设、改革的百年历程，全面总结党从胜利走向胜利的伟大历史进程、为国家和民族建立的伟大历史功绩；深入研究党坚持把马克思主义基本原理同中国具体实际相结合、同中华优秀传统文化相结合，不断推进马克思主义中国化的百年历程，深化对新时代党的创新理论的理解和掌握；深入研究党不断维护党的团结、维护党中央权威和集中统一领导的百年历程，深刻领悟加强党的政治建设这个马克思主义政党的鲜明特征和政治优势；深入研究党为中国人民谋幸福、为中华民族谋复兴的百年历程，深刻认识党同人民生死相依、休戚与共的血肉联系，更好为人民谋幸福、依靠人民创造历史伟业；深入研究党加强自身建设、推进自我革命的百年历程，增强全面从严治党永远在路上的坚定和执着，确保党在新时代坚持和发展中国特色社会主义的历史进程中始终成为坚强领导核心；深入研究历史发展规律和大势，始终掌握新时代新征程党和国家事业发展的历史主动，增强锚定既定奋斗目标、意气风发走向未来的勇气和力量。

党中央认为，总结党的百年奋斗重大成就和历史经验，要坚持辩证唯物主义和历史唯物主义的方法论，用具体历史的、客观全面的、联系发展的观点来看待党的历史。要坚持正确党史观、树立大历史观，准确把握党的历史发展的主题主线、主流本质，正确对待党在前进道路上经历的失误和曲折，从成功中吸取经验，从失误中吸取教训，不断开辟走向胜利的道路。要旗帜鲜明反对历史虚无主义，加强思想引导和理论辨析，澄清对党史上一些重大历史问题的模糊认识和片面理解，更好正本清源。

对这次全会决议起草，党中央明确要求着重把握好以下几点。

第一，聚焦总结党的百年奋斗重大成就和历史经验。我们党已先后制定了两个历史决议。从建党到改革开放之初，党的历史上的重大是非问题，这两个历史决议基本都解决了，其基本论述和结论至今仍然适用。改革开放以来，尽管党的工作中也出现过一些问题，但总体上讲党和国家事业发展是顺利的，前进方向是正确的，取得的成就是举世瞩目的。基于此，这次全会决议要把着力点放在总结党的百年奋斗重大成就和历史经验上，以推动全党增长智慧、增进团结、增加信心、增强斗志。

知识链接

1945年的《关于若干历史问题的决议》从政治上、思想上、组织上和军事上论述了毛泽东思想的基本内容，高度评价了毛泽东运用马克思列宁主义解决中国革命问题的杰出贡献，为党的七大确立毛泽东思想的指导地位做好了准备。

1981年的《关于建国以来党的若干历史问题的决议》分为两个部分：第一部分在简略回顾党在新民主主义革命时期28年历史的基础上，系统总结了党团结和带领人民取得新民主主义革命胜利的4条基本经验。第二部分总结了新中国成立以来党团结和带领人民取得社会主义改造胜利和探索社会主义建设的 10 条基本经验，包括：在社会主义改造基本完成以后社会主要矛盾的变化，社会主义经济建设必须从中国国情出发，社会主义生产关系的变革和完善必须适应生产力的状况，必须正确区分和处理两类不同性质的矛盾，团结一切可以团结的力量，逐步建设高度民主的社会主义政治制度等。这 10 条历史经验表明：中国共产党已经完成了指导思想上的拨乱反正，逐步确立了一条适合中国国情的社会主义现代化建设的正确道路。

第二，突出中国特色社会主义新时代这个重点。这次全会决议重点总结新时代党和国家事业取得的历史性成就、发生的历史性变革和积累的新鲜经验，主要考虑是，对党在新民主主义革命时期、社会主义革命和建设时期、党的十一届三中全会到党的十一届六中全会期间的历史，前两个历史决议已经作过系统总结；对改革开放和社会主义现代化建设新时期的成就和经验，党的十一届三中全会召开 20 周年、30 周年时党中央都进行了认真总结，习近平总书记在庆祝改革开放 40 周年大会上发表讲话，也作了系统总结。因此，对党的十八大之前的历史时期，这次全会决议要在已有总结和结论的基础上进行概述。突出中国特色社会主义新时代这个重点，有利于引导全党进一步坚定信心，聚焦我们正在做的事情，以更加昂扬的姿态迈进新征程、建功新时代。

第三，对重大事件、重要会议、重要人物的评价注重同党中央已有结论相衔接。关于党的十八大之前党的历史上的重大事件、重要会议、重要人物，前两个历史决议、党的一系列重要文献都有过大量论述，都郑重作过结论。这次全会决议坚持这些基本论述和结论。党的十八大以来，习近平总书记在庆祝中国共产党成立 95 周年大会、庆祝中国人民解放军建军 90 周年大会、庆祝中华人民共和国成立 70 周年大会特别是庆祝中国共产党成立 100 周年大会等重要会议上，对党的历史都作过总结和论述，体现了党中央对党的百年奋斗的新认识。这次全会决议要体现这些新认识。

三、《决议》稿的基本框架和主要内容

（一）《决议》稿的起草过程

2021 年 3 月，中央政治局决定，党的十九届六中全会重点研究全面总结党的百年奋斗重大成就和历史经验问题，成立文件起草组，由习近平总书记担任组长，

王沪宁、赵乐际同志担任副组长,党和国家有关领导同志及有关中央部门和地方负责同志参加,在中央政治局常委会领导下承担文件起草工作。

2021年4月1日,党中央发出《关于对党的十九届六中全会重点研究全面总结党的重大成就和历史经验问题征求意见的通知》,在党内外一定范围征求意见。

从反馈意见看,各地区各部门各方面一致认为,党中央决定通过召开十九届六中全会,全面总结党的百年奋斗重大成就和历史经验,是郑重的历史性、战略性决策,充分体现党牢记初心使命、永葆生机活力的坚强意志和坚定决心,充分体现党深刻把握历史发展规律、始终掌握党和国家事业发展的历史主动和使命担当,充分体现党立足当下、着眼未来、注重总结和运用历史经验的高瞻远瞩和深谋远虑。一致赞成这次全会着重总结党的百年奋斗重大成就和历史经验,并就决议需要研究解决的重大问题提出了许多好的意见和建议。

各地区各部门各方面普遍认为,100年来,党团结带领人民在革命、建设、改革各个历史时期持续奋斗,创造了彪炳中华民族发展史、世界社会主义发展史、人类社会发展史的奇迹,彻底扭转了近代以来中华民族的历史进程,生动谱写了世界社会主义历史发展的壮丽篇章,成功开辟了马克思主义新境界,为实现中华民族伟大复兴建立了不朽功业,为促进人类进步作出了重大贡献。在这一伟大征程中,党和人民积累了极其丰富的宝贵历史经验。这些都值得系统总结。各地区各部门各方面建议,这次全会在全面总结党的百年奋斗重大成就和历史经验的基础上,重点总结新时代党和国家事业取得的历史性成就、发生的历史性变革及新鲜经验。

按照党中央部署,文件起草组认真学习党的重要历史文献,充分吸纳各地区各部门各方面意见和建议,深入研究重大问题,认真开展《决议》稿起草工作。

2021年9月6日,根据中央政治局会议决定,决议征求意见稿下发党内一定范围征求意见,包括征求党内部分老同志意见,还专门听取了各民主党派中央、全国工商联负责人和无党派人士代表意见。

从反馈意见情况看,各地区各部门各方面对决议征求意见稿给予充分肯定,一致赞成《决议》稿的框架结构和主要内容。一致认为,《决议》稿最鲜明的特点是实事求是、尊重历史,反映了党的百年奋斗的初心使命,符合历史事实;《决议》稿对重大事件、重要会议、重要人物的论述和评价,同党的历史文献既有论述和结论相衔接,体现了党的十八大以来党中央关于党的历史的新认识。《决议》稿总结概括的"中国共产党百年奋斗的历史意义",全面、深刻、系统反映了党对中国、对人类作出的历史性贡献;总结概括的"中国共产党百年奋斗的历史经验",贯通历史、现在、未来,具有重大的历史意义和现实指导意义。

各地区各部门各方面普遍认为,《决议》稿是新时代中国共产党人牢记初心使命、坚持和发展中国特色社会主义的政治宣言,是以史为鉴、开创未来、实现中华民族伟大复兴的行动指南，同党的前两个历史决议既一脉相承又与时俱进，必将激励全党在新时代新征程上争取更大荣光。

经过多次修改及会议审议，《决议》终于在党的十九届六中全会上登场。图为党的十九届六中全会现场。

在征求意见过程中，各地区各部门各方面提出许多好的意见和建议。文件起草组逐条分析这些意见和建议，做到能吸收的尽量吸收。经反复研究推敲，对《决议》稿作出547处修改，充分反映了各地区各部门各方面意见和建议。

在《决议》稿起草过程中，中央政治局常委会召开3次会议、中央政治局召开2次会议进行审议，形成了提交这次全会审议的《决议》稿。

（二）《决议》稿的基本框架和主要内容

《决议》稿除序言和结束语之外，共有7个部分。

第一部分"夺取新民主主义革命伟大胜利"。阐明这一时期党面临的主要任务是，反对帝国主义、封建主义、官僚资本主义，争取民族独立、人民解放，为实现中华民族伟大复兴创造根本社会条件。分析党产生的历史背景，总结党领导人民在建党之初和大革命时期、土地革命战争时期、抗日战争时期、解放战争时期进行革命斗争的历史进程和创造的伟大成就，以及创立毛泽东思想、实施和推进党的建设伟大工程的重大成就。强调成立中华人民共和国，实现民族独立、人民解放，实现了中国从几千年封建专制政治向人民民主的伟大飞跃；中国共产党和中国人民以英勇顽强的奋斗向世界庄严宣告，中国人民从此站起来了，中华民族任人宰割、饱受欺凌的时代一去不复返了，中国发展从此开启了新纪元。

第二部分"完成社会主义革命和推进社会主义建设"。阐明这一时期党面临的主要任务是，实现从新民主主义到社会主义的转变，进行社会主义革命，推进社会主义建设，为实现中华民族伟大复兴奠定根本政治前提和制度基础。总结新中国成立后党领导人民战胜一系列严峻挑战、巩固新生政权，成功完成社会主义改造、建立社会主义制度，开展全面的大规模的社会主义建设，打开对外工作新局面的历史进程和创造的伟大成就。总结党加强执政党建设所作的努力和积累的初步经验，在阐述这一时期党取得的独创性理论成果的基础上，对毛泽东思想进行科学评价。强调这一时期党领导人民创造的伟大成就，实现了一穷二白、人口众多的东方大国大步迈进社会主义社会的伟大飞跃；中国共产党和中国人民以英勇顽强的奋斗向世界庄严宣告，中国人民不但善于破坏一个旧世界、也善于建设一个新世界，只有社会主义才能救中国，只有社会主义才能发展中国。

第三部分"进行改革开放和社会主义现代化建设"。阐明这一时期党面临的主要任务是，继续探索中国建设社会主义的正确道路，解放和发展社会生产力，使人民摆脱贫困、尽快富裕起来，为实现中华民族伟大复兴提供充满新的活力的体制保证和快速发展的物质条件。强调党的十一届三中全会的历史意义，总结以邓小平同志为主要代表的中国共产党人、以江泽民同志为主要代表的中国共产党人、以胡锦涛同志为主要代表的中国共产党人作出的历史贡献，从党领导全面开展拨乱反正、形成中国特色社会主义理论体系、推进改革开放和社会主义现代化建设、从容应对关系我国改革发展稳定全局的一系列风险考验、推进祖国统一大业、维护世界和平与促进共同发展、开创和推进党的建设新的伟大工程等方面，展现新时期波澜壮阔的历史画卷和举世瞩目的伟大成就。强调这一时期党领导人民创造的伟大成就，推进了中华民族从站起来到富起来的伟大飞跃；中国共产党和中国人民以英勇顽强的奋斗向世界庄严宣告，改革开放是决定当代中国前途命运的关键一招，中国特色社会主义道路是指引中国发展繁荣的正确道路，中国大踏步赶上了时代。

第四部分"开创中国特色社会主义新时代"。阐明这一时期党面临的主要任务是，实现全面建成小康社会的第一个百年奋斗目标，开启全面建成社会主义现代化强国的第二个百年奋斗目标新征程，朝着实现中华民族伟大复兴的宏伟目标继续前进。阐述中国特色社会主义新时代这一我国发展新的历史方位，概括党的十八大以来党的理论创新成果，深入分析新时代党面临的形势、面对的风险挑战，从坚持党的全面领导、全面从严治党、经济建设、全面深化改革开放、政治建设、全面依法治国、文化建设、社会建设、生态文明建设、国防和军队建设、维护国家安全、坚持"一国两制"和推进祖国统一、外交工作13个方面，分领域总结新时代党和国家事业取得的历史性成就、发生的历史性变革，重点总结9年来的原创性思想、变革性实践、突破性进展、标志性成果。强调这一时期党领导人民创造的伟大成就，为实现中华民族伟大复兴提供了更为完善的制度保证、更为坚实的物质基础、更为主动的精神力量；中国共产党和中国人民以英勇顽强的奋斗向世界庄严宣告，中华民族迎来了从站起来、富起来到强起来的伟大飞跃。

第五部分"中国共产党百年奋斗的历史意义"。在全面回顾总结党的百年奋斗历程和重大成就基础上，以更宏阔的视角，总结党的百年奋斗的历史意义，即党的百年奋斗从根本上改变了中国人民的前途命运、开辟了实现中华民族伟大复兴的正确道路、展示了马克思主义的强大生命力、深刻影响了世界历史进程、锻造了走在时代前列的中国共产党，阐述了党对中国人民、对中华民族、对马克思主义、对人类进步事业、对马克思主义政党建设所作的历史性贡献。这5条概括，既立足中华大地，又放眼人类未来，体现了中国共产党和中国人民、中华民族的关系，体现了中国共产党和马克思主义、世界社会主义、人类社会发展的关系，贯通了中国共产党百年奋斗的历史逻辑、理论逻辑、实践逻辑。

第六部分"中国共产党百年奋斗的历史经验"。概括了具有根本性和长远指导意义的10条历史经验，即坚持党的领导、坚持人民至上、坚持理论创新、坚持独立自主、坚持中国道路、坚持胸怀天下、坚持开拓创新、坚持敢于斗争、坚持统一战线、坚持自我革命。这十条历史经验是系统完整、相互贯通的有机整体，揭示了党和人民事业不断成功的根本保证，揭示了党始终立于不败之地的力量源泉，揭示了党始终掌握历史主动的根本原因，揭示了党永葆先进性和纯洁性、始终走在时代前列的根本途径。强调这10条历史经验是经过长期实践积累的宝贵经验，是党和人民共同创造的精神财富，必须倍加珍惜、长期坚持，并在新时代实践中不断丰富和发展。

第七部分"新时代的中国共产党"。围绕实现第二个百年奋斗目标，强调全党要以咬定青山不放松的执着奋力实现既定目标，以行百里者半九十的清醒不懈推进中华民族伟大复兴；强调必须坚持党的基本理论、基本路线、基本方略，立足新发展阶段、贯彻新发展理念、构建新发展格局、推动高质量发展，协同推进人民富裕、国家强盛、中国美丽；强调必须永远保持同人民群众的血肉联系，不断实现好、维护好、发展好最广大人民根本利益；强调必须铭记生于忧患、死于安乐，常怀远虑、居安思危，继续推进新时代党的建设新的伟大工程；强调必须抓好后继有人这个根本大计。号召全党全军全国各族人民勿忘昨天的苦难辉煌，无愧今天的使命担当，不负明天的伟大梦想，以史为鉴、开创未来，埋头苦干、勇毅前行，为实现第二个百年奋斗目标、实现中华民族伟大复兴的中国梦而不懈奋斗。

相关链接：

奋进中国

四、党的十九届六中全会的重大意义

党的十九届六中全会是在重要历史关头召开的一次具有重大历史意义的会议。全会审议通过的《中共中央关于党的百年奋斗重大成就和历史经验的决议》是一篇马克思主义纲领性文献，是新时代中国共产党人牢记初心使命、坚持和发展中国特色社会主义的政治宣言，是以史为鉴、开创未来，实现中华民族伟大复兴的行动指南，对于推动全党统一思想、统一意志、统一行动，团结带领全国各族人民在新时代更好坚持和发展中国特色社会主义，必将产生重大而深远的影响。

（一）深刻总结了中国共产党百年历程实现的四个"伟大飞跃"

党和人民百年奋斗，书写了中华民族几千年历史上最恢宏的史诗。新民主主义革命时期，实现了中国从几千年封建专制政治向人民民主的伟大飞跃，为实现中华民族伟大复兴创造根本社会条件；社会主义革命和建设时期，实现了一穷二白、人口众多的东方大国大步迈进社会主义社会的伟大飞跃，为实现中华民族伟大复兴奠定根本政治前提和制度基础；改革开放和社会主义现代化建设新时期，实现了人民生活从温饱不足到总体小康、奔向全面小康的历史性跨越，推进了中华民族从站起来到富起来的伟大飞跃，为实现中华民族伟大复兴提供充满新的活力的体制保证和快速发展的物质条件；党的十八大以来，中国特色社会主义进入新时代，中华民族迎来了从站起来、富起来到强起来的伟大飞跃，为实现中华民族伟大复兴提供了更为完善的制度保证、更为坚实的物质基础、更为主动的精神力量。这四个"伟大飞跃"的成就一脉相承，是中国共产党百年奋斗始终以"实现中华民族伟大复兴"为主题的辉煌成果，实现中华民族伟大复兴进入了不可逆转的历史进程。

（二）进一步概括了习近平新时代中国特色社会主义思想的核心内容，提出了习近平新时代中国特色社会主义思想"是中华文化和中国精神的时代精华，实现了马克思主义中国化新的飞跃"

毛泽东思想是马克思主义中国化的第一次历史性飞跃；改革开放和社会主义现代化建设新时期，党从新的实践和时代特征出发坚持和发展马克思主义，形成中国特色社会主义理论体系，实现了马克思主义中国化新的飞跃；习近平新时代中国特色社会主义思想，就新时代坚持和发展什么样的中国特色社会主义、怎样坚持和发展中国特色社会主义，建设什么样的社会主义现代化强国、怎样建设社会主义现代化强国，建设什么样的长期执政的马克思主义政党、怎样建设长期执政的马克思主义政党等重大时代课题，提出一系列原创性的治国理政新理念新思想新战略，实现了马克思主义中国化新的飞跃。党的十九届六中全会在党的十九大报告"八个明确"的基础上，用"十个明确"对习近平新时代中国特色社会主义思想的核心内容作了进一步概括，从而科学阐明了习近平新时代中国特色社会主义思想的理论内涵和重大意义，标明了它在马克思主义发展史、中华文化发展史上的重要地位。

（三）确立习近平同志党中央的核心、全党的核心地位，确立习近平新时代中国特色社会主义思想的指导地位，反映了全党全军全国各族人民共同心愿，对新时代党和国家事业发展、对推进中华民族伟大复兴历史进程具有决定性意义

可以说，这"两个确立"是历史和时代的选择，是深刻总结党的百年奋斗史、党的十八大以来伟大实践得出的重大历史结论，是体现全党共同意志、反映人民共同心声的重大政治判断。党的十八大以来，党和国家事业取得历史性成就、发生历史性变革，根本在于有以习近平同志为核心的党中央领航掌舵，有习近平新时代中国特色社会主义思想指引航向。坚强的领导核心和科学的理论指导，是关乎党和国家前途命运、党和人民事业成败的根本性问题。坚定拥护和维护习近平总书记的核心地位，中华"复兴"号巨轮有了坚强有力的掌舵者，面对惊涛骇浪就能做到"任凭风浪起、稳坐钓鱼船"。确立习近平新时代中国特色社会主义思想的指导地位，我们党就能在中华民族伟大复兴战略全局和世界百年未有之大变局深度演进互动的复杂条件下，坚持正确前进方向，乘风破浪不迷航。

（四）从13个方面全面概括了新时代发展成就，必将极大鼓舞和激励全党进一步坚定信心、振奋精神，聚焦我们正在做的事情，以更加昂扬的姿态迈进新征程、建功新时代

与我们党百年历程中制定的《关于若干历史问题的决议》《关于建国以来党的若干历史问题的决议》相比，这次《决议》把着力点放在总结党的百年奋斗重大成就和历史经验上，重点总结新时代党和国家事业取得的历史性成就、发生的历史性变革和积累的新鲜经验。从13个方面概括新时代发展成就，这13个方面对党的十八大以来党治国理政采取的重大方略、重大工作、重大举措进行了系统阐述，体现了这一阶段的原创性思想、变革性实践、突破性进展、标志性成果，对于推动全党增长智慧、增进团结、增加信心、增强斗志必将发挥重要作用，产生重大影响。

相关链接：

这份亮眼"成绩单"真提气！

（五）以宏阔的历史视角和深厚的历史智慧，提出中国共产党百年奋斗的五个方面的历史意义

中国共产党百年奋斗从根本上改变了中国人民的前途命运，开辟了实现中华民族伟大复兴的正确道路，展示了马克思主义的强大生命力，深刻影响了世界历

史进程，锻造了走在时代前列的中国共产党。这五个方面，全面、深刻、系统阐述了党对中国人民、对中华民族、对马克思主义、对人类进步事业、对马克思主义政党建设所作的历史性贡献，既立足中华大地，又放眼人类未来，体现了中国共产党和中国人民、中华民族的关系，体现了中国共产党和马克思主义、世界社会主义、人类社会发展的关系，贯通了中国共产党百年奋斗的历史逻辑、理论逻辑、实践逻辑。

（六）坚持唯物史观和正确党史观，从党的百年奋斗中看清楚过去我们为什么能够成功、弄明白未来我们怎样才能继续成功，总结了中国共产党百年奋斗的十条历史经验，从而更加坚定、更加自觉地践行初心使命，在新时代更好坚持和发展中国特色社会主义

党的十九届六中全会将百年来中国共产党领导人民进行伟大奋斗积累的宝贵历史经验总结为"十个坚持"。这"十个坚持"是系统完整、相互贯通的统一体，贯通历史、现在、未来，这些宝贵经验是从我们党的历史中总结出来的，是历史发展的结果、历史实践的产物、历史奋斗的结晶，是历史规律的昭示，不是从天上掉下来的，不是从书本中抄下来的，不是从别的国家照搬过来的，而是100年来中国共产党团结带领人民，历经千辛万苦、付出巨大代价而得到的。它深刻揭示了党和人民事业不断成功的根本保证，揭示了党始终立于不败之地的力量源泉，揭示了党始终掌握历史主动的根本原因，揭示了党永葆先进性和纯洁性、始终走在时代前列的根本途径。作为我们党弥足珍贵的精神财富，是我们党引领中国未来的科学指引。

把握历史主动的政治宣言
深刻理解《决议》的几个关键点

党的十九届六中全会通过了《中共中央关于党的百年奋斗重大成就和历史经验的决议》（以下简称《决议》），通过了2022年召开党的二十大的决议，是一次在重要历史关口召开的具有历史性意义的重要会议，必将产生深远的历史影响。3万多字的《决议》，匠心布局、突出重点，既回顾过去又远观未来，是一篇光辉的马克思主义纲领性文献，必将在党史、新中国史上写下浓墨重彩的一笔。

《决议》在全面总结党的百年奋斗重大成就和历史经验的基础上，重点总结了新时代党和国家事业取得的历史性成就、发生的历史性变革及新鲜经验

党的十八大以来，中国共产党对党的奋斗成就有多次总结。在改革开放40周年、新中国成立70周年、中国共产党成立100周年之际,党中央都通过召开重要会议予以庆祝,习近平总书记发表重要讲话,对党团结带领人民取得的成就进行总结。习近平总书记在庆祝中国共产党成立100周年大会上的重要讲话中,首次用"四个伟大成就",概括了党在革命、建设、改革、新时代四个阶段取得的非凡业绩。

党的十九届六中全会专题就党的百年奋斗重大成就进行总结,这是一个历史性战略性决策。全会不仅延续了"四个伟大成就"的提法,还提出了四个"伟大飞跃",即实现了中国从几千年封建专制政治向人民民主的伟大飞跃,实现了一穷二白、人口众多的东方大国大步迈进社会主义社会的伟大飞跃,推进了中华民族从站起来到富起来的伟大飞跃,中华民族迎来了从站起来、富起来到强起来的伟大飞跃。这精准概括了党在革命、建设、改革、新时代各个历史时期取得伟大成就基础上,中国和中华民族所呈现出的壮观气象。

这些伟大成就和伟大飞跃,是在完成四个阶段的主要任务过程中实现的,体现了党矢志不渝为之奋斗的初心使命,体现了党奋斗百年的不变主题——实现中华民族伟大复兴。党的十九届六中全会提出,新民主主义革命时期党面临的主要任务是,反对帝国主义、封建主义、官僚资本主义,争取民族独立、人民解放,为实现中华民族伟大复兴创造根本社会条件;社会主义革命和建设时期,党面临的主要任务是,实现从新民主主义到社会主义的转变,进行社会主义革命,推进社会主义建设,为实现中华民族伟大复兴奠定根本政治前提和制度基础;改革开放和社会主义现代化建设新时期,党面临的主要任务是,继续探索中国建设社会主义的正确道路,解放和发展社会生产力,使人民摆脱贫困、尽快富裕起来,为实现中华民族伟大复兴提供充满新的活力的体制保证和快速发展的物质条件;党的十八大以来,党面临的主要任务是,实现第一个百年奋斗目标,开启实现第二个百年奋斗目标新征程,朝着实现中华民族伟大复兴的宏伟目标继续前进。从逻辑关系看,我们党通过革命为实现复兴提供社会条件,通过建设为实现复兴提供制度基础,通过改革为实现复兴提供更为灵活的体制和更为扎实的物质基础,就是要在新时代最终实现民族复兴,体现了我们党为了实现复兴前赴后继、勇往直前。

在概括党的百年奋斗重大成就时,《决议》重点概括了新时代取得的伟大成就,体现了察远重今的历史主动。党的十九大从经济、改革、政治、文化、社会、生态文明等10个方面对十八大到十九大之间五年取得的历史性成就和发生的历史性变革进行了概括。《决议》从党的全面领导、全面从严治党、经济建设、全面深化改革开放等13个方面予以新的概括。其特点在于把党的十九大概括的全面从严治党的成就丰富发展为党的全面领导、全面从严治党两个方面展开;把民主法治建设成就分为政治建设、全面依法治国两个方面展开;把国家安全从社会建设领域独立出来作为一个方面；原来就全面深化改革的成就进行了介绍，这次加上了开放，总结了全面深化改革开放的历史性成就。在介绍成就的排列顺序上有了新变化，党的建设成就原来放在最后，这次放在开头；国家安全的成就排在国防和军队建设之后、"一国两制"和推进祖国统一之前。这次概括，不仅大大拓展了各方面成就和变革的内容，还突出了党的领导、国家安全，更为全面地展现了新时代经济社会发展的非凡业绩，体现了新时代的原创性思想、变革性实践、突破性进展、标志性成果。

马克思主义认为，人具有主观能动性，不总是被动适应周围的环境的。人不仅要认识世界，更重要的是改造世界。所谓历史主动精神，就是掌握运用历史规律、顺应历史发展趋势、沿着历史前进的方向，主动作为、积极作为的一种精神状态。但并不是任何人或任何政党都有历史主动精神，只有那些心怀理想、有科学理论指导的人或政党才拥有历史主动精神。党的十八大以来，以习近平同志为核心的党中央倡导包括历史思维在内的科学思维，以宏阔的历史视野，灵活运用历史规律，运筹国内国际局势，主动作为、积极担当，团结带领全国人民攻坚克难取得新的伟大成就。这个历史过程呈现出来的精神，就包含着伟大的历史主动精神。我们是积极作为而不是消极被动，我们是主动担当而不是退缩不前。我们这种主动不是盲目的更不是臆想的，而是建立在把握历史规律、看清历史发展走向基础之上的。

《决议》对习近平新时代中国特色社会主义思想的重要历史地位和丰富内涵作了科学阐释

党的十九届六中全会不仅阐述了马克思主义中国化的理论成果，还以较大篇幅对习近平新时代中国特色社会主义思想的重要历史地位和丰富内涵进行了科学阐释。这是《决议》的突出亮点和重大贡献。

关于习近平新时代中国特色社会主义思想的重要历史地位。《决议》指出："习近平新时代中国特色社会主义思想是当代中国马克思主义、二十一世纪马克思主义，是中华文化和中国精神的时代精华，实现了马克思主义中国化新的飞跃。党确立习近平同志党中央的核心、全党的核心地位，确立习近平新时代中国特色社会主义思想的指导地位，反映了全党全军全国各族人民的共同心愿，对新时代党和国家事业发展、对推进中华民族伟大复兴历史进程具有决定性意义。""两个确立"是历史和时代的选择，是党和国家的历史幸运、时代幸运，是深刻总结党的百年奋斗、党的十八大以来伟大实践得出的重大历史结论，是体现全党共同意志、反映人民共同心声的重大政治判断。推进伟大事业、实现伟大梦想，领导核心至关重要，科学理论指导至关重要。没有强有力的领导核心，就会群龙无首，理论创新就会止步不前，党和国家就会遭遇挫折。这已为党的历史和实践所充分证明，必须保持理性清醒。

关于习近平新时代中国特色社会主义思想回答的重大时代课题。《决议》指出："习近平同志对关系新时代党和国家事业发展的一系列重大理论和实践问题进行了深邃思考和科学判断，就新时代坚持和发展什么样的中国特色社会主义、怎样坚持和发展中国特色社会主义，建设什么样的社会主义现代化强国、怎样建设社会主义现代化强国，建设什么样的长期执政的马克思主义政党、怎样建设长期执政的马克思主义政党等重大时代课题，提出一系列原创性的治国理政新理念新思想新战略，是习近平新时代中国特色社会主义思想的主要创立者。"《决议》在党的十九大报告所作的科学概括基础上，增加了建设什么样的社会主义现代化强国、怎样建设社会主义现代化强国，建设什么样的长期执政的马克思主义政党、怎样建设长期执政的马克思主义政党等重大时代课题。这和我们所处的历史方位以及在这个新方位要完成的历史任务紧密相关。在新时代，我们党就是要带领人民全面建成社会主义现代化强国，确保党的领导地位更加巩固、确保党长期执政。

关于习近平新时代中国特色社会主义思想的核心内容。党的十九大报告概括为"八个明确"，《决议》进一步概括为"十个明确"，表明党的创新理论随着新的实践有了新的丰富和发展。其他几条明确也有丰富拓展，比如在民主政治建设领域增加了"全过程人民民主"等。实践永无止境，理论自然就要与时俱进，才能有活力，才能起到指导实践的作用。

关于习近平新时代中国特色社会主义思想是"中华文化和中国精神的时代精华"的表述。这道出了马克思主义中国化时代化的鲜明特点。马克思主义中国化时代化就是马克思主义基本原理同中国具体实际、同中华优秀传统文化相结合的过程。中华文化和中国精神既有历史性也有现实性，一方面，中华文明源远流长，中国精神蕴含其中；另一方面，中华文化延续至今，中国精神依然焕发生机。习近平新时代中国特色社会主义思想，既有来自党创立以来的历史经验、中华文化的深厚滋养，也从现实中的中华文化和中国精神汲取养分；既植根于中华优秀传统文化，又生发于当代中华文化和中国精神。习近平新时代中国特色社会主义思想是马克思主义中国化时代化的产物。

《决议》以宏阔的历史视角从五个方面对党百年奋斗的历史意义作了概括

党的十九届六中全会从人民命运、道路选择、理论创新、世界影响、自身建设的维度，对我们党百年奋斗历史意义、历史性贡献进行了概括和总结，具有重要的理论价值和现实价值。

《决议》指出中国共产党百年奋斗的历史意义主要有：一是党的百年奋斗从根本上改变了中国人民的前途命运。中国人民彻底摆脱了被欺负、被压迫、被奴役的命运，成为国家、社会和自己命运的主人，中国人民对美好生活的向往不断变为现实。这主要讲的是党和人民的关系，正是因为党始终把人民放在心上，牢记江山就是人民、人民就是江山，一以贯之为人民服务、为人民谋幸福，人民的命运才发生了历史性变化。

二是党的百年奋斗开辟了实现中华民族伟大复兴的正确道路。中国仅用几十年时间就走完发达国家几百年走过的工业化历程，创造了经济快速发展和社会长期稳定两大奇迹。历史和实践表明，选择一条正确道路有多重要。道路关乎命运。正因为我们坚持独立自主，从实际出发，才找到了正确的革命、建设、改革之路。也正是因为有了正确的道路，我们才取得了辉煌成就。因此，要坚持走自己的道路。

三是党的百年奋斗展示了马克思主义的强大生命力。马克思主义的科学性和真理性在中国得到充分检验，马克思主义的人民性和实践性在中国得到充分贯彻，马克思主义的开放性和时代性在中国得到充分彰显。马克思主义激活了中华文明，没有辜负中国；中国也丰富发展了马克思主义，没有辜负马克思主义。有了马克思主义这个科学理论的指导，我们党才有了强大先进的思想武器，才能够以新的精神面貌投入到伟大事业中来。因此，我们要牢牢坚持马克思主义在意识形态领域指导地位的根本制度。

四是党的百年奋斗深刻影响了世界历史进程。党领导人民成功走出中国式现代化道路，创造了人类文明新形态，拓展了发展中国家走向现代化的途径。我们党带领中国实现现代化的过程，恰恰是为世界提供中国方案的过程，展现中国智慧的过程。正是依靠自己的努力，我们走出了一条现代化新路，为其他发展中国家提供了参考。

五是党的百年奋斗锻造了走在时代前列的中国共产党。形成了以伟大建党精神为源头的精神谱系，保持了党的先进性和纯洁性，党的执政能力和领导水平不断提高，中国共产党无愧为伟大光荣正确的党。党之所以伟大光荣正确，是因为我们肩负使命、永不自满，时刻保持忧患意识和进取精神，只有这样才能在实践中经受住考验，变得越来越强大。

《决议》用"十个坚持"高度概括了具有根本性和长远指导意义的历史经验

经常性总结经验尤其是在重要历史关口总结经验是中国共产党的优良传统。进入新时代，我们党从九个方面总结了改革开放40年来的宝贵经验，在2021年"七一"重要讲话中习近平总书记用"九个必须"总结了党创立以来积累的宝贵经验。《决议》进一步总结了党的百年历史经验，明确指出100年来，党领导人民进行伟大奋斗，积累了宝贵的历史经验，这就是：坚持党的领导，坚持人民至上，坚持理论创新，坚持独立自主，坚持中国道路，坚持胸怀天下，坚持开拓创新，坚持敢于斗争，坚持统一战线，坚持自我革命。"十个坚持"，既是宝贵的历史经验，彰显了我们总结经验达到了新高度，又为我们继承发扬拓展党的历史经验打开了新天地，确立了基本遵循和基本框架。"十个坚持"，是党和人民共同创造的精神财富，也是党百年奋斗的成功密码，必须倍加珍惜、长期坚持，并在新时代实践中不断丰富和发展。

不忘初心，方得始终。中国共产党立志于中华民族千秋伟业，百年恰是风华正茂。过去100年，党向人民、向历史交出了一份优异的答卷。现在，党团结带领中国人民又踏上了实现第二个百年奋斗目标新的赶考之路。我们要牢记中国共产党是什么、要干什么这个根本问题，把握历史发展大势，坚定理想信念，牢记初心使命，始终谦虚谨慎、不骄不躁、艰苦奋斗，不为任何风险所惧，不为任何干扰所惑，决不在根本性问题上出现颠覆性错误，以咬定青山不放松的执着奋力实现既定目标，以行百里者半九十的清醒不懈推进中华民族伟大复兴。

（资料来源：《中国纪检监察报》2021年11月25日05版）

阅读推荐

1. 《不可逆转的历史进程——从以习近平同志为核心的党中央引领新时代变革性实践看实现中华民族伟大复兴》，新华网，http://www.news.cn/politics/2021-11/08/c_1128043196.htm。

2. 赵乐际：《以伟大自我革命引领伟大社会革命》，《人民日报》2021年11月18日03版。

3. 杨凯：《中国共产党历史上新的里程碑》，《人民日报海外版》2021年11月13日01版。

思考题

1. 举例谈谈中国共产党100年来取得的成就。
2. 分析中国目前所处的历史方位。
3. 党的十九届六中全会有哪些重要意义？

专题二

中国共产党的百年奋斗重大成就和历史经验

  中国共产党自1921年成立以来,始终把为中国人民谋幸福、为中华民族谋复兴作为自己的初心使命,始终坚持共产主义理想和社会主义信念,团结带领全国各族人民为争取民族独立、人民解放和实现国家富强、人民幸福而不懈奋斗,已经走过100年光辉历程。

100年来,党领导人民浴血奋战、百折不挠,创造了新民主主义革命的伟大成就;自力更生、发愤图强,创造了社会主义革命和建设的伟大成就;解放思想、锐意进取,创造了改革开放和社会主义现代化建设的伟大成就;自信自强、守正创新,创造了新时代中国特色社会主义的伟大成就。党和人民百年奋斗,书写了中华民族几千年历史上最恢宏的史诗。

一、中国共产党百年奋斗的重大成就

(一)夺取新民主主义革命伟大胜利

新民主主义革命时期,党面临的主要任务是,反对帝国主义、封建主义、官僚资本主义,争取民族独立、人民解放,为实现中华民族伟大复兴创造根本社会条件。

1840年鸦片战争以后,由于西方列强入侵和封建统治腐败,中国逐步成为半殖民地半封建社会,国家蒙辱、人民蒙难、文明蒙尘,中华民族遭受了前所未有的劫难。为了拯救民族危亡,中国人民奋起反抗,仁人志士奔走呐喊,进行了可歌可泣的斗争。太平天国运动、洋务运动、戊戌变法、义和团运动接连而起,各种救国方案轮番出台,但都以失败告终。孙中山先生领导的辛亥革命推翻了统治中国几千年的君主专制制度,但未能改变中国半殖民地半封建的社会性质和中国人民的悲惨命运。中国迫切需要新的思想引领救亡运动,迫切需要新的组织凝聚革命力量。

十月革命一声炮响,给中国送来了马克思列宁主义。五四运动促进了马克思主义在中国的传播。在中国人民和中华民族的伟大觉醒中,在马克思列宁主义同中国工人运动的紧密结合中,1921年7月,中国共产党应运而生。中国产生了共产党,这是开天辟地的大事变,中国革命的面貌从此焕然一新。

建党之初和大革命时期,党制定民主革命纲领,发动工人运动、青年运动、农民运动、妇女运动,推进并帮助国民党改组和国民革命军建立,领导全国反帝反封建伟大斗争,掀起大革命高潮。1927年国民党内反动集团叛变革命,残酷屠杀共产党人和革命人民,由于党内以陈独秀为代表的右倾思想发展为右倾机会主义错误并在党的领导机关中占了统治地位,党和人民不能组织有

中国共产党的诞生,开启了中国历史的新纪元,中国革命也随之走向胜利和光明。图为中国共产党诞生地浙江嘉兴南湖。

效抵抗，致使大革命在强大的敌人突然袭击下遭到惨重失败。

土地革命战争时期，党从残酷的现实中认识到，没有革命的武装就无法战胜武装的反革命，就无法夺取中国革命胜利，就无法改变中国人民和中华民族的命运，必须以武装的革命反对武装的反革命。南昌起义打响武装反抗国民党反动派的第一枪，标志着中国共产党独立领导革命战争、创建人民军队和武装夺取政权的开端。八七会议确定实行土地革命和武装起义的方针。党领导举行秋收起义、广州起义和其他许多地区起义，但由于敌我力量悬殊，这些起义大多数失败了。事实证明，在当时的客观条件下，中国共产党人不可能像俄国十月革命那样通过首先占领中心城市来取得革命在全国的胜利，党迫切需要找到适合中国国情的革命道路。

从进攻大城市转为向农村进军，是中国革命具有决定意义的新起点。毛泽东同志领导军民在井冈山建立第一个农村革命根据地，党领导人民打土豪、分田地。古田会议确立思想建党、政治建军原则。随着斗争发展，党创建了中央革命根据地和湘鄂西、海陆丰、鄂豫皖、琼崖、闽浙赣、湘鄂赣、湘赣、左右江、川陕、陕甘、湘鄂川黔等根据地。党在国民党统治下的白区也发展了党和其他革命组织，开展了群众革命斗争。然而，由于王明"左"倾教条主义在党内的错误领导，中央革命根据地第五次反"围剿"失败，红军不得不进行战略转移，经过艰苦卓绝的长征转战到陕北。"左"倾路线的错误给革命根据地和白区革命力量造成极大损失。

相关链接：
踏上征程

1935年1月，中央政治局在长征途中举行遵义会议，事实上确立了毛泽东同志在党中央和红军的领导地位，开始确立以毛泽东同志为主要代表的马克思主义正确路线在党中央的领导地位，开始形成以毛泽东同志为核心的党的第一代中央领导集体，开启了党独立自主解决中国革命实际问题新阶段，在最危急关头挽救了党、挽救了红军、挽救了中国革命，并且在这以后使党能够战胜张国焘的分裂主义，胜利完成长征，打开中国革命新局面。这在党的历史上是一个生死攸关的转折点。

抗日战争时期，九一八事变后，中日民族矛盾逐渐超越国内阶级矛盾上升为主要矛盾。在日本帝国主义加紧侵略我国、民族危机空前严重的关头，党率先高举武装抗日旗帜，广泛开展抗日救亡运动，促成西安事变和平解决，对推动国共再次合作、团结抗日起了重大历史作用。七七事变后，党实行正确的抗日民族统一战线政策，坚持全面抗战路线，提出和实施持久战的战略总方针和一整套人民战争的战略战术，开辟广大敌后战场和抗日根据地，领导八路军、新四军、东北抗日联军和其他人民抗日武装英勇作战，成为全民族抗战的中流砥柱，直到取得中国人民抗日战争最后胜利。这是近代以来中国人民反抗外敌入侵第一次取得完全胜利的民族解放斗争，也是世界反法西斯战争胜利的重要组成部分。

解放战争时期，面对国民党反动派悍然发动的全面内战，党领导广大军民逐步由积极防御转向战略进攻，打赢辽沈、淮海、平津三大战役和渡江战役，向中南、西北、西南胜利进军，消灭国民党反动派800万军队，推翻国民党反动政府，推翻帝国主义、封建主义、官僚资本主义三座大山。党领导的人民军队在人民支持下，以一往无前的英雄气概同穷凶极恶的敌人进行殊死斗争，为夺取新民主主义革命胜利建立了历史功勋。

在革命斗争中，以毛泽东同志为主要代表的中国共产党人，把马克思列宁主义基本原理同中国具体实际相结合，对经过艰苦探索、付出巨大牺牲积累的一系列独创性经验作了理论概括，开辟了农村包围城市、武装夺取政权的正确革命道路，创立了毛泽东思想，为夺取新民主主义革命胜利指明了正确方向。

在革命斗争中，党弘扬坚持真理、坚守理想，践行初心、担当使命，不怕牺牲、英勇斗争，对党忠诚、不负人民的伟大建党精神，实施和推进党的建设伟大工程，提出着重从思想上建党的原则，坚持民主集中制，坚持理论联系实际、密切联系群众、批评和自我批评三大优良作风，形成统一战线、武装斗争、党的建设三大法宝，努力建设全国范围的、广大群众性的、思想上政治上组织上完全巩固的马克思主义政党。党从1942年开始在全党进行整风，这场马克思主义思想教育运动收到巨大成效。党制定《关于若干历史问题的决议》，使全党对中国革命基本问题的认识达到一致。党的七大为建立新民主主义的新中国制定了正确路线方针政策，使全党在思想上政治上组织上达到空前统一和团结。

经过28年浴血奋斗，党领导人民，在各民主党派和无党派民主人士积极合作下，于1949年10月1日宣告成立中华人民共和国，实现民族独立、人民解放，彻底结束了旧中国半殖民地半封建社会的历史，彻底结束了极少数剥削者统治广大劳动人民的历史，彻底结束了旧中国一盘散沙的局面，彻底废除了列强强加给中国的不平等条约和帝国主义在中国的一切特权，实现了中国从几千年封建专制政治向人民民主的伟大飞跃，也极大改变了世界政治格局，鼓舞了全世界被压迫民族和被压迫人民争取解放的斗争。

相关链接：

新中国成立

（二）完成社会主义革命和推进社会主义建设

社会主义革命和建设时期，党面临的主要任务是，实现从新民主主义到社会主义的转变，进行社会主义革命，推进社会主义建设，为实现中华民族伟大复兴奠定根本政治前提和制度基础。

新中国成立后，党领导人民战胜政治、经济、军事等方面一系列严峻挑战，肃清国民党反动派残余武装力量和土匪，和平解放西藏，实现祖国大陆完全统一；稳定物价，统一财经工作，完成土地改革，进行社会各方面民主改革，实行男女权利平等，镇压反革命，开展"三反""五反"运动，荡涤旧社会留下的污泥浊水，社会面貌焕然一新。中国人民志愿军雄赳赳、气昂昂跨过鸭绿江，同朝鲜人民和军队并肩战斗，战胜武装到牙齿的强敌，打出了国威军威，打出了中国人民的精气神，赢得抗美援朝战争伟大胜利，捍卫了新中国安全，彰显了新中国大国地位。新中国在错综复杂的国内国际环境中站稳了脚跟。

党领导建立和巩固工人阶级领导的、以工农联盟为基础的人民民主专政的国家政权，为国家迅速发展创造了条件。1949年，中国人民政治协商会议第一届全体会议制定《中国人民政治协商会议共同纲领》。1953年，党正式提出过渡时期的总路线，即在一个相当长的时期内，逐步实现国家的社会主义工业化，并逐步实现国家对农业、手工业和资本主义工商业的社会主义改造。1954年，召开第一届全国人民代表大会第一次会议，通过了《中华人民共和国宪法》。1956年，我国基本上完成对生产资料私有制的社会主义改造，基本上实现生产资料公有制和按劳分配，建立起社会主义经济制度。党领导确立人民代表大会制度、中国共产党领导的多党合作和政治协商制度、民族区域自治制度，为人民当家作主提供了制度保证。

党的八大根据我国社会主义改造基本完成后的形势，提出国内主要矛盾已经不再是工人阶级和资产阶级的矛盾，而是人民对于经济文化迅速发展的需要同当前经济文化不能满足人民需要的状况之间的矛盾，全国人民的主要任务是集中力量发展社会生产力，实现国家工业化，逐步满足人民日益增长的物质和文化需要。党提出努力把我国逐步建设成为一个具有现代农业、现代工业、现代国防和现代科学技术的社会主义强国，领导人民开展全面的大规模的社会主义建设。经过实施几个五年计划，我国建立起独立的比较完整的工业体系和国民经济体系，农业生产条件显著改变，教育、科学、文化、卫生、体育事业有很大发展。"两弹一星"等国防尖端科技不断取得突破，国防工业从无到有逐步发展起来。人民解放军得到壮大和提高，由单一的陆军发展成为包括海军、空军和其他技术兵种在内的合成军队，为巩固新生人民政权、确立中国大国地位、维护中华民族尊严提供了坚强后盾。

党坚持独立自主的和平外交政策，倡导和坚持和平共处五项原则，坚定维护国家独立、主权、尊严，支持和援助世界被压迫民族解放事业、新独立国家建设事业和各国人民正义斗争，反对帝国主义、霸权主义、殖民主义、种族主义，彻底结束了旧中国的屈辱外交。党审时度势调整外交战略，推动恢复我国在联合国的一切合法权利，打开对外工作新局面，推动形成国际社会坚持一个中国原则的格局。党提出划分三个世界的战略，作出中国永远不称霸的庄严承诺，赢得国际社会特别是广大发展中国家尊重和赞誉。

党充分预见到在全国执政面临的新挑战，早在解放战争取得全国胜利前夕召开的党的七届二中全会就向全党提出，务必继续保持谦虚、谨慎、不骄、不躁的作风，务必继续保持艰苦奋斗的作风。新中国成立后，党着重提出执政条件下党的建设的重大课题，从思想上组织上作风上加强党的建设、巩固党的领导。党加强干部理论学习和知识培训，提高党的领导水平，要求全党特别是党的高级干部增强维护党的团结统一的自觉性。党开展整风整党，加强党内教育，整顿基层党组织，提高党员条件，反对官僚主义、命令主义和贪污浪费。党高度警惕并着力防范党员干部腐化变质，坚决惩治腐败。这些重要举措，增强了党的纯洁性和全党的团结，密切了党同人民群众的联系，积累了执政党建设的初步经验。

在这一时期，毛泽东同志提出把马克思列宁主义基本原理同中国具体实际进行"第二次结合"，以毛泽东同志为主要代表的中国共产党人，结合新的实际丰富和发展毛泽东思想，提出关于社会主义建设的一系列重要思想，包括社会主义社会是一个很长的历史阶段，严格区分和正确处理敌我矛盾和人民内部矛盾，正确处理我国社会主义建设的十大关系，走出一条适合我国国情的工业化道路，尊重价值规律，在党与民主党派的关系上实行"长期共存、互相监督"的方针，在科学文化工作中实行"百花齐放、百家争鸣"的方针等。这些独创性理论成果至今仍有重要指导意义。

 知识链接

十大关系一般指《论十大关系》。1956年4月25日，毛泽东在中央政治局扩大会议上发表讲话，讲话共分十个部分：一是重工业和轻工业、农业的关系；二是沿海工业和内地工业的关系；三是经济建设和国防建设的关系；四是国家、生产单位和生产者个人的关系；五是中央和地方的关系；六是汉族和少数民族的关系；七是党和非党的关系；八是革命和反革命的关系；九是是非关系；十是中国和外国的关系。《论十大关系》是毛泽东关于社会主义建设的代表作，对当时和以后的社会主义建设都有很强的针对性和理论指导作用。

毛泽东思想是马克思列宁主义在中国的创造性运用和发展，是被实践证明了的关于中国革命和建设的正确的理论原则和经验总结，是马克思主义中国化的第一次历史性飞跃。毛泽东思想的活的灵魂是贯穿于各个组成部分的立场、观点、方法，体现为实事求是、群众路线、独立自主三个基本方面，为党和人民事业发展提供了科学指引。

从新中国成立到改革开放前夕，党领导人民完成社会主义革命，消灭一切剥削制度，实现了中华民族有史以来最为广泛而深刻的社会变革，实现了一穷二白、人口众多的东方大国大步迈进社会主义社会的伟大飞跃。在探索过程中，虽然经历了严重曲折，但党在社会主义革命和建设中取得的独创性理论成果和巨大成就，为在新的历史时期开创中国特色社会主义提供了宝贵经验、理论准备、物质基础。

（三）进行改革开放和社会主义现代化建设

改革开放和社会主义现代化建设新时期，党面临的主要任务是，继续探索中国建设社会主义的正确道路，解放和发展社会生产力，使人民摆脱贫困、尽快富裕起来，为实现中华民族伟大复兴提供充满新的活力的体制保证和快速发展的物质条件。

在党和国家面临何去何从的重大历史关头，党深刻认识到，只有实行改革开放才是唯一出路，否则我们的现代化事业和社会主义事业就会被葬送。1978年12月，党召开十一届三中全会，果断结束"以阶级斗争为纲"，实现党和国家工作中心战略转移，开启了改革开放和社会主义现代化建设新时期，实现了新中国成立以来党的历史上具有深远意义的伟大转折。

党的十一届三中全会以后，以邓小平同志为主要代表的中国共产党人，团结带领全党全国各族人民，深刻总结新中国成立以来正反两方面经验，围绕什么是社会主义、怎样建设社会主义这一根本问题，借鉴世界社会主义历史经验，创立了邓小平理论，解放思想，实事求是，作出把党和国家工作中心转移到经济建设上来、实行改革开放的历史性决策，深刻揭示社会主义本质，确立社会主义初级阶段基本路线，明确提出走自己的路、建设中国特色社会主义，科学回答了建设中国特色社会主义的一系列基本问题，制定了到21世纪中叶分三步走、基本实现社会主义现代化的发展战略，成功开创了中国特色社会主义。

党的十三届四中全会以后，以江泽民同志为主要代表的中国共产党人，团结带领全党全国各族人民，坚持党的基本理论、基本路线，加深了对什么是社会主义、怎样建设社会主义和建设什么样的党、怎样建设党的认识，形成了"三个代表"重要思想，在国内外形势十分复杂、世界社会主义出现严重曲折的严峻考验面前捍卫了中国特色社会主义，确立了社会主义市场经济体制的改革目标和基本框架，确立了社会主义初级阶段公有制为主体、多种所有制经济共同发展的基本经济制度和按劳分配为主体、多种分配方式并存的分配制度，开创全面改革开放新局面，推进党的建设新的伟大工程，成功把中国特色社会主义推向21世纪。

党的十六大以后，以胡锦涛同志为主要代表的中国共产党人，团结带领全党全国各族人民，在全面建设小康社会进程中推进实践创新、理论创新、制度创新，深刻认识和回答了新形势下实现什么样的发展、怎样发展等重大问题，形成了科学发展观，抓住重要战略机遇期，聚精会神搞建设，一心一意谋发展，强调坚持以人为本、全面协调可持续发展，着力保障和改善民生，促进社会公平正义，推进党的执政能力建设和先进性建设，成功在新形势下坚持和发展了中国特色社会主义。

（四）开创中国特色社会主义新时代

党的十八大以来，中国特色社会主义进入新时代。党面临的主要任务是，实现第一个百年奋斗目标，开启实现第二个百年奋斗目标新征程，朝着实现中华民族伟大复兴的宏伟目标继续前进。

相关链接：

中国特色社会主义进入新时代

以习近平同志为主要代表的中国共产党人，坚持把马克思主义基本原理同中国具体实际相结合、同中华优秀传统文化相结合，坚持毛泽东思想、邓小平理论、"三个代表"重要思想、科学发展观，深刻总结并充分运用党成立以来的历史经验，从新的实际出发，创立了习近平新时代中国特色社会主义思想，明确中国特色社会主义最本质的特征是中国共产党领导，中国特色社会主义制度的最大优势是中国共产党领导，中国共产党是最高政治领导力量，全党必须增强"四个意识"、坚定"四个自信"、做到"两个维护"；明确坚持和发展中国特色社会主义，总任务是实现社会主义现代化和中华民族伟大复兴，在全面建成小康社会的基础上，分两步走在本世纪中叶建成富强民主文明和谐美丽的社会主义现代化强国，以中国式现代化推进中华民族伟大复兴；明确新时代我国社会主要矛盾是人民日益增长的美好生活需要和不平衡不充分的发展之间的矛盾，必须坚持以人民为中心的发展思想，发展全过程人民民主，推动人的全面发展、全体人民共同富裕取得更为明显的实质性进展；明确中国特色社会主义事业总体布局是经济建设、政治建设、文化建设、社会建设、生态文明建设五位一体，战略布局是全面建设社会主义现代化国家、全面深化改革、全面依法治国、全面从严治党四个全面；明确全面深化改革总目标是完善和发展中国特色社会主义制度、推进国家治理体系和治理能力现代化；明确全面推进依法治国总目标是建设中国特色社会主义法治体系、建设社会主义法治国家；明确必须坚持和完善社会主义基本经济制度，使市场在资源配置中起决定性作用，更好发挥政府作用，把握新发展阶段，贯彻创新、协调、绿色、开放、共享的新发展理念，加快构建以国内大循环为主体、国内国际双循环相互促进的新发展格局，推动高质量发展，统筹发展和安全；明确党在新时代的强军目标是建设一支听党指挥、能打胜仗、作风优良的人民军队，把人民军队建设成为世界一流军队；明确中国特色大国外交要服务民族复兴、促进人类进步，推动建设新型国际关系，推动构建人类命运共同体；明确全面从严治党的战略方针，提出新时代党的建设总要求，全面推进党的政治建设、思想建设、组织建设、作风建设、纪律建设，把制度建设贯穿其中，深入推进反腐败斗争，落实管党治党政治责任，以伟大自我革命引领伟大社会革命。这些战略思想和创新理念，是党对中国特色社会主义建设规律认识深化和理论创新的重大成果。

以习近平同志为核心的党中央，以伟大的历史主动精神、巨大的政治勇气、强烈的责任担当，统筹国内国际两个大局，贯彻党的基本理论、基本路线、基本方略，统揽伟大斗争、伟大工程、伟大事业、伟大梦想，坚持稳中求进工作总基调，出台一系列重大方针政策，推出一系列重大举措，推进一系列重大工作，战胜一系列重大风险挑战，解决了许多长期想解决而没有解决的难题，办成了许多过去想办而没有办成的大事，推动党和国家事业取得历史性成就、发生历史性变革。

1. 在坚持党的全面领导上

党中央权威和集中统一领导得到有力保证，党的领导制度体系不断完善，党的领导方式更加科学，全党思想上更加统一、政治上更加团结、行动上更加一致，党的政治领导力、思想引领力、群众组织力、社会号召力显著增强。

2. 在全面从严治党上

经过坚决斗争，全面从严治党的政治引领和政治保障作用充分发挥，党的自我净化、自我完善、自我革新、自我提高能力显著增强，管党治党宽松软状况得到根本扭转，反腐败斗争取得压倒性胜利并全面巩固，消除了党、国家、军队内部存在的严重隐患，党在革命性锻造中更加坚强。

3. 在经济建设上

我国经济发展平衡性、协调性、可持续性明显增强，国内生产总值突破百万亿元大关，人均国内生产总值超过1万美元，国家经济实力、科技实力、综合国力跃上新台阶，我国经济迈上更高质量、更有效率、更加公平、更可持续、更为安全的发展之路。

4. 在全面深化改革开放上

党不断推动全面深化改革向广度和深度进军，中国特色社会主义制度更加成熟更加定型，国家治理体系和治理能力现代化水平不断提高，党和国家事业焕发出新的生机活力。

5. 在政治建设上

我国社会主义民主政治制度化、规范化、程序化全面推进，中国特色社会主义政治制度优越性得到更好发挥，生动活泼、安定团结的政治局面得到巩固和发展。

6. 在全面依法治国上

中国特色社会主义法治体系不断健全，法治中国建设迈出坚实步伐，法治固根本、稳预期、利长远的保障作用进一步发挥，党运用法治方式领导和治理国家的能力显著增强。

7. 在文化建设上

我国意识形态领域形势发生全局性、根本性转变，全党全国各族人民文化自信明显增强，全社会凝聚力和向心力极大提升，为新时代开创党和国家事业新局面提供了坚强思想保证和强大精神力量。

8. 在社会建设上

我国社会建设全面加强，人民生活全方位改善，社会治理社会化、法治化、智能化、专业化水平大幅度提升，发展了人民安居乐业、社会安定有序的良好局面，续写了社会长期稳定奇迹。

9. 在生态文明建设上

党中央以前所未有的力度抓生态文明建设，全党全国推动绿色发展的自觉性和主动性显著增强，美丽中国建设迈出重大步伐，我国生态环境保护发生历史性、转折性、全局性变化。

10. 在国防和军队建设上

在党的坚强领导下，人民军队实现整体性革命性重塑、重整行装再出发，国防实力和经济实力同步提升，一体化国家战略体系和能力加快构建，建立健全退役军人管理保障体制，国防动员更加高效，军政军民团结更加巩固。人民军队坚决履行新时代使命任务，以顽强斗争精神和实际行动捍卫了国家主权、安全、发展利益。

11. 在维护国家安全上

国家安全得到全面加强，经受住了来自政治、经济、意识形态、自然界等方面的风险挑战考验，为党和国家兴旺发达、长治久安提供了有力保证。

12. 在坚持"一国两制"和推进祖国统一上

香港、澳门回归祖国后，重新纳入国家治理体系，走上了同祖国内地优势互补、共同发展的宽广道路，"一国两制"实践取得举世公认的成功。党中央一系列标本兼治的举措，推动香港局势实现由乱到治的重大转折，为推进依法治港治澳、促进"一国两制"实践行稳致远打下了坚实基础。

我们坚持一个中国原则和"九二共识"，坚决反对"台独"分裂行径，坚决反对外部势力干涉，牢牢把握两岸关系主导权和主动权。祖国完全统一的时和势始终在我们这一边。

实践证明，有中国共产党的坚强领导，有伟大祖国的坚强支撑，有全国各族人民包括香港特别行政区同胞、澳门特别行政区同胞和台湾同胞的同心协力，香港、澳门长期繁荣稳定一定能够保持，祖国完全统一一定能够实现。

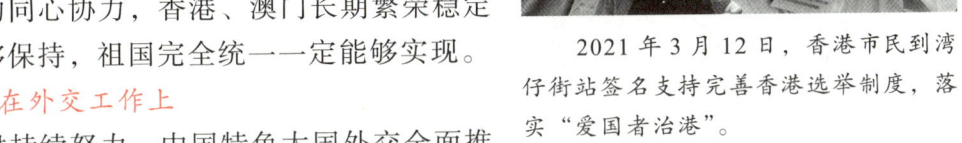

2021年3月12日，香港市民到湾仔街站签名支持完善香港选举制度，落实"爱国者治港"。

13. 在外交工作上

经过持续努力，中国特色大国外交全面推进，构建人类命运共同体成为引领时代潮流和人类前进方向的鲜明旗帜，我国外交在世界大变局中开创新局、在世界乱局中化危为机，我国国际影响力、感召力、塑造力显著提升。

总之，党的十八大以来，以习近平同志为核心的党中央领导全党全军全国各族人民砥砺前行，全面建成小康社会目标如期实现，党和国家事业取得历史性成就、发生历史性变革，彰显了中国特色社会主义的强大生机活力，党心军心民心空前凝聚振奋，为实现中华民族伟大复兴提供了更为完善的制度保证、更为坚实的物质基础、更为主动的精神力量。中国共产党和中国人民以英勇顽强的奋斗向世界庄严宣告，中华民族迎来了从站起来、富起来到强起来的伟大飞跃。

二、中国共产党百年奋斗的历史意义

（一）党的百年奋斗从根本上改变了中国人民的前途命运

近代以后，中国人民深受三座大山压迫，被西方列强辱为"东亚病夫"。100年来，党领导人民经过波澜壮阔的伟大斗争，中国人民彻底摆脱了被欺负、被压迫、被奴役的命运，成为国家、社会和自己命运的主人，人民民主不断发展，14亿多人口实现全面小康，中国人民对美好生活的向往不断变为现实。今天，中国人民更加自信、自立、自强，极大增强了志气、骨气、底气，在历史进程中积累的强大能量充分爆发出来，焕发出前所未有的历史主动精神、历史创造精神，正在信心百倍地书写着新时代中国发展的伟大历史。

（二）党的百年奋斗开辟了实现中华民族伟大复兴的正确道路

近代以后，创造了灿烂文明的中华民族遭遇到文明难以赓续的深重危机，呈现在世界面前的是一派衰败凋零的景象。100年来，党领导人民不懈奋斗、不断进取，成功开辟了实现中华民族伟大复兴的正确道路。中国从四分五裂、一盘散沙到高度统一、民族团结，从积贫积弱、一穷二白到全面小康、繁荣富强，从被动挨打、饱受欺凌到独立自主、坚定自信，仅用几十年时间就走完发达国家几百年走过的工业化历程，创造了经济快速发展和社会长期稳定两大奇迹。今天，中华民族向世界展现的是一派欣欣向荣的气象，巍然屹立于世界东方。

（三）党的百年奋斗展示了马克思主义的强大生命力

马克思主义揭示了人类社会发展规律，是认识世界、改造世界的科学真理。同时，坚持和发展马克思主义，从理论到实践都需要全世界的马克思主义者进行极为艰巨、极具挑战性的努力。100年来，党坚持把马克思主义写在自己的旗帜上，不断推进马克思主义中国化时代化，用博大胸怀吸收人类创造的一切优秀文明成果，用马克思主义中国化的科学理论引领伟大实践。马克思主义的科学性和真理性在中国得到充分检验，马克思主义的人民性和实践性在中国得到充分贯彻，马克思主义的开放性和时代性在中国得到充分彰显。马克思主义中国化时代化不断取得成功，使马克思主义以崭新形象展现在世界上，使世界范围内社会主义和资本主义两种意识形态、两种社会制度的历史演进及其较量发生了有利于社会主义的重大转变。

（四）党的百年奋斗深刻影响了世界历史进程

党和人民事业是人类进步事业的重要组成部分。100年来，党既为中国人民谋幸福、为中华民族谋复兴，也为人类谋进步、为世界谋大同，以自强不息的奋斗深刻改变了世界发展的趋势和格局。党领导人民成功走出中国式现代化道路，创造了人类文明新形态，拓展了发展中国家走向现代化的途径，给世界上那些既希望加快发展又希望保持自身独立性的国家和民族提供了全新选择。党推动构建人类命运共同体，为解决人类重大问题，建设持久和平、普遍安全、共同繁荣、开放包容、清洁美丽的世界贡献了中国智慧、中国方案、中国力量，成为推动人类发展进步的重要力量。

（五）党的百年奋斗锻造了走在时代前列的中国共产党

党成立时只有50多名党员，今天已成为拥有9500多万名党员、领导着14亿多人口大国、具有重大全球影响力的世界第一大执政党。100年来，党坚持性质宗旨，坚持理想信念，坚守初心使命，勇于自我革命，在生死斗争和艰苦奋斗中经受住各种风险考验、付出巨大牺牲，锤炼出鲜明政治品格，形成了以伟大建党精神为源头的精神谱系，保持了党的先进性和纯洁性，党的执政能力和领导水平不断提高，正领导中国人民在中国特色社会主义道路上不可逆转地走向中华民族伟大复兴，无愧为伟大光荣正确的党。

相关链接：
百年奋斗　成就辉煌

三、中国共产党百年奋斗的历史经验

100年来，党领导人民进行伟大奋斗，在进取中突破，于挫折中奋起，从总结中提高，积累了宝贵的历史经验。

（一）坚持党的领导

中国共产党是领导我们事业的核心力量。中国人民和中华民族之所以能够扭转近代以后的历史命运、取得今天的伟大成就，最根本的是有中国共产党的坚强领导。历史和现实都证明，没有中国共产党，就没有新中国，就没有中华民族伟大复兴。治理好我们这个世界上最大的政党和人口最多的国家，必须坚持党的全面领导特别是党中央集中统一领导，坚持民主集中制，确保党始终总揽全局、协调各方。只要我们坚持党的全面领导不动摇，坚决维护党的核心和党中央权威，充分发挥党的领导政治优势，把党的领导落实到党和国家事业各领域各方面各环节，就一定能够确保全党全军全国各族人民团结一致向前进。

（二）坚持人民至上

党的根基在人民、血脉在人民、力量在人民，人民是党执政兴国的最大底气。民心是最大的政治，正义是最强的力量。党的最大政治优势是密切联系群众，党执政后的最大危险是脱离群众。党代表中国最广大人民根本利益，没有任何自己特殊的利益，从来不代表任何利益集团、任何权势团体、任何特权阶层的利益，这是党立于不败之地的根本所在。只要我们始终坚持全心全意为人民服务的根本宗旨，坚持党的群众路线，始终牢记江山就是人民、人民就是江山，坚持一切为了人民、一切依靠人民，坚持为人民执政、靠人民执政，坚持发展为了人民、发展依靠人民、发展成果由人民共享，坚定不移走全体人民共同富裕道路，就一定能够领导人民夺取中国特色社会主义新的更大胜利，任何想把中国共产党同中国人民分割开来、对立起来的企图就永远不会得逞。

（三）坚持理论创新

马克思主义是我们立党立国、兴党强国的根本指导思想。马克思主义理论不是教条而是行动指南，必须随着实践发展而发展，必须中国化才能落地生根、本土化才能深入人心。党之所以能够领导人民在一次次求索、一次次挫折、一次次开拓中完成中国其他各种政治力量不可能完成的艰巨任务，根本在于坚持解放思想、实事求是、与时俱进、求真务实，坚持把马克思主义基本原理同中国具体实际相结合、同中华优秀传统文化相结合，坚持实践是检验真理的唯一标准，坚持一切从实际出发，及时回答时代之问、人民之问，不断推进马克思主义中国化时代化。习近平总书记指出，当代中国的伟大社会变革，不是简单延续我国历史文化的母版，不是简单套用马克思主义经典作家设想的模板，不是其他国家社会主义实践的再版，也不是国外现代化发展的翻版。只要我们勇于结合新的实践不断推进理论创新、善于用新的理论指导新的实践，就一定能够让马克思主义在中国大地上展现出更强大、更有说服力的真理力量。

（四）坚持独立自主

独立自主是中华民族精神之魂，是我们立党立国的重要原则。走自己的路，是党百年奋斗得出的历史结论。党历来坚持独立自主开拓前进道路，坚持把国家和民族发展放在自己力量的基点上，坚持中国的事情必须由中国人民自己作主张、自己来处理。人类历史上没有一个民族、一个国家可以通过依赖外部力量、照搬外国模式、跟在他人后面亦步亦趋实现强大和振兴。那样做的结果，不是必然遭遇失败，就是必然成为他人的附庸。只要我们坚持独立自主、自力更生，既虚心学习借鉴国外的有益经验，又坚定民族自尊心和自信心，不信邪、不怕压，就一定能够把中国发展进步的命运始终牢牢掌握在自己手中。

（五）坚持中国道路

方向决定道路，道路决定命运。党在百年奋斗中始终坚持从我国国情出发，探索并形成符合中国实际的正确道路。中国特色社会主义道路是创造人民美好生活、实现中华民族伟大复兴的康庄大道。脚踏中华大地，传承中华文明，走符合中国国情的正确道路，党和人民就具有无比广阔的舞台，具有无比深厚的历史底蕴，具有无比强大的前进定力。只要我们既不走封闭僵化的老路，也不走改旗易帜的邪路，坚定不移走中国特色社会主义道路，就一定能够把我国建设成为富强民主文明和谐美丽的社会主义现代化强国。

（六）坚持胸怀天下

大道之行，天下为公。党始终以世界眼光关注人类前途命运，从人类发展大潮流、世界变化大格局、中国发展大历史正确认识和处理同外部世界的关系，坚持开放、不搞封闭，坚持互利共赢、不搞零和博弈，坚持主持公道、伸张正义，站在历史正确的一边，站在人类进步的一边。只要我们坚持和平发展道路，既通过维护世界和平发展自己，又通过自身发展维护世界和平，同世界上一切进步力量携手前进，不依附别人，不掠夺别人，永远不称霸，就一定能够不断为人类文明进步贡献智慧和力量，同世界各国人民一道，推动历史车轮向着光明的前途前进。

（七）坚持开拓创新

创新是一个国家、一个民族发展进步的不竭动力。越是伟大的事业，越充满艰难险阻，越需要艰苦奋斗，越需要开拓创新。党领导人民披荆斩棘、上下求索、奋力开拓、锐意进取，不断推进理论创新、实践创新、制度创新、文化创新以及其他各方面创新，敢为天下先，走出了前人没有走出的路，任何艰难险阻都没能阻挡住党和人民前进的步伐。只要我们顺应时代潮流，回应人民要求，勇于推进改革，准确识变、科学应变、主动求变，永不僵化、永不停滞，就一定能够创造出更多令人刮目相看的人间奇迹。

（八）坚持敢于斗争

敢于斗争、敢于胜利，是党和人民不可战胜的强大精神力量。党和人民取得的一切成就，不是天上掉下来的，不是别人恩赐的，而是通过不断斗争取得的。党在内忧外患中诞生、在历经磨难中成长、在攻坚克难中壮大，为了人民、国家、民族，为了理想信念，无论敌人如何强大、道路如何艰险、挑战如何严峻，党总是绝不畏惧、绝不退缩，不怕牺牲、百折不挠。只要我们把握新的伟大斗争的历史特点，抓住和用好历史机遇，下好先手棋、打好主动仗，发扬斗争精神，增强斗争本领，凝聚起全党全国人民的意志和力量，就一定能够战胜一切可以预见和难以预见的风险挑战。

（九）坚持统一战线

团结就是力量。建立最广泛的统一战线，是党克敌制胜的重要法宝，也是党执政兴国的重要法宝。党始终坚持大团结大联合，团结一切可以团结的力量，调动一切可以调动的积极因素，促进政党关系、民族关系、宗教关系、阶层关系、海内外同胞关系和谐，最大限度凝聚起共同奋斗的力量。只要我们不断巩固和发展各民族大团结、全国人民大团结、全体中华儿女大团结，铸牢中

2019年10月1日上午，庆祝中华人民共和国成立70周年大会在北京天安门广场隆重举行。图为"民族团结"方阵（前）通过天安门广场。

华民族共同体意识，形成海内外全体中华儿女心往一处想、劲往一处使的生动局面，就一定能够汇聚起实现中华民族伟大复兴的磅礴伟力。

（十）坚持自我革命

勇于自我革命是中国共产党区别于其他政党的显著标志。自我革命精神是党永葆青春活力的强大支撑。先进的马克思主义政党不是天生的，而是在不断自我革命中淬炼而成的。党历经百年沧桑更加充满活力，其奥秘就在于始终坚持真理、修正错误。党的伟大不在于不犯错误，而在于从不讳疾忌医，积极开展批评和自我批评，敢于直面问题，勇于自我革命。只要我们不断清除一切损害党的先进性和纯洁性的因素，不断清除一切侵蚀党的健康肌体的病毒，就一定能够确保党不变质、不变色、不变味，确保党在新时代坚持和发展中国特色社会主义的历史进程中始终成为坚强领导核心。

四、在新时代新征程上展现新气象新作为

不忘初心，方得始终。中国共产党立志于中华民族千秋伟业，百年恰是风华正茂。过去100年，党向人民、向历史交出了一份优异的答卷。现在，党团结带领中国人民又踏上了实现第二个百年奋斗目标新的赶考之路。时代是出卷人，我们是答卷人，人民是阅卷人。我们一定要继续考出好成绩，在新时代新征程上展现新气象新作为。

党的十九大对实现第二个百年奋斗目标作出分两个阶段推进的战略安排。从二〇二〇年到二〇三五年基本实现社会主义现代化，从二〇三五年到本世纪中叶把我国建成社会主义现代化强国。到那时，我国物质文明、政治文明、精神文明、社会文明、生态文明将全面提升，实现国家治理体系和治理能力现代化，成为综合国力和国际影响力领先的国家，全体人民共同富裕基本实现，我国人民将享有更加幸福安康的生活，中华民族将以更加昂扬的姿态屹立于世界民族之林。

今天，我们比历史上任何时期都更接近、更有信心和能力实现中华民族伟大复兴的目标。同时，全党必须清醒认识到，中华民族伟大复兴绝不是轻轻松松、敲锣打鼓就能实现的，前进道路上仍然存在可以预料和难以预料的各种风险挑战；必须清醒认识到，我国仍处于并将长期处于社会主义初级阶段，我国仍然是世界最大的发展中国家，社会主要矛盾是人民日益增长的美好生活需要和不平衡不充分的发展之间的矛盾。全党要牢记中国共产党是什么、要干什么这个根本问题，把握历史发展大势，坚定理想信念，牢记初心使命，始终谦虚谨慎、不骄不躁、艰苦奋斗，从伟大胜利中激发奋进力量，从弯路挫折中吸取历史教训，不为任何风险所惧，不为任何干扰所惑，决不在根本性问题上出现颠覆性错误，以咬定青

山不放松的执着奋力实现既定目标,以行百里者半九十的清醒不懈推进中华民族伟大复兴。

全党必须坚持马克思列宁主义、毛泽东思想、邓小平理论、"三个代表"重要思想、科学发展观,全面贯彻习近平新时代中国特色社会主义思想,用马克思主义的立场、观点、方法观察时代、把握时代、引领时代,不断深化对共产党执政规律、社会主义建设规律、人类社会发展规律的认识。必须坚持党的基本理论、基本路线、基本方略,增强"四个意识",坚定"四个自信",做到"两个维护",坚持系统观念,统筹推进"五位一体"总体布局,协调推进"四个全面"战略布局,立足新发展阶段、贯彻新发展理念、构建新发展格局、推动高质量发展,全面深化改革开放,促进共同富裕,推进科技自立自强,发展全过程人民民主,保证人民当家作主,坚持全面依法治国,坚持社会主义核心价值体系,坚持在发展中保障和改善民生,坚持人与自然和谐共生,统筹发展和安全,加快国防和军队现代化,协同推进人民富裕、国家强盛、中国美丽。

全党必须永远保持同人民群众的血肉联系,站稳人民立场,坚持人民主体地位,尊重人民首创精神,践行以人民为中心的发展思想,维护社会公平正义,着力解决发展不平衡不充分问题和人民群众急难愁盼问题,不断实现好、维护好、发展好最广大人民根本利益,团结带领全国各族人民不断为美好生活而奋斗。

全党必须铭记生于忧患、死于安乐,常怀远虑、居安思危,继续推进新时代党的建设新的伟大工程,坚持全面从严治党,坚定不移推进党风廉政建设和反腐败斗争,勇敢面对党面临的长期执政考验、改革开放考验、市场经济考验、外部环境考验,坚决战胜精神懈怠的危险、能力不足的危险、脱离群众的危险、消极腐败的危险。必须保持越是艰险越向前的英雄气概,敢于斗争、善于斗争,逢山开道、遇水架桥,做到难不住、压不垮,推动中国特色社会主义事业航船劈波斩浪、一往无前。

党和人民事业发展需要一代代中国共产党人接续奋斗,必须抓好后继有人这个根本大计。要坚持用习近平新时代中国特色社会主义思想教育人,用党的理想信念凝聚人,用社会主义核心价值观培育人,用中华民族伟大复兴历史使命激励人,培养造就大批堪当时代重任的接班人。要源源不断培养选拔德才兼备、忠诚干净担当的高素质专业化干部特别是优秀年轻干部,教育引导广大党员、干部自觉做习近平新时代中国特色社会主义思想的坚定信仰者和忠实实践者,牢记空谈误国、实干兴邦的道理,树立不负人民的家国情怀、追求崇高的思想境界、增强过硬的担当本领。要源源不断把各方面先进分子特别是优秀青年吸收到党内来,教育引导青年党员永远以党的旗帜为旗帜、以党的方向为方向、以党的意志为意志,赓续党的红色血脉,弘扬党的优良传统,在斗争中经风雨、见世面、壮筋骨、长才干。要源源不断培养造就爱国奉献、勇于创新的优秀人才,真心爱才、悉心育才、精心用才，把各方面优秀人才集聚到党和人民的伟大奋斗中来。

党中央号召，全党全军全国各族人民要更加紧密地团结在以习近平同志为核心的党中央周围，全面贯彻习近平新时代中国特色社会主义思想，大力弘扬伟大建党精神，勿忘昨天的苦难辉煌，无愧今天的使命担当，不负明天的伟大梦想，以史为鉴、开创未来，埋头苦干、勇毅前行，为实现第二个百年奋斗目标、实现中华民族伟大复兴的中国梦而不懈奋斗。我们坚信，在过去100年赢得了伟大胜利和荣光的中国共产党和中国人民，必将在新时代新征程上赢得更加伟大的胜利和荣光。

党在革命性锻造中更加坚强

腐败是人类社会的顽疾，反腐败是当今世界性难题。我们党作为长期执政的党，面临的最大威胁就是腐败。反对腐败、建设廉洁政治，是我们党一贯坚持的鲜明政治立场，是广大干部群众始终关注的重大政治问题。

"新形势下，我们党面临着许多严峻挑战，党内存在着许多亟待解决的问题。尤其是一些党员干部中发生的贪污腐败、脱离群众、形式主义、官僚主义等问题，必须下大气力解决。全党必须警醒起来。"2012年11月15日，在十八届中央政治局常委同中外记者见面会上，习近平总书记从关系党和国家生死存亡的高度，作出了"打铁还需自身硬"的庄严承诺。"大量事实告诉我们，腐败问题越演越烈，最终必然会亡党亡国！我们要警醒啊！"两天后，在主持十八届中央政治局第一次集体学习时，习近平总书记再次向全党发出深刻警示。党的十八大以来，习近平总书记以"我将无我，不负人民"的赤子情怀，以"得罪千百人，不负十三亿"的使命担当，以"刮骨疗毒、壮士断腕"的坚定意志，推进新时代党的建设新的伟大工程，以优良的作风凝聚党心民心，以严明的纪律管党治党，以零容忍的态度惩治腐败，巩固了党的团结统一，扭转了"四风"积弊，构建起党和国家监督体系，反腐败斗争取得压倒性胜利并全面巩固，党在革命性锻造中更加坚强有力。

这是力挽狂澜的政治决断。"物必先腐，而后虫生。"从世界范围来看，一些国家因长期积累的矛盾导致民怨载道、社会动荡、政权垮台，其中贪污腐败就是一个很重要的原因。从我们党自身来看，党内发生的严重违纪违法案件，性质非常恶劣，政治影响极坏，令人触目惊心。习近平总书记深刻指出："腐败问题对我们党的伤害最大，严惩腐败分子是党心民心所向，党内决不允许有腐败分子藏身之地。""坚决反对腐败，防止党在长期执政条件下腐化变质，是我们必须抓好的重大政治任务。"从2012年12月4日，中央政治局会议审议八项规定，到2017年10月27日，中央政治局会议审议《中共中央政治局贯彻落实中央八项规定的实施细则》；从2016年1月，中央纪委全会强调"推动全面从严治党向基层延伸"，到2018年1月，中央纪委全会提出"要把扫黑除恶同反腐败结合起来"；从2018年底，中央政治局会议强调"反腐败斗争形势依然严峻复杂，全面从严治党依然任重道远"，到2021年1月，中央纪委全会强调"要持续整治群众身边腐败和作风问题"……正是怀着强烈的历史责任感、深沉的忧患意识，以习近平同志为核心的党中央把全面从严治党纳入"四个全面"战略布局，持之以恒正风肃纪反腐，坚定不移"打虎""拍蝇""猎狐"，刹住了一些过去被认为不容易刹住的歪风邪气，攻克了一些司空见惯的顽瘴痼疾，解决了许多长期想解决而没有解决的难题，消除了党和国家内部存在的严重隐患，为党和国家事业发展提供了坚强政治保证。

这是无愧时代的"赶考"答卷。从2012年12月到2021年5月，在以习近平同志为核心的党中央坚强领导下，纪检监察机关共立案审查调查省部级以上领导干部392人、厅局级干部2.2万人、县处级干部17万余人、乡科级干部61.6万人；查处落实中央八项规定精神不力问题、"四风"问题62.65万起。数据的背后，是无比清醒的政治判断："不得罪腐败分子，就必然会辜负党、得罪人民"，"这是一笔再明白不过的政治账、人心向背的账"；是自上而下的率先垂范："改进工作作风的任务非常繁重，八项规定是一个切入口和动员令"，"各级领导干部要以身作则、率先垂范，说到的就要做到，承诺的就要兑现，中央政治局同志从我本人做起"；是坚如磐石的反腐决心："发现一起查处一起，发现多少查处多少"，"法治之下，任何人都不能心存侥幸，都不能指望法外施恩，没有免罪的'丹书铁券'，也没有'铁帽子王'"；是严管厚爱的政策策略："运用监督执纪'四种形态'，抓早抓小、防微杜渐"，"通过有效处置化解存量、强化监督遏制增量，实现政治效果、纪法效果、社会效果有机统一"；是标本兼治的坚忍执着："推进反腐败工作法治化、规范化"，"持续深化党的纪律检查体制和国家监察体制改革，促进执纪执法贯通，有效衔接司法"……新时代的反腐败斗争有力表明，在解决腐败这个古今中外治国理政的顽疾方面，我们党不仅有鲜明态度，更有实际行动；不仅能全面地反腐败，而且能有效地反腐败。

"民心是最大的政治，正义是最强的力量。"坚定不移惩治腐败，是我们党有力量的表现，也是全党同志和广大群众的共同愿望。党的十八大以来，党风廉政建设和反腐败斗争走出了一条卓有成效的路子，书写了一个百年大党自我革命的崭新篇章。在以习近平同志为核心的党中央坚强领导下，反腐败已经形成了无禁区、全覆盖、零容忍的战略态势，已经形成了利剑高悬、震慑常在，发现一起、查处一起的常态，初步构建起不敢腐、不能腐、不想腐的体制机制，走出了一条依靠中国共产党领导反对腐败、依靠社会主义法治严惩腐败、依靠社会主义制度优势治理腐败的中国道路。国家统计局民意调查显示，95.8%的群众认为2020年全面从严治党卓有成效，比2012年提高了16.5个百分点。"风清则气正，气正则心齐，心齐则事成。"以党的自我革命来推动党领导人民进行的伟大社会革命，新时代全面从严治党取得历史性、开创性成就，产生全方位、深层次影响，赢得了人民群众的信任和信赖，增强了党的创造力、凝聚力、战斗力，为实现第一个百年奋斗目标提供了强大政治引领和坚强政治保障。可以说，如果没有反腐败斗争，如果没有全面从严治党，就不可能有党和国家今天这样的大好局面。

办好中国的事情，关键在党，关键在党要管党、全面从严治党。习近平总书记在庆祝中国共产党成立100周年大会上强调："新的征程上，我们要牢记打铁必须自身硬的道理，增强全面从严治党永远在路上的政治自觉。"这既是庄严的政治宣言，也是对全党的再动员、再部署、再号令。站在新的历史起点上，始终保持"赶考"的清醒，坚定不移推进党风廉政建设和反腐败斗争，坚决清除一切损害党的先进性和纯洁性的因素，清除一切侵蚀党的健康肌体的病毒，我们党就能确保不变质、不变色、不变味，确保在新时代坚持和发展中国特色社会主义的历史进程中始终成为坚强领导核心，引领和保证中国特色社会主义巍巍巨轮行稳致远。

（资料来源：《人民日报》2021年11月8日01版）

阅读推荐

1. 《中国共产党的历史使命与行动价值》，新华网，http://www.news.cn/politics/2021-08/26/c_1127795937.htm.

2. 施芝鸿：《总结党的百年奋斗重大成就和历史经验的重大意义》，《光明日报》2021年11月23日06版。

3. 《党和国家事业不断发展的"定海神针"》，《求是》2021年第18期。

 思考题

1. 党的百年奋斗给中国带来了哪些变化？
2. 总结党的百年奋斗历史经验有什么意义？
3. 你对新时代新征程的中国共产党有什么期望？

专题三

全过程人民民主——人民民主的时代命题

　　2019年，习近平总书记在上海市长宁区虹桥街道考察时指出："我们走的是一条中国特色社会主义政治发展道路，人民民主是一种全过程的民主。"2021年，在庆祝中国共产党成立100周年大会的重要讲话中，习近平总书记再次重申这一观点，并提出了"践行以人民为中心的发展思想，发展全过程人民民主"的重要要求，唱响了新时代中国特色社会主义民主政治发展的主旋律，成为人民民主的时代命题。

全过程人民民主是对我国社会主义民主的新概括、新论断、新要求。全过程人民民主体现在中国共产党治国理政全部活动之中，贯通于政治、经济、社会、文化等诸多领域，落实在民主选举、民主协商、民主决策、民主管理、民主监督等不同环节，体现了社会主义民主的广泛性、整体性。

一、准确理解全过程人民民主的丰富内涵

（一）人民享有广泛充分、真实具体、有效管用的民主

中共中央宣传部2021年8月26日发布的《中国共产党的历史使命与行动价值》（以下简称文献）提出，人民民主的真谛是有事好商量、众人的事情由众人商量，找到全社会意愿和要求的最大公约数。在长期探索实践中，党领导人民发展全过程人民民主，人民依法享有广泛权利和自由，通过多种渠道和途径行使民主权利，不只体现在几年一次的投票选举上，还体现在关系国计民生的重大公共事务决策上；不只体现在民主选举环节，还体现在民主协商、民主决策、民主管理、民主监督等国家治理其他环节；不只体现在政治领域，还广泛深入到经济、文化、社会等领域，成为人们日常工作和生产生活的组成部分。在中国，人民享有广泛充分、真实具体、有效管用的民主，人民的民主生活丰富多彩。如今的中国，早已远离了禁锢和封闭，民主蔚然成风，人们心情舒畅，社会充满活力。

文献指出，中国的民主植根中国历史文化，符合中国国情，得到人民拥护。民主实现形式是多样的，适合的就是最好的。民主是全人类共同价值，不是某个国家的"专利"。世界上没有定于一尊的民主形式。评判一种民主形式，关键要看它是否适应本国历史文化，是否符合本国现实国情，能否带来政治稳定、社会进步、民生改善，能否得到人民的支持和拥护，能否为人类进步事业作出贡献。中国共产党坚定不移走中国特色社会主义政治发展道路，不断丰富和发展中国式民主，让民主之树枝繁叶茂、永远常青。

（二）全过程人民民主有效维护和发展人民根本利益，真正解决中国问题

全过程人民民主有效体现人民意志、保障人民权益、激发人民创造活力，动员和凝聚全体人民以国家主人翁的身份投身社会主义现代化建设。在中国共产党领导下，全国各族人民团结一心，艰苦奋斗，集中力量办大事。我国用几十年时间走完了发达国家几百年走过的工业化历程，跃升为世界第二大经济体，综合国力、科技实力、国防实力、文化影响力、国际影响力显著提升，人民生活显著改善。我们实现了第一个百年奋斗目标，全面建成了小康社会，历史性地解决了绝

对贫困问题，意气风发迈上全面建成社会主义现代化强国的新征程。

全过程人民民主有效调节国家政治关系，保证国家政治生活既充满活力又安定有序。我们党坚定不移发展社会主义民主政治，人民享有充分的权利和自由，广泛参加国家治理和社会治理，我国的政党关系、民族关系、宗教关系、阶层关系、海内外同胞关系充满活力，民族凝聚力不断增强，形成了安定团结的政治局面，有效维护了国家统一和民族团结，有力维护了国家主权、安全、发展利益。

相关链接：

人民就是江山

全过程人民民主坚持党的领导、人民当家作主、依法治国有机统一，形成了国家治理的强大合力。在我国政治生活中，党是居于领导地位的，党集中统一领导，支持人大、政府、政协和监委、法院、检察院依法依章程履行职能、开展工作、发挥作用。国家机构实行民主集中制原则。在党的领导下，各国家机关是一个统一整体，既合理分工、又密切协作，既充分发扬民主、又有效进行集中，统一高效组织各项事业。全过程人民民主实现了民主与集中、民主与效率、民主与法治的统一，确保党领导人民依法有效治理国家。

（三）全过程民主持续拓展人民民主新样态

通向幸福的道路不尽相同，各国人民有权选择自己的发展道路和制度模式，这本身就是人民幸福的应有之义。民主同样是各国人民的权利，而不是少数国家的专利。实现民主有多种方式，不可能千篇一律。

在中国，民主不是仅仅行使周期性投票权的狭义和狭隘的民主，而是坚持以人民为中心，旨在保障和实现人民政治、经济、社会、文化、生态等广泛权利的人民民主。全过程民主是社会主义民主政治的鲜明特点，是一种全链条、全方位、全覆盖的民主。人民民主以全过程的程序和形式，保证人民意愿的代表性和真实性，体现人民利益的全局性、长远性和根本性。全过程民主通过一系列法律和制度安排，真正将民主选举、民主协商、民主决策、民主管理、民主监督各个环节彼此贯通起来，是全链条、全方位、全覆盖的民主，是最广泛、最真实、最管用的民主。全过程民主有效保证了人民群众的知情权、表达权、参与权及监督权，保证了民主的广泛性、真实性和有效性。

人民代表大会制度是坚持党的领导、人民当家作主和依法治国有机统一的根本政治制度安排。人民代表大会坚持贯彻全过程民主，有利于充分发挥各级人代会的民意表达、采集、整合以及吸纳等功能，有利于实现民主全过程、多样态与立法和执法监督的高质量、治理高效能的有机统一。为更好保障人民当家作主，十三届全国人大四次会议新修改的全国人大组织法将"坚持全过程民主"写入法律，这就将全过程民主的实践创新纳入了制度化和规范化的渠道。

（四）党的领导保证了全过程人民民主发展的正确方向

现代西方民主理论默认国家与社会互不兼容的异质性，出现"多数"与"少数"的悖论，即社会力量的崛起保护了多数人的权利与自由，却无力遏制国家成为少数人的国家。马克思创造性地提出"社会共和国"理想，以国家回归社会、变成社会内在力量来破解这个悖论。中国共产党作为最高政治领导力量，同时领导国家与社会，克服了国家与社会二元对立难题，把国家民主（如宪法秩序中的政权建设）和社会民主（如人民的监督、基层群众自治）统一起来，防止国家权力违背人民意志。一切党和国家公职人员都是人民的公仆，而非利益团体；一切党和国家机关都是政治机关，都要坚持人民属性，增强为人民服务的意识；建立健全党政问责制度，形成责任链条，等等。

由此，中国共产党建立了人民民主的价值体系、组织体系和制度体系，有效克服了个体自由与国家自主性之间的张力，防止出现民粹主义和官僚主义，确保民主与集中统一、活力与秩序统一。在党的全面领导下，全过程人民民主以实现人民意志作为正确方向，既实现社会的"众意"，也确保实现国家的"公益"，既调动各方面积极性，也形成统一意志。

（五）全过程人民民主是适合中国国情的真实有效民主

在马克思主义看来，随着社会生产方式的发展变化，社会主义民主取代资产阶级民主是历史的必然。在历史发展中，虽然资本主义社会也在不断丰富民主理论，改善民主制度和实践，但其理念根基、制度本质没有改变。列宁深刻指出了资产阶级民主为少数人服务的本质和缺陷："资本主义社会里的民主是一种残缺不全的、贫乏的和虚伪的民主，是只供富人、只供少数人享受的民主。"我们在当代西方民主实践中看到的金钱操弄、赢者通吃、无厘头民主等现象，就是资本逻辑支配政治的曲折表现，而这些现象的根源在于理念的虚化和制度的残缺。在制度上强调投票的权利而缺乏对广泛参与的保障，人民只有在投票时被唤醒，投票后就进入休眠期，这样的民主必然是形式主义和残缺不全的。只有超越资产阶级民主形态，实现民主制度程序和民主参与实践的全过程，才能真正实现人民当家作主。

我国的人民民主，是全体人民的民主，遵循人民至上的理念，因此必然要求在制度建设和民主实践中将人民当家作主落实到每一个方面和环节，落实到全过程。与经历了几百年演变的西方民主相比，我国人民民主建立的时间较短，当然还需要在发展中不断完善。我国的人民民主是在马克思主义基本原理与中国具体实际相结合的过程中形成的,是最先进、最适合中国国情的民主。习近平总书记指出,"保证和支持人民当家作主不是一句口号、不是一句空话,必须落实到国家政治生活和社会生活之中","民主不是装饰品,不是用来做摆设的,而是要用来解决人民要解决的问题的"。只有适合中国国情的民主才是我们需要的民主;只有能够解决中国问题的民主才是对我们管用的民主。中国共产党的百年探索说明,中国的社会主义人民民主是全过程保障人民当家作主的民主,它所展现出的巨大优势和蕴含的巨大潜力,为全面建成社会主义现代化强国提供了坚强政治保障。

(六)全过程人民民主具有完整的制度体系

制度是一个社会结构的灵魂。建设全过程人民民主的国家制度,是中国共产党人长期的探索和实践中,在国家制度上的创造。全过程人民民主首先是关于国家性质的一种界定,其次是关于国家制度的一种政治选择。我国全过程人民民主是通过相应的国家制度建设来获得支撑的,这是在国家制度形态上的重大创造和创新。

一是全过程人民民主的政权制度,即人民代表大会制度。作为我国的根本政治制度,"人民行使国家权力的机关是全国人民代表大会和地方各级人民代表大会"(《中华人民共和国宪法》第二条)。这一制度是在长期革命斗争中根据巴黎公社和苏维埃制度原则总结了革命根据地政权建设经验,又结合了现实情况后形成的。人民代表大会制度的一个重要特性,是它的"人民性"即"民主共和"的性质和它的全过程民主性,体现了包括工人、农民、知识分子等在内的广大劳动者这一最大包容性,凸显了"以人民为中心"的国家性质。

相关链接:
为了人民当家作主

二是全过程人民民主的政党制度,即中国共产党领导的多党合作制。中国共产党同各民主党派"长期共存、互相监督、肝胆相照、荣辱与共",共同治理国家。这一政党制度孕育于民主革命时期,确立于新中国成立后,进一步发展于改革开放时期特别是进入新时代。中国共产党领导的多党合作制,是一种多党民主参政的全过程民主型政党制度,各民主党派通过不同渠道和平台,开展政治协商的民主参政。

三是全过程人民民主的政治协商制度。中国特色协商民主的"特质"之一,是民主协商的全过程性,弥补了远程民主的缺陷。习近平总书记在庆祝中国人民政治协商会议成立65周年大会上指出:"社会主义协商民主,应该是实实在在的、而不是做样子的，应该是全方位的、而不是局限在某个方面的，应该是全国上上下下都要做的、而不是局限在某一级的。"这是对民主协商全方位性、全过程性的科学表达。中国特色社会主义政治协商制度通过广泛、多层、制度化发展，统筹推进政党协商、人大协商、政府协商、政协协商、人民团体协商、基层协商以及社会组织协商，反映出协商民主全过程性的"全领域"特征。

四是全过程人民民主的基层制度，即民族区域自治制度和基层群众自治制度。民族区域自治制度基于不同民族、不同地方社会经济和文化差异的实际状况，尊重各民族的主体地位，为激发地方创造精神和社会活力提供了巨大空间。这一制度型构也是对"单一制"条件下我国国家幅员辽阔、政策效能存在实际落差这一客观现状的一种裨补。基层群众自治制度具体体现为村民委员会和居民委员会自我管理、自我教育、自我服务、自我监督，这一制度型构最大的特点是尊重基层群众的首创精神，维护人民群众自治、参与民主治理的法理地位，容纳广泛的公民政治参与，成为实现全过程人民民主最为重要的基层制度支撑。

二、深刻把握全过程人民民主的鲜明特征

我国的全过程人民民主是最广泛、最真实、最管用的民主，是全链条、全方位、全覆盖的民主，是过程民主和结果民主、程序民主和实质民主、直接民主和间接民主、人民民主和国家意志的有机统一。全面性是全过程人民民主的鲜明特征。我们要坚定不移走中国特色社会主义政治发展道路，不断发展全过程人民民主，让社会主义政治文明在奋进新征程中凸显出显著优势、迸发出磅礴力量。

（一）全过程人民民主体现了参与实践的全面性

人民民主是社会主义的生命。没有民主就没有社会主义，就没有社会主义的现代化，就没有中华民族伟大复兴。全过程人民民主坚持人民至上，紧紧依靠人民，不断造福人民。全过程人民民主让全体人民不分民族、种族、性别、职业、家庭出身、宗教信仰、教育程度、财产状况、居住期限，都能参与人民民主实践；让各民主党派都能够参政议政、民主监督、参加中国共产党领导的政治协商；让少数民族管理本民族内部事务的权利受到充分尊重和保障；让基层群众都能享受自治权利，真正实现了全体人民享有最广泛的民主，体现了参与主体的全面性。全过程人民民主，包括民主选举、民主协商、民主决策、民主管理、民主监督在内的各民主环节，要求各环节之间彼此贯通、形成合力和有机统一，避免只重视选举过程而不重视协商、决策、管理、监督过程的问题。坚持完整的制度程序和参与实践，让全过程人民民主真正有效体现人民意志和反映人民利益诉求，体现

了参与过程的全面性。全过程人民民主通过丰富民主协商形式，以多种方式拓展人民参与国家发展和决策的渠道，打造共建共商共治的社会治理格局。通过各层级人大代表共商国是、网上渠道征求意见、举行听证会等形式，保障人民群众多渠道、多方式参与政治协商，让国家的重大决策都是在充分发扬民主、广泛征求意见、反复酝酿讨论的基础上所作出的，体现了参与形式的全面性。

（二）全过程人民民主体现了参与质效的全面性

中国特色社会主义民主的本质是全过程人民民主，即人民民主通过"全过程"的特质表现出民主的真实要义。坚持全过程人民民主，保证人民群众全面参与，真正实现人民当家作主。一方面，全过程人民民主要求以系统的民主体系和操作流程来贯彻民主，将人民民主贯穿国家治理全过程、融入群众生活各方面，让人民意见和意愿表达的渠道始终存在、与人民沟通的渠道始终畅通。另一方面，全过程人民民主是用来解决人民需要解决的问题的。全过程人民民主是最真实、最管用的民主，是将民主全过程彼此贯通起来，着眼于不断解决人民所关心、关注的实际问题。此外，全过程人民民主让人民群众通过民主协商、社会协同、公众参与等形式，积极有序地参与到具体的社会治理实践中。在广泛参与中行使民主权利、商议解决问题、充分反映诉求、互相增进理解，培育当家作主的意识，提升当家作主的能力。推进全过程人民民主，要始终坚持以人民为中心，把人民对美好生活的向往作为奋斗目标，把人民当家作主具体体现到国家政治生活和社会生活的方方面面，体现到人民对自身利益的实现和发展上来，不断增强人民的获得感、幸福感、安全感。

（三）全过程人民民主体现了制度力量的全面性

全过程人民民主深刻回答了如何统筹坚持党的领导、人民当家作主、依法治国三者关系的重大问题，强调坚持中国特色社会主义政治发展道路，把三者统一于新时代中国特色社会主义民主政治建设的伟大实践之中，统一于全面建设社会主义现代化国家、实现中华民族伟大复兴的全过程。党的领导是实现全过程人民民主广泛性的根本保证。民主是中国共产党和中国人民始终不渝坚持的重要理念。人民民主作为中国共产党始终高举的旗帜，之所以能够高高飘扬，是因为在前进道路上，党能够最大限度地凝聚人心、汇聚力量，全方位、全过程地确保全体人民依法管理国家事务和社会事务、管理经济和文化事业，满足人民群众畅通表达利益要求，促进社会各方面有效参与国家政治生活，为发展全过程人民民主提供根本保证。人民当家作主制度体系是确保全过程人民民主完整性的显著优势。发展社会主义民主政治就是要体现人民意志、保障人民权益、激发人民创造活力，用制度体系保证人民当家作主。工人阶级领导的、以工农联盟为基础的人民民主专政的国体,人民代表大会制度的政体,中国共产党领导的多党合作和政治协商制度、民族区域自治制度、基层群众自治制度等基本政治制度,形成了全面、广泛、有机衔接的人民当家作主制度体系,让广大人民群众能够依法、主动、常态、有效地参与国家事务和社会事务,为实现全过程人民民主提供了可靠的制度保障,确保了人民民主参与过程的完整性。依法治国是加强全过程人民民主规范性的重要保障。全过程人民民主必须在法治化轨道上运行才能沿着正确方向持续发展完善。坚持以人民为中心、尊重人民主体地位,完善中国特色社会主义法治体系,始终将体现人民利益、反映人民愿望、维护人民权益、增进人民福祉落实到法治工作各领域全过程。加快建设社会主义法治国家,实现人民当家作主制度化、规范化、程序化,使一切民主实践活动有章可循、有法可依。

知识链接

1954年9月15—28日,第一届全国人民代表大会第一次会议召开,从此建立起中华人民共和国的根本政治制度——人民代表大会制度。人民代表大会制度是我们党领导人民在人类政治制度史上的伟大创造,是在我国政治发展史乃至世界政治发展史上具有重大意义的全新政治制度。

1949年9月21—30日,中国人民政治协商会议的顺利召开,标志着中国共产党领导的多党合作和政治协商制度的正式确立,一大批对革命事业作过贡献、在人民群众中具有威望的民主党派和无党派人士代表人物进入了国家政权机关并担任领导职务,开辟了中国共产党和各民主党派与无党派人士合作共事、友好协商的历史新纪元。

1949年9月29日,中国人民政治协商会议第一届全体会议通过了起临时宪法作用的《共同纲领》,《共同纲领》第51条明确规定:"各少数民族聚居的地区,应实行民族的区域自治,按照民族聚居的人口多少和区域大小,分别建立各种民族自治机关。凡各民族杂居的地方及民族自治区内,各民族在当地政权机关中均应有相当名额的代表。"民族区域自治制度从此在全国范围内正式推行。

基层群众自治制度是伴随着新中国的成立、社会主义制度建立而建立的,改革开放后不断健全完善。城市居民自治和农村村民自治是相互借鉴、相互促进,并不断发展完善的。

三、发展全过程人民民主的重大历史和现实意义

发展全过程人民民主，对于坚持和完善中国特色社会主义民主政治，推进国家治理体系和治理能力现代化，具有重大历史和现实意义。

（一）全过程人民民主开辟了人民民主历史的新境界

发展全过程人民民主，是中国民主新路的历史逻辑必然。中国共产党自成立之日起，就以争取和实现人民民主为己任，领导人民浴血奋斗、艰辛探索，形成了一整套人民当家作主的体制机制、原则和方法。比如人民代表大会制度、多党合作和政治协商制度、城乡基层民主等。中国特色社会主义民主破除了西方的民主迷信，不断发展成为包括民主选举、民主协商、民主决策、民主管理、民主监督在内的全过程人民民主。实践证明，发展社会主义民主政治，是我们党始终不渝的奋斗目标，而这一民主就是人民民主。人民民主是中国共产党领导中国人民进行革命、建设和改革走出的民主新路。

中国共产党的民主新路是马克思主义民主思想中国化的结果，继承了马克思主义的民主思想，同时开启了中国特色社会主义的民主新境界。在改革开放40多年的发展历程中，中国政治逐渐形成了以人民当家作主为目标的人民民主模式。随着改革的不断深化，这一人民民主模式越来越广泛：一方面，人民的民主权利不断扩大；另一方面，国家的民主制度不断完善，人民民主得到了全面发展。党的十八大以来，以习近平同志为核心的党中央在全面深化改革的实践中进一步发展了中国特色社会主义民主，形成了以人民为中心的人民民主理论体系，开启了民主新路的新时代。

中国民主新路不断走向全面的历史逻辑，丰富了全过程人民民主的结构，优化了全过程人民民主的流程。与资本主义民主更注重选举不同，马克思主义民主理论注重民主监督等过程，强调人民在选举前后都拥有民主权利的全面理念与制度设计。中国共产党的民主理论将这一理念与中国的革命、建设和改革实践联系起来，更加重视民主的全过程。毛泽东在"窑洞对"中提出的民主新路，就强调了民主监督："让人民来监督政府，政府才不敢松懈。只有人人起来负责，才不会人亡政息。"在改革开放初期，中国共产党在民主政治建设过程中提出了民主选举、民主管理和民主监督的"三大民主"，这既是不同的民主途径，又连接了不同的民主过程，为发展全过程人民民主奠定了基础。随着改革开放的不断深入，中国共产党又加入民主决策环节，使人民民主的过程更加全面，链条更加完备。在党的十九大报告中，习近平总书记明确提出，"扩大人民有序政治参与，保证人民依法实行民主选举、民主协商、民主决策、民主管理、民主监督"，创造性地将民主协商加到"四大民主"当中，不仅丰富了"五大民主"的结构，还优化了民主过程，为全过程人民民主缔造了关键的一环。

全面发展人民民主，是中国的改革与现代化进程不断地由"中心"走向"全面"的必然结果和时代要求，体现了新时代中国特色社会主义民主发展的基本趋势和战略。中国在改革开放初期，主要围绕着经济建设的"中心"展开；随着改革的不断深化，中国开始进入全面深化改革的"全面"阶段，党的领导、人民当家作主、依法治国有机统一搭建了全面发展人民民主的基础架构。进入中国特色社会主义发展的新时代，全面建设社会主义现代化国家、全面深化改革、全面依法治国、全面从严治党"四个全面"战略的提出将中国的民主新路推进到全面发展人民民主的阶段。发展"全过程人民民主"正是中国民主新路全面发展人民民主的历史逻辑使然，成为全面建设社会主义现代化国家的时代命题。

（二）全过程人民民主落实了人民民主实践的新方案

全过程人民民主的实践丰富多彩，体现在民主立法、民主选举、民主决策、民主监督等人大工作的全过程。天津市人大以人民为中心，践行全过程人民民主的理念，不但彰显了人民民主的显著优势，而且提升了民主治理的合力效能，落实了全过程人民民主实践的新方案。

建设基层立法联系点，搭建"全覆盖"的"民主之网"。以天津市为例，2017年前，天津市分两批确定了8家基层立法联系点。2018年以来，各基层立法联系点充分发挥全过程人民民主的制度优势，先后就30多部地方性法规征求意见和建议，归纳整理提出修改完善的意见和建议182条，对践行民主立法、开门立法起到了促进作用。在民法典草案征询意见的过程中，基层群众不但发表了自己的意见，而且意见还得到高度重视，被全国人大在立法的过程中吸收采纳。如今，天津市人大民主立法的网络不断延伸，覆盖面也进一步扩大。在这个网络中，既有专业法律人士，也有政府司法部门的公务人员，还有高校的专家学者，人大代表、人大工作者、社区居民等都参加到立法中来，体现了全员、全过程、全方位的特征。

人大代表履职尽责，架起"零距离"的"民主之桥"。人大代表在深入基层调查研究的基础上依法提出批评、意见和建议，是反映人民意愿诉求、汇聚民智民力的成果，充分体现了人民当家作主，在人民与人大代表之间架起了"民主之桥"。人民至上、以人民为中心，成为天津市人大常委会不断加强代表建议办理工作的原则。在代表建议工作中，市人大常委会创新建立了代表建议办理两次答复评价机制，形成了办理答复—初次评价—落实答复—最终评价的闭环督办，推动承办单位压实责任、注重实效，建议落实率显著提高，更好地发挥了人大代表的主体作用，也更加有效地回应了群众关切期待。同时，市人大常委会及时完善了人大代表常态化联系群众制度，及时宣传党的方针政策和宪法法律，了解和反映群众的所思所想所盼，拉近了代表与人民的距离，更有效地把民心、民意、民情带到立法中来。

发挥人大制度优势，打造"无缝隙"的"民主之链"。围绕着民心工程，天津市各区、乡镇人大普遍开展了代表大会票决制工作，街道实行了人大代表会商制，在党委领导下，"群众提、代表定、政府办、人大督"。这就把人大行使监督权、决定权与群众关心关注的"衣食住行""业教保医"紧密结合起来。就这样，围绕着民心工程，广大群众成为建议者、决策者、监督者和受益者，他们能够参与到民心工程的各个环节当中，形成了"全链条"的人民民主。

2019年8月22日，天津市河西区人大常委会组织人大代表检查老旧社区新建补建路灯项目进展情况。

2021年，有200多个区级民心工程、800多个乡镇（街道）民心项目都经人大代表票决或会商选出，充分发挥了人大全过程人民民主的优势。

（三）全过程人民民主实现了人民民主理论的新飞跃

在中国特色社会主义民主新路的探索历程中，全过程人民民主不仅仅停留于历史逻辑和实践逻辑，而是形成了全过程人民民主的理论逻辑，将马克思主义民主思想同中国的民主建设结合在一起，实现了对中国共产党人民民主理论的重大创新。

以人民为中心，是全过程人民民主的理论核心。中国共产党是中国工人阶级的先锋队，同时是中国人民和中华民族的先锋队，以人民为中心，是中国共产党治国理政的必然要求。进入新时代，"以人民为中心"成为中国特色社会主义的基本方略。以人民为中心的社会主义民主就是要体现人民意志、保障人民权益、激发人民创造活力，用制度体系保证人民当家作主。从这个意义上讲，以人民为中心，尊重人民的主体地位，发挥人民的首创精神，是全过程人民民主理论的核心要义。全过程人民民主，正是以人民为中心思想的应然延伸。

全面发展人民民主，是发展全过程人民民主的理论基础。新时代中国特色社会主义民主理论的创新，首先，民主的主体是全面的。它不仅关注代表的代表性，更关注民众的直接参与。而且，"众人的事情由众人商量，找到全社会意愿和要求的最大公约数"，就是要让更多的人积极参与到民主中来，体现了人民民主对广泛性的要求。其次，民主的过程是全面的。不仅关注民主的过程，还关注民主的结果，关注民主的实质，民主选举、民主协商、民主决策、民主管理、民主监督，一个都不能少。最后，民主的样态是全面的。既有先进的理论观念，又能落实到体制、机制，形成"完整的制度程序"和"参与实践"。习近平总书记在谈到社会主义民主的实现形式时提出了四个"要看"，即要看人民是否在选举时有投票的权利，也要看人民在日常政治生活中是否有持续参与的权利；要看人民有没有进行民主选举的权利，也要看人民有没有进行民主决策、民主管理、民主监督的权利。这就是一种全面人民民主的思维，也是对全面人民民主的自信。

全面建设社会主义现代化国家、全面改革开放、全面依法治国、全面从严治党为全过程人民民主提供了战略布局。"四个全面"战略都高度强调了人民民主的重要性，与人民民主的实现有着直接关系，从不同的角度界定了全过程人民民主的内涵。全面建设社会主义现代化国家的目标当中就包括不断扩大人民民主；全面深化改革的战略将发展更加广泛、更加充分、更加健全的人民民主作为题中应有之义；全面依法治国战略的指导原则之一，就是坚持人民主体地位；全面从严治党战略，更是进一步重申了党来自人民，要全心全意为人民服务，走群众路线的基本要求。应该说，"四个全面"战略布局是在党的领导、人民当家作主和依法治国三者有机统一基础上的全面升级，为全面发展人民民主作出了战略布局。

全过程人民民主实现了人民民主从理论要素到理论结构的全面创新。全过程人民民主是人民民主理论要素的创新。改革提升为"全面深化改革"；从严治党提升为"全面从严治党"；依法治国提升为"全面依法治国"，这不仅体现了中国共产党理论的继承性，更体现了中国共产党理论的创新性。全过程人民民主还是人民民主理论结构的创新，也就是党的领导、人民当家作主、依法治国三者有机统一的理论创新过程。在中国特色社会主义建设的新时代，"全过程人民民主"丰富了人民民主的时代内涵，成为习近平新时代中国特色社会主义思想的时代命题。

发展全过程人民民主是人民民主的新时代命题，是历史逻辑、实践逻辑与理论逻辑的有机统一。人民民主的新路打破了旧政权治乱兴衰、循环往复的历史周期律，全过程人民民主开辟了人民民主历史的新境界。中国全过程人民民主的实践打破了西方将民主等同于选举的"单过程民主"，让人民享受全主体、全要素、全主题、全方位的全过程民主，不仅是最广泛的民主，还是最真实、最管用的民主。全过程人民民主的理论创新，是马克思主义基本原理同中国实践相结合的产物，是马克思主义中国化的成果，同时也全面地发展了马克思主义理论体系，是21世纪马克思主义民主理论创新的最新成果。

相关链接：

发展全过程人民民主述评

四、坚持中国特色社会主义政治发展道路，不断发展全过程人民民主

人民民主是社会主义的生命。在中央人大工作会议上，习近平总书记站在坚持中国特色社会主义政治发展道路的高度，深入阐述了全过程人民民主的重大理念，强调不断发展全过程人民民主，对继续推进全过程人民民主建设作出重大部署、提出明确要求。

人民民主是中国共产党始终高举的旗帜。党的十八大以来，以习近平同志为核心的党中央深化对民主政治发展规律的认识，提出全过程人民民主的重大理念。2019年11月，习近平总书记视察上海长宁区虹桥街道基层立法联系点，明确提出全过程人民民主的概念。在建党100周年庆祝大会上，习近平总书记再次强调发展全过程人民民主。全过程人民民主重大理念的提出，丰富和发展了社会主义民主政治理论，集中概括了党领导人民发展社会主义民主特别是党的十八大以来民主政治建设的理论和实践成果，深刻阐明了我国人民民主的鲜明特色和显著优势，为新时代发展社会主义民主政治、建设社会主义政治文明提供了指引和遵循。

中国共产党领导人民实行人民民主，就是支持和保证人民当家作主。支持和保证人民当家作主不是一句口号、不是一句空话，必须落实到国家政治生活和社会生活之中。我国全过程人民民主不仅有完整的制度程序，而且有完整的参与实践。我国实行工人阶级领导的、以工农联盟为基础的人民民主专政的国体，实行人民代表大会制度的政体，实行中国共产党领导的多党合作和政治协商制度、民族区域自治制度、基层群众自治制度等基本政治制度，巩固和发展最广泛的爱国统一战线，形成了全面、广泛、有机衔接的人民当家作主制度体系，构建了多样、畅通、有序的民主渠道。全体人民依法实行民主选举、民主协商、民主决策、民主管理、民主监督，依法通过各种途径和形式管理国家事务，管理经济和文化事业，管理社会事务。正如习近平总书记深刻指出的："我国全过程人民民主实现了过程民主和成果民主、程序民主和实质民主、直接民主和间接民主、人民民主和国家意志相统一，是全链条、全方位、全覆盖的民主，是最广泛、最真实、最管用的社会主义民主。"

人民当家作主是社会主义民主政治的本质和核心，发展社会主义民主政治就是要体现人民意志、保障人民权益、激发人民创造活力，用制度体系保证人民当家作主。习近平总书记强调："我们要继续推进全过程人民民主建设，把人民当家作主具体地、现实地体现到党治国理政的政策措施上来，具体地、现实地体现到党和国家机关各个方面各个层级工作上来，具体地、现实地体现到实现人民对美好生活向往的工作上来。"不断发展全过程人民民主，要坚持和完善人民当家作主

制度体系，更好把制度优势转化为治理效能。要坚持以人民为中心，坚持国家一切权力属于人民，支持和保证人民通过人民代表大会行使国家权力，健全民主制度，丰富民主形式，拓宽民主渠道，保证人民平等参与、平等发展权利，发展更加广泛、更加充分、更加健全的全过程人民民主。国家各项工作都要贯彻党的群众路线，密切同人民群众的联系，倾听人民呼声，回应人民期待，不断解决好人民最关心最直接最现实的利益问题，凝聚起最广大人民的智慧和力量。

人民代表大会制度是实现我国全过程人民民主的重要制度载体。要在党的领导下，不断扩大人民有序政治参与，加强人权法治保障，保证人民依法享有广泛权利和自由；保证人民依法行使选举权利，民主选举产生人大代表，保证人民的知情权、参与权、表达权、监督权落实到人大工作各方面各环节全过程，确保党和国家在决策、执行、监督落实各个环节都能听到来自人民的声音；完善人大的民主民意表达平台和载体，健全吸纳民意、汇集民智的工作机制，推进人大协商、立法协商，把各方面社情民意统一于最广大人民根本利益之中。

全过程人民民主具有与时俱进的品格，是充满生机活力的社会主义民主。全过程人民民主在我国社会主义民主政治伟大实践中成长，也必将在全面建设社会主义现代化国家新征程中不断发展。前进道路上，在以习近平同志为核心的党中央坚强领导下，不断发展全过程人民民主，把我国社会主义民主政治的特质和优势充分发挥出来，我们就一定能不断巩固和发展生动活泼、安定团结的政治局面，为人类政治文明进步作出充满中国智慧的贡献。

相关链接：
不断发展全过程人民民主

拓展阅读

人民民主是中国共产党始终高举的旗帜。中国共产党在百年奋斗历程中，坚持把马克思主义基本原理同中国具体实际相结合，创立了人民民主理论，建立并不断完善人民民主制度。人民民主制度在中国的政治实践，成功地推动了中国经济社会文化的全面现代化进程，取得了历史性成就。实践表明，人民民主是符合中国实际、最广泛最真实最管用的社会主义民主制度。

人民民主理论和制度是中国共产党领导人民经过长期实践、反复探索形成的，是经过实践反复检验得出的理论性认识和规则体系，是历史的产物、实践的产物。

在抗日战争初期，我们党根据中国革命实践和国家历史任务的需要，推动马克思主义民主理论中国化，提出了人民民主的概念。在人民民主观念的指引下，我们党带领人民探索创立人民民主的实现形式，开启了人民民主的政治实践。在系统总结新中国成立前后政治实践经验的基础上，21世纪初，我们党相继提出了人民民主的"三统一"和"协商民主"两大理论论断，我国的民主形式与人民民主本质的内在关系的理论阐述不断深化。2019年11月，习近平总书记提出"人民民主是一种全过程的民主"的重要论断，进一步总结了我们党领导的人民民主实践经验，科学概括了人民参与政治全过程各环节是人民民主真实性的实现形式要素，使人民民主理论形成了对我国的民主形式与人民民主本质的内在关系的完整阐释，为新时代发展社会主义民主政治、建设社会主义政治文明指明了前进方向、提供了根本遵循。

"三统一"：人民民主的有序性要求党的领导和法治

人民民主是一种独立的民主形态。人民民主起源于中国革命实践，是中国共产党把马克思主义基本原理同我国具体实际相结合探索形成的，既广泛借鉴人类政治文明的优秀成果，又区别于资产阶级民主和苏俄式无产阶级专政。西方国家的民主观以民主形式的制度论回避民主的本质论。英美式西方民主通过一系列貌似平等的形式和程序，通过暂时和局部让利于中下层群体的策略，掩盖了只有资产阶级代理人才能执掌政权的民主实质。苏俄式无产阶级专政制度是适应于工业先进国家的政权构成形式，不足之处是在体制上没能始终实现"自上而下"和"自下而上"的平衡。我国是工人阶级领导的、以工农联盟为基础的人民民主专政的社会主义国家，需要探索发展适合自身国情、能够解决本国历史任务的社会主义民主理论和制度。

人民民主坚持社会主义民主的阶级实质论，同时坚持民主形式的扬弃论。人民民主在阶级内涵上是最为广泛的民主，这一本质的实现形式需要独立探索，在本国国情基础上，批判继承人类追求民主历史中形成的一切文明成果。事实上，一般民主、普遍民主、绝对民主在历史上是不存在的。但在历史上存在的阶级的、具体的民主，则总是具有可以为后人继承、借鉴的一般的普遍的因素。因此，应深刻理解和把握民主的阶级本质，注意认真总结和批判继承不同历史时期的人们在民主实践中创造的文明成果。

经过多年的政治实践，我国社会主义民主政治形成了一套有效的制度安排，贯彻了人民当家作主的原则，保障了国家的社会主义性质，推动了建设社会主义现代化强国的进程。党的十六大第一次完整准确地概括了人民民主政治的基本特征——坚持党的领导、人民当家作主和依法治国的有机统一，即"三统一"。

"三统一"的理论论断深刻揭示了发展人民民主需要遵循的基本规律：实现人民民主的理想，需要坚持党的领导、人民当家作主和依法治国的有机统一。只有这样，才能避免出现政治混乱和改旗易帜。人民群众要掌握国家政权，成为社会的主人，需要有一个能够集中代表和反映人民根本利益的政党。中国共产党领导人民治理国家，需要遵循依法治国的基本方略。依法治国就是广大人民群众在党的领导下，依照宪法和法律规定，通过各种途径和形式管理国家事务，管理经济文化事业，管理社会事务，保证国家各项工作都依法进行。保障人民当家作主，既需要有能够代表最广大人民根本利益的政治领导力量，也需要能够体现和服务于实现人民民主的法治体系，三者有机统一，才能保障人民民主政治的有效运行。

"三统一"鲜明指出人民民主不采用西方政党制度，无产阶级政党的政治领导是人民民主的根本保证。无产阶级政党作为"领导党"，通过领导人民创建崭新的政治制度，保证其所领导的民主政治是维护工人阶级及其他劳动人民利益的，保证人民当家作主的真正实现。在政党制度上，人民民主区别于西方民主也区别于苏联的社会主义民主，其明确了各社会阶级利益的集中代表者即中国各政党的政治地位及其政治关系。工人阶级的领导地位决定了中国共产党的领导地位；人民民主的广泛社会内涵决定了各民主党派参政议政的政治地位；人民内部实行广泛的团结与合作，为多党合作提供了共同的政治理念和价值目标，推动了政党之间的团结与合作，并决定了各政党在国家政治领域中的地位和政党制度的运行方式。

"三统一"的理论论断强调人民民主必须制度化、法律化。人民当家作主要坚持依法治国的方略，人民民主政治创立的法治体系要以人民为中心。中国共产党领导人民制定的以宪法为核心的社会主义法律体系，除了在法权意义上规定各社会阶级的政治地位，保障人民当家作主的最高政治地位，还从法律上、制度上保障这一根本准则在国家和社会生活中得到充分切实的贯彻和体现，以法治保障党的路线方针政策的有效实施，在依法治国的各领域全过程体现人民利益、反映人民愿望、维护人民权益、增进人民福祉。

历史实践表明，坚持"三统一"，中国的人民民主有序运行，发挥了预期的政治功能。在政治民主层面，锻造出具有卓越政治领导力的执政党，有效整合了多元的社会利益，保持了政治团结；在社会民主层面，有效调动了最广大人民群众的积极性和创造性，推动不同时期的历史任务成功完成。

"协商民主"：人民民主的广泛性要求寻求共识的协商机制

人民民主要求实现最广泛的社会团结。民主政治是通过多元利益表达影响国家政策以应对经济社会矛盾的政治形式。西方民主的权力构架和程序是不同政治力量之间的竞争和博弈机制，以"赢家通吃、愿赌服输"的规则应对经济社会矛盾，无法实现广泛团结社会各阶级阶层的目的。人民民主的功能是"求同"，这一初衷和目标决定了人民民主更多地要以充分"协商"为基础，而不应采用激化利益分歧的"竞争性政治"。

政治协商自新中国成立以来便充分融入了我国的政治生活当中。在近代中国，

全过程人民民主——人民民主的时代命题

非同质性的不同阶级阶层为挽救民族危机、实现民族复兴共同奋斗，共同利益使他们摈弃特殊的、具体的利益分歧。中国革命的成功经验表明，"共同利益"能够为不同阶级阶层的持续合作提供坚实基础。

把协商民主作为人民民主的一个基本概念和机制特质提炼出来，经历了一个较长的认识过程。1991年，江泽民同志最早提出社会主义民主的两种形式，他指出："人民通过选举、投票行使权利和人民内部各方面在选举和投票之前进行充分协商，尽可能就共同性问题取得一致意见，是我国社会主义民主的两种重要形式。"2006年，中共中央颁发《中共中央关于加强人民政协工作的意见》，首次在党的政策文件中引用这一论断，正式提出协商是我国民主的两种形式之一。2007年，《中国的政党制度》白皮书明确将选举民主与协商民主相结合作为中国社会主义民主的一大特点，首次从国家重要文献层面提出"协商民主"概念。此后，我国开始了关于民主政治建设中选举民主和协商民主地位的理论讨论。2014年，习近平总书记明确提出"社会主义协商民主，是中国社会主义民主政治的特有形式和独特优势，是中国共产党的群众路线在政治领域的重要体现"这一重要论断。

协商民主是贯穿于我国民主政治方方面面的独特机制。我国的协商民主，是对政治主张之间"多数决"模式的扬弃。不同于票决程序之前设置的协商环节，它是在各种观点看法之间交流协商基础上形成的更加成熟更加全面的认识，即在征得各方的接受后，再进入表决环节。协商民主使得我国的政治表决常常出现"高票通过""一致同意"等现象，这些现象并非迫于政治压力，而是充分协商的自然结果。不把握协商民主这一实质，就不能充分理解我国协商民主的独特性，也不能准确理解我国的民主政治。

我国的协商民主能够达成为各方所接受认可的"更佳"方案，是因为其机制坚持了人民民主的内核，特别是广泛团结的要求：一是协商主体多元，包括社会各政党、各阶级、各团体和人民群众；二是协商议题重要集中，国家的大政方针、各协商主体共同关心或关涉重大利益影响的问题，均要协商；三是协商方式包容理性，包括对话、讨论、沟通、辩论、协调和妥协；四是坚持共识优先原则，在投票表决之前尽可能形成共识，在缺乏共识的情况下可以延迟投票，继续协商，以争取较多数人的支持。

协商民主既坚持中国共产党的领导，又有效发挥各方面的积极作用。协商民主的制度、规则、措施，使得社会群体的不同利益诉求进入政治过程特别是政策的形成过程当中，最终的政策方案也将体现这一民主过程的结果。协商民主，避免了西方民主中利益表达与政策决策之间"玻璃墙"和"两张皮"等现象，能够有效克服党派和利益集团为自身利益相互竞争甚至相互倾轧的弊端，有效克服不同政治力量为了维护和争取自身利益固执己见、排斥异己的弊端，有效克服决策中情况不明、自以为是的弊端，有效克服人民群众在国家政治生活和社会治理中无法表达、难以

57

参与的弊端，有效克服各项政策和工作共识不高、无法落实的弊端。

总之，协商民主要求有事多商量、遇事多商量、做事多商量，通过商量出办法、出共识、出感情、出团结，充满了中国智慧。协商民主使得我国的政治决策具有"共识"的基础，有利于实现共同利益最大化和共同目标最优化。

"全过程人民民主"：人民民主的真实性要求人民参与政治全过程各环节

人民民主坚持公共权力来自人民，国家政权要服务于人民的根本利益、整体利益和长远利益，不能变质为"少数人所得而私"。西方宪政民主观认为，民主只是人民通过选举产生国家执政者的过程，民主存在于国家机关之外。因此，选举成为民主宪政的要义。在西方国家，选举就是人民通过行使主权意志将自己的政治权利让渡给代表他们的代理人，选举将国家机器和主权民众联系在一起。西方国家的资产阶级和政客把民主等同于选举民主，把这一民主形式作为"普世标准"，并以此为由诋毁我国民主。

而人民民主观认为，国家由少数人管理而人民只是享受各种福利，并非人民民主的真谛。在民主制中，任何一个环节都不具有与它本身的意义所不同的意义。只有在竞选时聆听天花乱坠的口号、竞选后就毫无发言权；只有在拉票时受宠、选举后就被冷落，这样的民主并不是真正的民主。人民只有控制政治过程的具体环节，才能有效控制国家的政治过程，才能保证人民当家作主的国家政权性质。人民民主观认为，人民不仅要享有选举权，还须享有国家的决策权、管理权和监督权，通过民主决策、民主管理、民主监督，民主才能存在于国家机关和国家政治机器之内。

人民民主不仅要有完整的制度程序，而且要有完整的参与实践，人民的主体地位要生动、具体地体现在国家政治生活和社会生活的全过程、各环节。我国宪法坚持"中华人民共和国的一切权力属于人民"的基础性意义，规定"人民依照法律规定，通过各种途径和形式，管理国家事务，管理经济和文化事业，管理社会事务"。全链条、全方位、全覆盖的人民民主政治，给人民群众提供多层次、多渠道参与国家治理的机会，也要求各级干部主动了解人民群众的意见诉求，防止出现选举时漫天许诺、选举后无人过问的现象，防止出现人民形式上有权、实际上无权的现象。

2019年，习近平总书记提出"人民民主是一种全过程民主"的重要论断，准确地概括了人民民主的"全过程"要素与人民民主本质的内在关系。正如习近平总书记所强调的，"要看人民有没有投票权，更要看人民有没有广泛参与权；要看人民在选举过程中得到了什么口头许诺，更要看选举后这些承诺实现了多少；要看制度和法律规定了什么样的政治程序和政治规则，更要看这些制度和法律是不是真正得到了执行；要看权力运行规则和程序是否民主，更要看权力是否真正受到人民监督和制约"。全过程民主的实现形式，把人民民主的本质体现在我国政治

全过程人民民主——人民民主的时代命题 专题三

制度的全过程各环节，保障政治运行过程和政治权力行使能够"坚持人民立场，坚持人民主体地位，虚心向人民学习，倾听人民呼声，汲取人民智慧，把人民拥护不拥护、赞成不赞成、高兴不高兴、答应不答应作为衡量一切工作得失的根本标准，着力解决好人民最关心最直接最现实的利益问题"，保障国家的方针政策从来不代表任何利益集团、任何权势团体、任何特权阶层的利益。

全过程人民民主的理论论断，指明了人民民主的完善方向，引领人民民主迈向"全链条、全方位、全覆盖"和"最广泛、最真实、最管用"的更高境界。正如习近平总书记强调的，"社会主义民主政治的体制、机制、程序、规范以及具体运行上还存在不完善的地方，在保障人民民主权利、发挥人民创造精神方面也还存在一些不足，必须继续加以完善"。完善我国的人民民主政治建设，要继续凸显全过程的要素，把人民当家作主具体地、现实地体现到治国理政的政策措施上来，具体地、现实地体现到党和国家机关各个方面、各个层级的工作上来，具体地、现实地体现到实现人民对美好生活向往的目标上来。

继续推进全过程人民民主建设，确保党和国家在决策、执行、监督落实各个环节都能够听到来自人民的声音，由人民共同商议决定；人民群众可以通过行使选举、监督、罢免等权利对国家事务进行统治与治理；人民依法行使选举权利，民主选举产生人大代表，民主选举产生基层政权组织成员；民主立法、开门立法，每一项法律制度都能充分吸收社会各界意见；政府部门广泛听证、广开言路，重大行政决策更加顺应民意；形成多种多样的自下而上的监督形式和方法，畅通各级巡视巡察机构反映问题渠道，把权力置于人民监督之下。继续推进全过程人民民主建设，让人民在广泛参与中充分表达意见，让国家各项制度从设计到运行都能符合最广大人民群众的期待、维护最广大人民群众的利益，我国的人民民主必将实现更高的民主理想。

（资料来源：人民网，http://leaders.people.com.cn/n1/2021/1115/c58278-32282880.html）

阅读 推荐

1. 杨光斌：《人民民主是社会主义的生命》，《光明日报》2021年11月9日09版。

2. 秦德君：《全过程人民民主是人类民主的新形态》，《光明日报》2021年8月5日11版。

3. 刘世军：《全过程人民民主是最广泛最真实最管用的社会主义民主》，《经济日报》2021年11月28日03版。

思考题

1. 全过程人民民主有哪些丰富内涵？
2. 全过程人民民主新在哪些地方？
3. 你理解全过程人民民主吗？举例谈谈你的看法。

专题四

稳字当头，稳中前进，推动高质量发展

2021年12月10日闭幕的中央经济工作会议，是党的十九届六中全会之后中央召开的一次重要会议。会议认真总结2021年经济工作，深入分析经济形势，全面部署2022年经济工作，对于我们凝聚共识、坚定信心、真抓实干，做好2022年经济工作，具有重大而深远的意义。

2021年12月8日至10日，备受瞩目的中央经济工作会议在北京举行，作为外界观察当前一段时间经济形势和探寻来年政策方向的重要窗口，此次会议传递出了重要信号：2022年经济工作要稳字当头、稳中前进，政策发力适当靠前。"稳"，将贯穿2022年经济工作始终。

一、认真总结"十四五"良好开局，深入分析当前经济形势

2021年是党和国家历史上具有里程碑意义的一年，也必将是载入史册的一年。我们隆重庆祝中国共产党成立100周年，正式宣布全面建成小康社会、实现第一个百年奋斗目标，开启全面建设社会主义现代化国家、向第二个百年奋斗目标进军新征程。我们召开党的十九届六中全会，总结党的百年奋斗重大成就和历史经验，通过百年党史上第三个历史决议《中共中央关于党的百年奋斗重大成就和历史经验的决议》，这是新时代中国共产党人牢记初心使命、坚持和发展中国特色社会主义的政治宣言，是以史为鉴、开创未来、实现中华民族伟大复兴的行动指南。这一年，世界百年未有之大变局和新冠肺炎疫情全球大流行交织影响，外部环境更趋复杂严峻，国内新冠肺炎疫情防控和经济社会发展各项任务极为繁重艰巨。以习近平同志为核心的党中央坚持统筹国内国际两个大局，坚持稳中求进工作总基调，沉着应对百年变局和世纪疫情，统筹疫情防控和经济社会发展，加快构建新发展格局，强化宏观政策跨周期调节，着力促进经济持续健康发展，着力深化改革开放创新，奋力完成改革发展艰巨任务，党和国家各项事业取得了新的重大成就。

（一）2021年经济发展概况

2021年，面对国内外风险挑战增多的复杂局面，在以习近平同志为核心的党中央坚强领导下，各地区各部门认真贯彻落实党中央、国务院决策部署，科学统筹疫情防控和经济社会发展，强化宏观政策跨周期调节，有效应对疫情汛情等多重考验，我国经济总体保持恢复态势，主要宏观指标处于合理区间，推动高质量发展取得新成效，经济发展韧性和活力持续显现，为实现全年经济社会发展主要预期目标打下了良好基础。

1. 经济保持恢复增长，发展韧性继续显现

经过各地区各部门共同努力，市场主体主动作为，我国经济得到持续恢复发展。

经济保持较快增长。受2020年同期基数抬升及新冠肺炎疫情、汛情冲击影响，2021年第三季度经济同比增速比上半年有所回落，但前三季度累计增速仍然

较高，两年平均增速基本平稳，各季度环比均为正增长。初步核算，前三季度，我国国内生产总值82.31万亿元，同比增长9.8%，高于6%以上的预期目标；两年平均增长5.2%，与第一季度5.0%、上半年5.3%相比大体稳定；第一、二、三季度环比分别增长0.2%、1.2%、0.2%，经济规模逐季扩大。

三次产业持续发展。2021年前三季度，第一产业增加值5.14万亿元，同比增长7.4%；第二产业增加值32.09万亿元，增长10.6%；第三产业增加值45.08万亿元，增长9.5%。农业、工业、服务业竞相增长，尤其是农业增产、粮食丰收。截至11月，全国秋粮再获丰收，产量10178亿斤，比2020年增加191亿斤，增长1.9%。全年全国粮食产量再创新高，达到13657亿斤，比2020年增加267亿斤，增长2.0%，连续7年保持在1.3万亿斤以上，为经济稳定运行打下了坚实基础。

三大需求继续扩大。2021年前三季度，社会消费品零售总额31.81万亿元，同比增长16.4%；固定资产投资（不含农户）39.78万亿元，增长7.3%；货物进出口总额28.33万亿元，增长22.7%。在内需不断扩大的同时，外需拓展取得显著成效。前三季度，货物和服务净出口对经济增长贡献率达到19.5%。放眼全球，我国经济总量稳居世界第二，经济增速位居主要经济体前列，生产需求拉动作用持续发挥，在多重冲击下表现出经济总量大、增长速度稳、发展后劲足的强大韧性。

2. 就业和价格形势稳定，宏观环境总体改善

在经济保持恢复增长的同时，就业增加、价格总水平可控、国际收支基本平衡，成为宏观经济环境稳定优化的重要标志。

调查失业率稳中有降。减负稳岗扩就业政策延续，重点群体就业帮扶精准实施，就业规模继续扩大，成为经济运行的突出亮点。2021年1月至11月，全国城镇新增就业1207万人，超额完成全年预期目标。前三季度，全国城镇调查失业率均值为5.2%，比2020年同期下降0.5个百分点，低于5.5%左右的预期目标，其中9月份降至4.9%。

居民消费价格温和上涨。2021年下半年，虽然工业品出厂价格涨幅上升，但居民消费价格涨幅基本稳定。前三季度，食品价格同比下降1.6%；居民消费价格（CPI）上涨0.6%，低于3%左右的预期目标。这主要得益于夏粮和早稻实现增产，生猪产能持续恢复，蛋奶、蔬菜和水果市场供应充足，以及工业消费品产能充裕，为物价稳定提供了有利条件。

国际收支继续改善。货物进出口发展态势较好，贸易顺差规模扩大。2021年前三季度，货物进出口顺差2.8万亿元，同比扩大23.7%。服务贸易出口较快增长，逆差大幅减少。1月至8月，服务进出口逆差同比收窄66.7%。外汇储备总体稳定。9月末，我国外汇储备余额32006亿美元，连续5个月保持在3.2万亿美元以上。

3. 创新驱动发展态势向好，市场活力动力不断增强

2021年，全国上下着力实施创新驱动发展战略，深化"放管服"改革，创新创业生态持续优化，新产业新业态新模式迅速成长。

科技创新能力稳步提升。科技创新深入推进，一批重大原创成果涌现。2021年1月30日，我国自主研发的三代核电技术、全球第一台"华龙一号"核电机组，正式投入商业运行。2021年9月17日，神舟十二号载人飞船返回舱成功着陆，空间站阶段首次载人飞行任务取得圆满成功。2021年10月，神舟十三号载人飞船发射成功并完成对接。2021年12月27日，神舟十三号航天员乘组圆满完成第二次出舱全部既定任务，这是空间站阶段中国航天员第四次出舱。

2021年10月16日，搭载神舟十三号载人飞船的长征二号F遥十三运载火箭，在酒泉卫星发射中心点火起飞。

创业创新发展势头增强。大众创业万众创新纵深推进，市场主体不断扩容，创新指数跃升，中小企业创新能力与专业化水平持续提升。截至2021年9月，我国已培育4万多家"专精特新"企业、4700多家"小巨人"企业、近600家制造业单项冠军企业。截至9月末，全国实有登记在册市场主体1.49亿户，同比增长11.5%。《2021年全球创新指数报告》显示，中国创新指数排名第12位，比2020年上升2位，位列中等收入经济体首位。

新产业新产品快速成长。信息技术广泛渗透，科技成果加快转化，带动高新技术产业快速发展。2021年前三季度，规模以上高技术制造业增加值同比增长20.1%，快于全部规模以上工业8.3个百分点。绿色智能产品迅速增长。前三季度，工业机器人、太阳能电池、智能手表产量同比分别增长57.8%、51.8%、51.5%。5G网络建设力度不断加大。截至9月底，5G基站达115.9万个，5G终端连接数达4.5亿户。

新业态新模式持续活跃。新一代信息技术加速向网络购物、移动支付等新型消费领域渗透，线上消费快速发展。2021年前三季度，实物商品网上零售额同比增长15.2%，占社会消费品零售总额比重达23.6%。外贸新业态新模式释放巨大潜力。前三季度，我国跨境电商进出口同比增长20.1%，市场采购出口增长37.7%。

4. 协调内生特点日益凸显，经济结构逐步优化

各地区各部门深化供给侧结构性改革，加快形成强大国内市场，推进乡村振

兴和新型城镇化，落实区域重大战略和区域协调发展战略，经济发展的全面性、协调性、可持续性不断增强。

供给侧结构性改革成果不断巩固。化解过剩产能取得积极成效。2021年第三季度，工业产能利用率为77.1%，处于近年同期较高水平。企业资产负债率和营收成本双双下降。9月末，规模以上工业企业资产负债率为56.3%，同比下降0.5个百分点。前三季度，规模以上工业企业每百元营业收入中的成本同比减少0.57元。投资补短板力度加大。前三季度，农林牧渔、教育、卫生投资同比分别增长12.9%、10.4%、31.4%。

产业升级稳步推进。制造业占比稳中有升。2021年前三季度，制造业增加值占国内生产总值比重为27.4%，同比提高1.1个百分点。服务业稳定器作用加强。前三季度，服务业增加值占国内生产总值比重为54.8%，继续超过"半壁江山"；服务业对经济增长贡献率达54.2%，比上半年提高1.2个百分点。

需求结构继续改善。居民消费需求逐步释放，消费拉动力趋于提升。2021年前三季度，内需对经济增长贡献率达80.5%，其中最终消费支出贡献率为64.8%，比上半年提高3.1个百分点。消费结构持续升级。前三季度，限额以上文化办公用品类、体育娱乐用品类、金银珠宝类商品零售额同比分别增长21.7%、28.6%、41.6%。投资结构趋于改善。前三季度，高技术产业投资同比增长18.7%，快于全部投资11.4个百分点。

城乡区域发展差距有所缩小。乡村振兴战略稳步实施，以人为核心的新型城镇化建设扎实推进，城乡居民收入相对差距继续缩小。2021年前三季度，农村居民收入增长继续快于城镇居民，城乡居民人均可支配收入之比为2.62，同比缩小0.05。区域协调发展呈现新貌。前三季度，中部地区生产总值同比增长10.8%，快于东部地区1.0个百分点；中部、西部地区居民人均可支配收入分别名义增长10.8%、10.6%，分别快于东部地区0.4、0.2个百分点。

相关链接：
共同富裕示范区要建成什么样

5.绿色发展扎实推进，生态环保进一步加强

各方面坚持经济发展与生态文明建设协同共进，持续推进节能降耗和污染防治，绿色低碳转型取得新进展。

产业绿色转型取得实效。积极推动煤电、钢铁等重点领域节能降碳，坚决遏制"两高"项目盲目发展，能耗强度继续下降。2021年前三季度，单位GDP能耗同比下降2.3%，降幅比上半年扩大0.3个百分点。能源结构继续优化。前三季度，全国发电量6.1万亿千瓦时，同比增长10.7%；天然气产量1518亿立方米，

图为天津港北疆港区C段智能化集装箱码头，这一"智慧零碳"码头应用智慧科技，全部运用风电、光电，取代化石能源，实现了能源消耗和生产环节的零碳。

同比增长10.4%；天然气、水电、核电、风电、太阳能发电等清洁能源消费量比重同比提高0.6个百分点。

绿色生产生活方式加快形成。碳市场交易日趋活跃。截至2021年12月10日，全国碳市场碳排放配额（CEA）累计成交量7692.4万吨，累计成交额突破30亿元，达32.02亿元。新能源汽车加速发展。2021年1月至11月，在汽车销量总体下滑的情况下，新能源汽车销售299万辆，同比增长1.7倍。

生态环境质量继续提升。深入打好污染防治攻坚战，人民群众享受到更多蓝天碧水。2021年1月至11月，全国339个地级及以上城市$PM_{2.5}$平均浓度为28微克/立方米，同比下降9.7%；3641个国家地表水考核断面中，水质优良（Ⅰ类～Ⅲ类）断面比例为83.6%，同比上升1.7个百分点。

6. 高水平对外开放持续深化，发展空间更为广阔

各地区各部门坚持统筹国内国际两个大局，积极打造对外开放新优势，外贸外资增势稳健，对外开放水平提升，国际交往空间扩大，在为我国经济发展增添动力的同时，也为世界经济复苏作出积极贡献。

对外贸易量增质升。进出口规模逐季提升。2021年第一、二、三季度我国货物进出口总额分别为8.51万亿元、9.59万亿元、10.23万亿元，总规模创历史同期新高。贸易结构不断改善。1月至11月，我国货物进出口总额为353903亿元，同比增长22.0%。一般贸易进出口占进出口总额的比重为61.6%，同比提高1.6个百分点。民营企业进出口占进出口总额的比重为48.5%，同比提高2.2个百分点。机电产品出口同比增长21.2%，占出口总额的比重为59%。

吸引外资成绩亮眼。巨大的发展潜力和不断优化的营商环境使我国继续成为外商投资热土。2021年1月至11月，全国实际使用外资金额10422亿元，首次突破万亿元大关，超过2020年全年总额。高技术产业成为引资热点。从行业看，1月至11月，服务业实际使用外资金额8239.4亿元，同比增长17%；高技术产业实际使用外资同比增长19.3%，其中高技术服务业增长20.8%，高技术制造业增长14.3%。

共建"一带一路"走深走实。2021年前三季度，我国对"一带一路"沿线国家进出口额同比增长23.4%，高于同期外贸整体增速0.7个百分点。1月至11月，我国对"一带一路"国家非金融类直接投资同比增长12.7%；对外承包工程完

成营业额同比增长 2.6%。中欧班列快速发展，1 至 11 月共开行 13817 列，运送 133.2 万标箱，同比分别增长 23%、30%。中巴经济走廊高质量运行。12月，连接云南昆明和老挝万象的中老铁路全线通车运营，雅万高铁、中泰铁路、匈塞铁路如期推进。

7. 居民收入消费较快增长，民生得到较好保障

2021 年，我国各地区各部门坚持在发展中保障和改善民生，加快补齐民生短板，强化就业优先政策，着力增加居民收入、改善居民消费，织密扎牢社会保障网，人民群众幸福感、获得感、安全感不断增强。

居民收入与经济增长基本同步。经济持续恢复、就业稳中向好，为居民收入恢复性增长打下坚实基础。2021 年前三季度，全国居民人均可支配收入同比实际增长 9.7%，两年平均增长 5.1%，与经济增长基本同步。第三季度，外出务工农村劳动力月均收入 4454 元，同比增长 10.4%。

居民消费持续恢复。随着居民收入不断增长，居民消费支出也显现恢复性增长态势。2021 年前三季度，全国居民人均消费支出同比实际增长 15.1%，两年平均增长 3.7%。服务消费支出反弹恢复。全国居民人均服务性消费支出同比名义增长 23.4%，快于居民人均消费支出 7.6 个百分点。

重点群体就业改善。大学生就业有所改善。2021 年 9 月份，全国 20～24 岁大专及以上人员城镇调查失业率比上月下降 1.6 个百分点，连续 2 个月下降。农民工就业总体向好。三季度末，外出务工农村劳动力 18303 万人，同比增长 2.0%，基本恢复至 2019 年同期水平。

社会保障和公共服务水平提升。各地有力保障民生投入，按时足额发放养老金和退休金，加大社会救济和临时救助力度，促进了居民增收和生活改善。2021 年前三季度，全国居民人均转移净收入两年平均名义增长 8.4%，超过 2019 年同期增速；其中人均社会救济和补助收入、人均政策性生活补贴收入同比名义分别增长 9.8%、20.1%。

2021 年，我国经济发展和疫情防控保持全球领先地位，国家战略科技力量加快壮大，产业链韧性得到提升，改革开放向纵深推进，民生保障有力有效，生态文明建设持续推进。

艰难方显勇毅，磨砺始得玉成。这些成绩的取得，是以习近平同志为核心的党中央坚强领导的结果，是习近平新时代中国特色社会主义思想科学指引的结果，是全党全国各族人民勠力同心、艰苦奋斗的结果。实践再次证明，党确立习近平同志党中央的核心、全党的核心地位，确立习近平新时代中国特色社会主义思想的指导地位，对新时代党和国家事业发展、对推进中华民族伟大复兴历史进程具有决定性意义。

(二)我国经济韧性强，长期向好基本面没有变

在充分肯定成绩的同时，必须看到我国经济发展面临需求收缩、供给冲击、预期转弱三重压力。世纪疫情冲击下，百年变局加速演进，外部环境更趋复杂严峻和不确定。我们既要正视困难，又要坚定信心。综合来看，2021年，我国经济总体上在恢复中迈向高质量发展，韧性强、潜力大、动力足的特点进一步彰显。这表明，我国经济发展长期向好的基本面没有变，经济持续恢复的基础和条件没有变，经济结构调整优化的方向和态势没有变。

无论国际风云如何变幻，我们都要坚定不移做好自己的事情，不断做强经济基础，增强科技创新能力，坚持多边主义，主动对标高标准国际经贸规则，以高水平开放促进深层次改革、推动高质量发展。要坚持以经济建设为中心，坚持四项基本原则、坚持改革开放，防范各种风险，坚定不移走高质量发展之路。要把稳增长、调结构、推改革有机结合起来，保持战略定力和耐心，保持宏观大局稳定。

在应对风险挑战的实践中，我们进一步积累了对做好经济工作的规律性认识：必须坚持党中央集中统一领导，沉着应对重大挑战，步调一致向前进；必须坚持高质量发展，坚持以经济建设为中心是党的基本路线的要求，全党都要聚精会神贯彻执行，推动经济实现质的稳步提升和量的合理增长；必须坚持稳中求进，调整政策和推动改革要把握好时度效，坚持先立后破、稳扎稳打；必须加强统筹协调，坚持系统观念。

二、准确把握2022年经济工作的总体要求和政策取向

2021年中央经济工作会议指出，2022年下半年将召开党的二十大，这是党和国家政治生活中的一件大事，要保持平稳健康的经济环境、国泰民安的社会环境、风清气正的政治环境。做好2022年经济工作，要以习近平新时代中国特色社会主义思想为指导，全面贯彻落实党的十九大和十九届历次全会精神，弘扬伟大建党精神，坚持稳中求进工作总基调，完整、准确、全面贯彻新发展理念，加快构建新发展格局，全面深化改革开放，坚持创新驱动发展，推动高质量发展，坚持以供给侧结构性改革为主线，统筹疫情防控和经济社会发展，统筹发展和安全，继续做好"六稳""六保"工作，持续改善民生，着力稳定宏观经济大盘，保持经济运行在合理区间，保持社会大局稳定，迎接党的二十大胜利召开。

相关链接：

中央经济工作会议释放哪些重要信号？

（一）稳字当头，稳中求进

稳字当头、稳中求进，稳定宏观经济大盘是高质量发展的重要基础。

"稳中求进"，是我们党治国理政的重要原则，也是党的十八大以来历次中央经济工作会议一以贯之的工作总基调。在2021年中央经济工作会议上，在定调2022年经济工作的总体要求和政策取向上，习近平总书记强调"稳字当头、稳中求进"，把"稳"字提到格外重要的位置。"稳"是2022年工作的主基调，"稳"也是2022年工作的大局。

2022年将召开党的二十大，这是党和国家政治生活中的一件大事，需要保持平稳健康的经济环境、国泰民安的社会环境、风清气正的政治环境。"读懂这个'稳'字，就要深刻理解中国经济所处的历史方位和国内外环境。"习近平总书记强调，"无论国际风云如何变幻，我们都要坚定不移做好自己的事情，不断做强经济基础，增强科技创新能力，提升综合国力。"

越是关键之年，越要把"稳字当头、稳中求进"的要求落实到政策层面，以"稳"更好地求"进"，以"进"更好地促"稳"。强调"稳"并不是说不要"进"，"稳"要有稳定的政策环境，市场主体才能有相对稳定的预期，这是做好2022年经济工作的关键点。强调"稳"是指要慎重出台限制性、禁止性措施。与此同时，在有些方面依然要有所作为，要用系统观念制定政策，加强政策之间的统筹协调，避免政策"单兵突进"。

越是关键之年，越要坚持问题导向，扭住"稳"的关键点，找准"进"的切入口。"坚决遏制新增地方政府隐性债务""有效治理恶意拖欠账款和逃废债行为""支持商品房市场更好满足购房者的合理住房需求""要实施科技体制改革三年行动方案，制定实施基础研究十年规划""全面实行股票发行注册制""落实好外资企业国民待遇""健全常住地提供基本公共服务制度"……回应社会关切，会议作出一系列明确部署。

越是关键之年，越要从容不迫，保持"任凭风浪起，稳坐钓鱼台"的沉稳和耐心。当前，疫情仍然是影响世界经济的最大不确定因素。全球疫情延宕反复，一些国家的防控政策左右摇摆，而中国始终绷紧疫情防控之弦，走出了一条精准统筹疫情防控和经济社会发展的辩证之道。"坚持'外防输入、内防反弹'不动摇。"习近平总书记在中央经济工作会议上指出，要进一步提高防控措施的科学性、精准性、有效性，尽可能减轻对经济发展和群众正常生活的影响。"我们的这个方针，坚持到最后就是胜利。"

（二）政策发力适当靠前

2021年中央经济工作会议要求，2022年，各地区各部门要担负起稳定宏观经济的责任，各方面要积极推出有利于经济稳定的政策，政策发力适当靠前。

一是宏观政策要稳健有效。要继续实施积极的财政政策和稳健的货币政策。积极的财政政策要提升效能，更加注重精准、可持续。要保证财政支出强度，加快支出进度。实施新的减税降费政策，强化对中小微企业、个体工商户、制造业、风险化解等的支持力度，适度超前开展基础设施投资。党政机关要坚持过紧日子。严肃财经纪律。坚决遏制新增地方政府隐性债务。稳健的货币政策要灵活适度，保持流动性合理充裕。引导金融机构加大对实体经济特别是小微企业、科技创新、绿色发展的支持。财政政策和货币政策要协调联动，跨周期和逆周期宏观调控政策要有机结合。实施好扩大内需战略，增强发展内生动力。

二是微观政策要持续激发市场主体活力。要提振市场主体信心，深入推进公平竞争政策实施，加强反垄断和反不正当竞争，以公正监管保障公平竞争。强化知识产权保护，营造各类所有制企业竞相发展的良好环境。强化契约精神，有效治理恶意拖欠账款和逃废债行为。

三是结构政策要着力畅通国民经济循环。要深化供给侧结构性改革，重在畅通国内大循环，重在突破供给约束堵点，重在打通生产、分配、流通、消费各环节。要提升制造业核心竞争力，启动一批产业基础再造工程项目，激发涌现一大批"专精特新"企业。加快形成内外联通、安全高效的物流网络。加快数字化改造，促进传统产业升级。要坚持房子是用来住的、不是用来炒的定位，加强预期引导，探索新的发展模式，坚持租购并举，加快发展长租房市场，推进保障性住房建设，支持商品房市场更好满足购房者的合理住房需求，因城施策促进房地产业良性循环和健康发展。

四是科技政策要扎实落地。要实施科技体制改革三年行动方案，制定实施基础研究十年规划。强化国家战略科技力量，发挥好国家实验室作用，重组全国重点实验室，推进科研院所改革。强化企业创新主体地位，深化产学研结合。完善优化科技创新生态，形成扎实的科研作风。继续开展国际科技合作。

五是改革开放政策要激活发展动力。要抓好要素市场化配置综合改革试点，全面实行股票发行注册制，完成国企改革3年行动任务，稳步推进电网、铁路等自然垄断行业改革。调动地方改革积极性，鼓励各地因地制宜、主动改革。扩大高水平对外开放，推动制度型开放，落实好外资企业国民待遇，吸引更多跨国公司投资，推动重大外资项目加快落地。推动共建"一带一路"高质量发展。

六是区域政策要增强发展的平衡性协调性。要深入实施区域重大战略和区域协调发展战略，促进东、中、西和东北地区协调发展。全面推进乡村振兴，提升新型城镇化建设质量。

七是社会政策要兜住兜牢民生底线。要统筹推进经济发展和民生保障，健全常住地提供基本公共服务制度。解决好高校毕业生等青年就业问题，健全灵活就业劳动用工和社会保障政策。推进基本养老保险全国统筹。推动新的生育政策落地见效,积极应对人口老龄化。

"六稳""六保",至关重要,以此为政策着力点,我们应对风险挑战、破解经济难题、保持社会稳定就有了重要抓手和坚实保障。要继续做好"六稳""六保"工作特别是保就业保民生保市场主体,围绕保持经济运行在合理区间,加强和改善宏观调控,加大宏观政策跨周期调节力度,提高宏观调控的前瞻性针对性。市场主体承载着数亿人的就业创业。要继续面向市场主体实施新的减税降费,帮助他们特别是中小微企业、个体工商户减负纾困、恢复发展。加大对实体经济融资支持力度,促进中小微企业融资增量、扩面、降价。抓好重点群体就业,落实落细稳就业举措。推动财力下沉,更好支持基层政府落实助企纾困政策和保基本民生保工资保运转。加强煤电油气运等调节,促进电力充足供应。要深化重点领域改革,更大激发市场活力和发展内生动力,运用市场化机制激励企业创新投入。促进多种所有制经济共同发展,优化民营经济发展环境,依法保护各类市场主体产权和合法权益,政策要一视同仁、平等对待。扩大高水平开放,多措并举稳定外贸,保障产业链供应链稳定,加大吸引外资力度。

三、正确认识和把握新的重大理论和实践问题

进入新发展阶段,我国发展内外环境发生深刻变化,面临许多新的重大理论和实践问题,需要正确认识和把握。

(一)要正确认识和把握实现共同富裕的战略目标和实践途径

共同富裕是中国特色社会主义的本质要求。共同富裕路子应当怎么走?习近平总书记指引方向:首先要通过全国人民共同奋斗把"蛋糕"做大做好,然后通过合理的制度安排把"蛋糕"切好分好。

习近平总书记指出:"这是一个长期的历史过程,我们要创造条件、完善制度,稳步朝着这个目标迈进。"

总书记特别警示:"促进共同富裕,不能搞'福利主义'那一套。"

前车之鉴需要正视,近年来,一些拉美国家搞民粹主义,高福利养了一批"懒人"和不劳而获者,结果财政不堪重负,落入"中等收入陷阱",长期不能自拔。也有一些高福利国家虽然没有落入"中等收入陷阱",但很多人变得吃不了苦、不愿干活,国民进取心开始止步。

"坚持尽力而为、量力而行。"习近平总书记明确当前要做好的工作,"重在提升公共服务水平,在教育、医疗、养老、住房等人民群众最关心的领域精准提供基本公共服务,兜住困难群众基本生活底线。"

在我国社会主义制度下，既要不断解放和发展社会生产力，不断创造和积累社会财富，又要防止两极分化。实现共同富裕目标，首先要通过全国人民共同奋斗把"蛋糕"做大做好，然后通过合理的制度安排把"蛋糕"切好分好。这是一个长期的历史过程，要稳步朝着这个目标迈进。要在推动高质量发展中强化就业优先导向，提高经济增长的就业带动力。要发挥分配的功能和作用，坚持按劳分配为主体，完善按要素分配政策，加大税收、社保、转移支付等的调节力度。支持有意愿有能力的企业和社会群体积极参与公益慈善事业。要坚持尽力而为、量力而行，完善公共服务政策制度体系，在教育、医疗、养老、住房等人民群众最关心的领域精准提供基本公共服务。

（二）要正确认识和把握资本的特性和行为规律

近年来，由于认识不足、监管缺位，我国一些领域出现资本无序扩张，危害经济健康发展，损害群众合法权益。

社会主义市场经济中必然会有各种形态的资本。如何发挥资本作为生产要素的积极作用，同时有效控制其消极作用？马克思主义经典著作中找不到现成答案，需要在理论和实践创新中探索作答。

遏制资本无序扩张，不是不要资本，而是要资本有序发展。要为资本设置"红绿灯"，依法加强对资本的有效监管，防止资本野蛮生长；支持和引导资本规范健康发展，坚持和完善社会主义基本经济制度，毫不动摇巩固和发展公有制经济，毫不动摇鼓励、支持、引导非公有制经济发展，促进非公有制经济健康发展和非公有制经济人士健康成长。

（三）要正确认识和把握初级产品供给保障

正确认识和把握初级产品供给保障，对中国这样一个大国来说，关乎全局，至为关键。

2021年秋季，一列动车组列车行驶在黑龙江省依兰县，铁路两侧金色稻田呈现一派丰收景象。

习近平总书记明确"要增强国内资源生产保障能力"。

习近平总书记着重强调了粮食安全："要把提高农业综合生产能力放在更加突出的位置""中国人的饭碗任何时候都要牢牢端在自己手中，我们的饭碗应该主要装中国粮"。

开源也要节流。习近平总书记要求"坚持节约优先，实施全面节约战略"，并作出明确部署。

习近平总书记指出，要"反对奢侈浪费和过度消费，深入开展'光盘'等粮食节约行动，广泛开展创建绿色机关、绿色家庭、绿色社区、绿色出行等行动"。

总而言之，保障初级产品供给，要坚持节约优先，实施全面节约战略。在生产领域，推进资源全面节约、集约、循环利用。在消费领域，增强全民节约意识，倡导简约适度、绿色低碳的生活方式。要增强国内资源生产保障能力，加快油气等资源先进开采技术开发应用，加快构建废弃物循环利用体系。要把提高农业综合生产能力放在更加突出的位置，持续推进高标准农田建设，深入实施种业振兴行动，提高农机装备水平，保障种粮农民合理收益。

（四）要正确认识和把握防范化解重大风险

金融是现代经济的核心，维护金融稳定、防范金融风险是保障经济高质量发展的重要举措。要在危机中育先机、于变局中开新局，就必须充分认识并有效化解各类风险，守住不发生系统性金融风险的底线。现阶段，我国经济金融领域风险隐患较多，但总体可控。

习近平总书记指出，"我们要发挥好党的领导和我国社会主义制度优势，见微知著，抓早抓小，着力避免发生重大风险或危机。"

因此，要继续按照稳定大局、统筹协调、分类施策、精准拆弹的方针，抓好风险处置工作，加强金融法治建设，压实地方、金融监管、行业主管等各方责任，压实企业自救主体责任。要强化能力建设，加强金融监管干部队伍建设。化解风险要有充足资源，研究制定化解风险的政策，要广泛配合，完善金融风险处置机制。

（五）要正确认识和把握碳达峰碳中和

针对近来在实际工作中出现的一些问题，例如有的地方搞"碳冲锋"，有的搞"一刀切"、运动式"减碳"，甚至出现"拉闸限电"现象。习近平总书记指出，"这些都不符合党中央要求"，并强调要确保能源供应。

实现碳达峰碳中和是一次大考，需要正确的政绩观，需要"功成不必在我、功成必定有我"。习近平总书记强调："实现碳达峰碳中和目标要坚定不移，但不可能毕其功于一役，要坚持稳中求进，逐步实现。"

实现碳达峰碳中和是推动高质量发展的内在要求，要坚定不移推进，但不可能毕其功于一役。要坚持全国统筹、节约优先、双轮驱动、内外畅通、防范风险的原则。传统能源逐步退出要建立在新能源安全可靠的替代基础上。要立足以煤为主的基本国情，抓好煤炭清洁高效利用，增加新能源消纳能力，推动煤炭和新能源优化组合。要狠抓绿色低碳技术攻关。要科学考核，新增可再生能源和原料用能不纳入能源消费总量控制，创造条件尽早实现能耗"双控"向碳排放总量和强度"双控"转变，加快形成减污降碳的激励约束机制，防止简单层层分解。要确保能源供应，大企业特别是国有企业要带头保供稳价。要深入推动能源革命，加快建设能源强国。

相关链接：
碳达峰碳中和不可能毕其功于一役

四、提高领导经济工作能力，贯彻落实决策部署

在2021年中央经济工作会议上，习近平总书记点出了一段时期以来一些地方开展工作中出现的一些问题。例如，一些地方的农村改厕大搞形式主义、官僚主义，造成大量厕所存在问题。

"这些问题都说明了一个道理，领导经济工作必须尊重客观实际和群众需求，必须有系统思维、科学谋划。"习近平总书记点出问题的关键——"领导经济工作专业能力十分重要。"

如何做到更"专"？习近平总书记提供了指南："领导干部提高领导经济工作能力不是只懂一点经济学知识、科学知识就够了，还必须学习历史知识、厚植文化底蕴、强化生态观念，特别是要悟透以人民为中心的发展思想，坚持正确政绩观，敬畏历史、敬畏文化、敬畏生态，慎重决策、慎重用权，不断改善对经济工作的领导。"

"致广大而尽精微"是成事之道。习近平总书记谆谆告诫：要防止因为"细节中的魔鬼"损害大局。

习近平总书记进一步指出："干事业做工作大方向要正确，重点要明确，战略要得当，同时要把控好细节，把政治经济、宏观微观、战略战术有机结合起来，做到谋划时统揽大局、操作中细致精当。"

确定了重大战略目标，就要以钉钉子精神坚韧不拔推进，锲而不舍，不获全胜绝不收兵。

 知识链接

钉钉子精神是习近平总书记长期坚持、多次阐述、反复强调的工作作风和方法论，具有丰富的科学内涵。2013年2月28日，在党的十八届二中全会上，习近平总书记对钉钉子精神进行了详细阐述：我们要有钉钉子的精神，钉钉子往往不是一锤子就能钉好的，而是要一锤一锤接着敲，直到把钉子钉实钉牢，钉牢一颗再钉下一颗，不断钉下去，必然大有成效。如果东一榔头西一棒子，结果很可能是一颗钉子都钉不上、钉不牢。钉钉子精神的内涵是"一锤接着一锤敲"的韧劲和力度，"钉牢一颗再钉下一颗"的扎实和稳健，"不断钉下去"的坚持和执着。钉钉子精神的成效是"善始善终、善作善成"。钉钉子精神要求中国的广大党员干部在实际工作中精准定位、持之以恒、重在落实和形成机制。

领导干部要提高领导经济工作的专业能力，经济社会发展是一个系统工程，必须综合考虑政治和经济、现实和历史、物质和文化、发展和民生、资源和生态、国内和国际等多方面因素。领导干部要加强经济学知识、科技知识学习，要加强调查研究，坚持"三严三实"，坚决防止简单化、乱作为，坚决反对不担当、不作为。

2021年中央经济工作会议要求，各级党委和政府、各级领导干部要自觉同党中央保持高度一致，提高政治判断力、政治领悟力、政治执行力，还必须学习历史知识、厚植文化底蕴、强化生态观念，要落实到行动上，体现到贯彻落实党的路线方针政策的实际行动上，体现到推动高质量发展的实际行动上，体现到为党分忧、为国尽责、为民奉献的实际行动上。

五、坚定信心，集中力量做好自己的事情，迎接党的二十大胜利召开

世纪疫情冲击下，百年变局加速演进，外部环境更趋复杂严峻和不确定。2021年中央经济工作会议强调"无论国际风云如何变幻，我们都要坚定不移做好自己的事情，不断做强经济基础，增强科技创新能力，坚持多边主义，主动对标高标准国际经贸规则，以高水平开放促进深层次改革、推动高质量发展"。

实践告诉我们，越是面对前进道路上的风险挑战，越要用全面、辩证、长远的眼光看待我国发展，越要增强信心、坚定信心。应当看到，我国连续多年稳居世界第二大经济体、第二大消费市场、制造业第一大国、货物贸易第一大国、外汇储备第一大国，2020年成为第一大外资流入国；我国具有全球最完整、规模最大的工业体系、强大的生产能力、完善的配套能力，拥有1亿多市场主体和1.7亿多受过高等教育或拥有各类专业技能的人才，还有包括4亿多中等收入群体在内的14亿多人口所形成的超大规模内需市场，正处于新型工业化、信息化、城镇化、农业现代化快速发展阶段，投资需求潜力巨大；我们全面建成了小康社会，历史性地解决了绝对贫困问题，正在意气风发向着全面建成社会主义现代化强国

的第二个百年奋斗目标迈进。实践充分表明，尽管国际国内形势发生了深刻复杂变化，但我国经济稳中向好、长期向好的基本面没有变，我国经济潜力足、韧性大、活力强、回旋空间大、政策工具多的基本特点没有变，我国发展具有的多方面优势和条件没有变。时与势在我们一边，这是我们定力和底气所在，也是我们的决心和信心所在。新征程上，我们有坚强决心、坚定意志、坚实国力应对挑战，有足够的底气、能力、智慧战胜各种风险考验。

在应对风险挑战的实践中，以习近平同志为核心的党中央进一步积累了对做好经济工作的规律性认识。经验弥足珍贵，"四个必须"充分彰显了以习近平同志为核心的党中央引领中国经济巨轮破浪前行的高超智慧，充分展现了党中央从容应对前进道路上风险挑战的娴熟能力，是我们做好经济工作的重要认识论和方法论，使我们更加坚定了必胜信心、增强了战略定力。

我们要以习近平新时代中国特色社会主义思想为指导，把中央经济工作会议决策部署落到实处，坚持稳中求进工作总基调，完整、准确、全面贯彻新发展理念，加快构建新发展格局，推动高质量发展，准确识变、科学应变、主动求变，在危机中育先机、于变局中开新局，努力实现更高质量、更有效率、更加公平、更可持续、更为安全的发展。面向未来，有党的坚强领导和中国特色社会主义制度的显著优势，有改革开放以来积累的雄厚物质技术基础，有超大规模的市场优势和内需潜力，有庞大的人力资本和人才资源，我们坚定信心、同心同德，坚定不移做好自己的事情，一定能在抗击大风险中创造出大机遇，始终立于不败之地。

习近平总书记说："党的十八大以来，我们党形成了一个十分显著的特点和优势，就是言必信、行必果，确定了重大战略目标就以钉钉子精神坚韧不拔抓部署、抓落实、抓督查，全党动手，全国努力，尽锐出战，锲而不舍，不获全胜决不收兵。"这是百年大党在民族复兴征程上领航致远的关键。

2022年经济工作的大政方针已定，任务艰巨，责任重大。坚定信心、迎难而上、奋勇前进，集中力量做好自己的事情，是我们战胜各种风险挑战，在危机中育先机、于变局中开新局的关键。集中精力办好自己的事，就是应对各种不确定性的最大确定性。

中国经济是一片大海，经历了无数次狂风骤雨，大海依旧在那儿！回顾一路走来的奋斗历程，我们一直是在克服困难中发展进步，在应对挑战中超越自我。中国具有迎难而上、爬坡过坎的能力，没有什么能阻挡中国前进的坚定步伐。让我们更加紧密地团结在以习近平同志为核心的党中央周围，坚定信心、奋发有为、锐意进取，在新时代新征程上披荆斩棘、奋勇前进！

稳字当头，稳中前进，推动高质量发展 专题四

让高质量发展道路越走越宽广
——社会各界热议中央经济工作会议精神

中央经济工作会议总结2021年经济工作，分析当前经济形势，部署2022年经济工作。社会各界认为，会议对于大家凝聚共识、坚定信心、真抓实干，做好2022年经济工作，具有重大而深远的意义。要把党中央决策部署落实到位，切实推动高质量发展，以优异成绩迎接党的二十大胜利召开。

"十四五"开局良好，做好经济工作的规律性认识不断积累

快递年业务量首次突破千亿件、跨省异地就医住院费用直接结算已覆盖全国、前11个月货物贸易进出口总值超去年全年……

2021年，是党和国家历史上具有里程碑意义的一年。面对内外环境的多重挑战，中国经济实现了"十四五"良好开局。

"在百年变局和世纪疫情等多重风险挑战下，我们保持了宏观政策连续性、稳定性、可持续性。"工信部研究机构赛迪顾问总裁秦海林表示，以产业政策为例，更加注重强调根据产业特色、发展规律制定政策，更注重政策的抵达效果，让企业更加有信心谋创新、做实业。

这一年，高质量发展取得新成效。

江苏镇江，中集车辆（集团）股份有限公司子公司的冷藏车生产车间内，激光精准切割、机器人高效焊接……新技术让传统制造"换了容颜"。依靠科技创新、走高质量发展之路，这家企业克服原材料价格上涨、市场需求疲软等不利因素，前三季度营业收入创历史新高。

公司副总裁兼首席技术官李晓甫感慨："我们将坚持集约型、创新型发展，继续在车辆轻量化、数字化方面作出努力，更好服务物流企业。"

在应对风险挑战的实践中，我们进一步积累了对做好经济工作的规律性认识。会议将其概括为"四个必须"——必须坚持党中央集中统一领导，必须坚持高质量发展，必须坚持稳中求进，必须加强统筹协调。

在重庆市丰都县委常委、三建乡党委书记章烈看来，这既是立足非凡实践总结出的深刻启示，更是指导下一步做好经济工作的方法和根本遵循。

"全面推进乡村振兴，要加强统筹协调。"他说，要稳步走好生态产业化、产业生态化之路，结合区域资源禀赋特点，科学谋划、统筹协调。我们下一步既要加快推进新型城镇化建设，又要促进脱贫攻坚与乡村振兴工作有效衔接，努力实现产业兴、百姓富、乡村美的综合效益。

稳字当头促发展，推动经济高质量发展取得新成效

"稳字当头、稳中求进"，会议用一个"稳"字定下了2022年经济工作的主基调，从宏观、微观、结构、科技、改革开放、区域、社会等7个方面作出具体部署。

国务院发展研究中心副研究员杨光普表示，2022年国内外环境中不稳定不确定因素仍然很多，稳住宏观经济大盘，不仅有利于提振市场信心、稳定预期，也有利于推进改革、化解风险、解决问题。

新能源汽车电池管理系统制造商力高新能源今年生意红火，也碰上了成长中的烦恼——现金流压力。力高新能源创始人王瀚超表示，企业今年明显感受到，银行等金融机构对创新型中小企业的支持力度在增加。

瞄准激发市场主体活力，提振市场主体信心，会议提出实施新的减税降费政策、加大对实体经济融资支持力度等一系列"暖心之举"。

"这将促进更多要素流向高新技术企业，让我们信心更足。"王瀚超说，企业将加大对智慧能源、储能等领域技术的研发投入，加速关键环节国产化，提升产业链现代化水平。

实现碳达峰碳中和是推动高质量发展的内在要求。会议对能源领域的一系列政策，将为可再生能源发展插上"翅膀"。

前不久，青海电网新能源发电出力连续两日突破千万千瓦，一批大型风电光伏基地项目也在海西蒙古族藏族自治州等地开工。青海正加快打造国家清洁能源产业高地。

海西州发展和改革委员会副主任昂智信心满怀："我们要汇聚新动能，抢抓新机遇，在'双碳'主战场接续发力，把海西的生态优势、资源优势转化为新发展阶段的经济优势。"

东海之滨的浙江，正积极推进高质量发展建设共同富裕示范区。在台州市黄岩区平田村的"小橘灯"暖心工坊里，100多名村民正忙着组装玩具产品。这是黄岩区实施"全域协作"推进共同富裕的一项重要举措，通过引导企业、合作社等市场主体下沉，带动山区农民增收。

会议明晰了推进共同富裕的方向。黄岩区委书记包顺富表示，黄岩将深化与高校院所合作，探索制定共同富裕县域标准和行动纲要。抢抓全省数字化改革契机，高水平建设"共富大脑"，利用数字技术对居民个体精准服务，进一步增进群众获得感、幸福感、安全感。

面临三重压力，凝心聚力做好2022年经济工作

我国经济发展面临需求收缩、供给冲击、预期转弱三重压力。大家表示，我们既要正视困难，又要坚定信心，凝心聚力做好2022年经济工作。

先进制造业是实体经济的一个关键。中国福马机械集团有限公司总经理蔡济

波坦言,目前传统制造业企业面临一定的经营困难,既需要国家政策引导支持,更需要锤炼自身闯关本领。"我们一方面利用信息技术加快企业数字化转型,另一方面尝试与高新技术企业、高校等联合研发,以实现创新型产品的研发和量产。目前正着手与相关企业合作,通过优势互补加快电动无人驾驶工程机械和光伏电站维护设备研发进度。"

帮扶小微企业、个体工商户,是稳定就业岗位、保障基本民生的一项重要举措。

在市场监管部门的指导下,吉林长春的关东老刘商贸有限公司从一家土特产小店转型为企业,还将分公司落户郑州。

"个体工商户转型为企业后,能更好应对疫情等风险挑战。"长春市市场监督管理局朝阳分局审批办主任张辉说,"我们将优化工作方式,持续创新服务小微企业的暖心举措、切实办法,不断增强小微企业活力。"

预期更稳,信心更足。"会议传递出清晰的稳增长信号。"中金公司首席经济学家彭文生认为,会议部署的稳增长政策将逆周期政策与跨周期政策进行有机结合。财政政策、货币政策、行业政策协调配合,共同推进稳增长目标落地。

砥砺奋斗精神,增强实干本领。深圳前海管理局副局长王锦侠表示,会议提出领导干部要提高领导经济工作的专业能力并做到"三个敬畏",对做好今后工作有长期的指导作用。

2021年9月,《全面深化前海深港现代服务业合作区改革开放方案》公布,"特区中的特区"深圳前海站上新的历史起点,迎接新的使命。

"在今后工作中,我们要聚焦激活发展动力的改革开放,以先行示范的高标准主动改革、制度型融合性高水平对外开放,大胆闯、大胆试、自主改,再创前海速度、前海质量、前海奇迹。"王锦侠说。

(资料来源:《光明日报》2021年12月13日01版)

1. 杜尚泽:《"那么粮食怎么办?"》,《人民日报》2021年12月12日01版。

2.《开局之年看大势——二〇二一中国经济社会发展述评》,《人民日报》2021年12月20日06版。

3. 陆娅楠、韩鑫:《着力稳定宏观经济大盘(权威访谈·稳字当头、稳中求进:怎么看、怎么办)——访国家发展改革委副主任兼国家统计局局长宁吉喆》,《人民日报》2021年12月22日02版。

思考题

1. 2021年，我们实现了"十四五"良好开局，但当前我国经济发展还面临需求收缩、供给冲击、预期转弱三重压力，压力从何而来，应当如何应对？

2. 我们在实施各项政策、推动各项改革时，如何实现以"稳"促"进"、以"进"固"稳"？

3. 2022年经济工作七项政策部署主要包括哪些内容？

专题五

在高质量发展中促进共同富裕

共同富裕是全体人民通过辛勤劳动和相互帮助最终达到丰衣足食的生活水平，也就是消除两极分化和贫穷基础上的普遍富裕，是邓小平建设中国特色社会主义理论的重要内容之一。中国人多地广，共同富裕不是同时富裕，而是一部分人一部分地区先富起来，先富的帮助后富的，逐步实现共同富裕。共同富裕是社会主义的本质规定和奋斗目标，也是我国社会主义的根本原则。

党的十八大以来，党中央把握发展阶段新变化，把逐步实现全体人民共同富裕摆在更加重要的位置上，推动区域协调发展，采取有力措施保障和改善民生，打赢脱贫攻坚战，全面建成小康社会，为促进共同富裕创造了良好条件。现在，已经到了扎实推动共同富裕的历史阶段。

一、共同富裕是社会主义的本质要求

2021年8月17日，习近平总书记在主持召开中央财经委员会第十次会议时强调："共同富裕是社会主义的本质要求，是中国式现代化的重要特征。"习近平总书记对这一重要理论命题作出深刻阐释，彰显了不忘初心、牢记使命，以史为鉴、开创未来的精神境界和思想智慧。

（一）共同富裕作为社会主义的本质要求，丰富了新发展阶段的目标内涵

2021年7月1日上午，庆祝中国共产党成立100周年大会在北京天安门广场隆重举行。习近平总书记在大会上庄严宣告，我们实现了全面建成小康社会的第一个百年奋斗目标。图为庆祝大会现场。

新发展阶段是全面建设社会主义现代化国家、向第二个百年奋斗目标进军的阶段。全面建设社会主义现代化国家、基本实现社会主义现代化，既是社会主义初级阶段我国发展的要求，也是我国社会主义从初级阶段向更高阶段迈进的要求。在实现第一个百年奋斗目标的历史进程中，从"总体小康"到"全面小康"，从"全面建设"到"全面建成"，我国经济社会发展取得了举世瞩目的成就。这是中国共产党百年辉煌的华彩乐章。习近平总书记在庆祝中国共产党成立100周年大会上庄严宣告："经过全党全国各族人民持续奋斗，我们实现了第一个百年奋斗目标，在中华大地上全面建成了小康社会，历史性地解决了绝对贫困问题，正在意气风发向着全面建成社会主义现代化强国的第二个百年奋斗目标迈进。""这是中华民族的伟大光荣！这是中国人民的伟大光荣！这是中国共产党的伟大光荣！"进入新发展阶段，在向第二个百年奋斗目标迈进的新征程上，必须深刻把握我国社会主要矛盾的变化，不断满足人民日益增长的美好生活需要。党的十八大以来，以习近平同志为核心的党中央把逐步实现全体人民共同富裕摆在更加重要的位置上，采取有力措施保障和改善民生，努力为促进共同富裕创造良好条件。把促进全体人民共同富

裕作为不断满足人民日益增长的美好生活需要的聚焦点，进一步明确为人民谋幸福的着力点，对于凝聚人心、推进中华民族伟大复兴，对于团结奋进、夯实党长期执政基础，都有着重大的现实意义和历史意义。

（二）共同富裕作为社会主义的本质要求，彰显了中国式现代化的显著特征

中国式现代化新道路，是基于我国独特的文化传统、独特的历史命运、独特的基本国情走出来的。在这条道路上，到本世纪中叶，我国将建成富强民主文明和谐美丽的社会主义现代化强国。习近平总书记指出："我国现代化是人口规模巨大的现代化，是全体人民共同富裕的现代化，是物质文明和精神文明相协调的现代化，是人与自然和谐共生的现代化，是走和平发展道路的现代化。"全体人民共同富裕是中国式现代化的一个重要特征。在中国式现代化新道路上实现的共同富裕，是全体人民的富裕，是人民群众物质生活和精神生活都富裕，是人人参与、人人尽力、人人享有的富裕，要靠全体人民共同奋斗，遵循经济社会发展规律循序渐进，脚踏实地、久久为功。

（三）共同富裕作为社会主义的本质要求，昭示了人类文明新形态的价值追求

习近平总书记在2021年"七一"重要讲话中指出："我们坚持和发展中国特色社会主义，推动物质文明、政治文明、精神文明、社会文明、生态文明协调发展，创造了中国式现代化新道路，创造了人类文明新形态。"这一重要论述丰富了习近平新时代中国特色社会主义思想的科学内涵，体现了新时代中国化马克思主义的思想智慧。马克思在概括以往各种社会文明形态特征时指出："一方的人的能力的发展是以另一方的发展受到限制为基础的。迄今为止的一切文明和社会发展都是以这种对抗为基础的。"与中国式现代化相结合的人类文明新形态，以全体人民共同富裕的鲜明价值取向，开辟了人类文明发展的新道路和新方向。促进全体人民共同富裕，是对坚持以人民为中心的发展思想的贯彻落实，昭示了人类文明新形态的崇高价值追求。

（四）共同富裕作为社会主义的本质要求，升华了中华民族伟大复兴的时代意蕴

习近平总书记在"七一"重要讲话中指出："中国共产党一经诞生，就把为中国人民谋幸福、为中华民族谋复兴确立为自己的初心使命。一百年来，中国共产党团结带领中国人民进行的一切奋斗、一切牺牲、一切创造，归结起来就是一个主题：实现中华民族伟大复兴。"百年奋斗、初心不改，砥砺前行、主题不变。如

何围绕实现中华民族伟大复兴这一主题奋进新征程,是中国共产党在新发展阶段面临的新课题。在全面建成小康社会基础上促进全体人民共同富裕,升华了推进中华民族伟大复兴的时代意蕴。党的十八大以来,我们党团结带领人民在实现社会主义现代化的征程上,续写了中华民族伟大复兴新的历史篇章。习近平总书记指出:"新发展阶段是社会主义初级阶段中的一个阶段,同时是其中经过几十年积累、站到了新的起点上的一个阶段。"他还强调:"社会主义初级阶段不是一个静态、一成不变、停滞不前的阶段,也不是一个自发、被动、不用费多大气力自然而然就可以跨过的阶段,而是一个动态、积极有为、始终洋溢着蓬勃生机活力的过程,是一个阶梯式递进、不断发展进步、日益接近质的飞跃的量的积累和发展变化的过程。"牢牢抓住共同富裕这一社会主义本质要求不懈努力,凸显了这一过程的特点和要求,必将对我国社会主义从初级阶段向更高阶段迈进起到强有力的推动和保障作用。

二、扎实推动共同富裕的历史阶段

党的十八大以来,以习近平同志为核心的党中央把握发展阶段新变化,把逐步实现全体人民共同富裕摆在更加重要的位置。习近平总书记发表一系列重要论述、提出一系列重要论断、阐明一系列重要观点,对共同富裕理论作出新阐释,对共同富裕战略作出新部署。

 **相关链接:**
什么是共同富裕

2012年11月15日,在与中外记者见面会上,习近平总书记郑重宣示"人民对美好生活的向往,就是我们的奋斗目标",强调要"坚定不移走共同富裕的道路",充分彰显了团结带领全党全国各族人民走共同富裕道路的决心信心。

2012年12月29—30日,习近平总书记踏雪前往河北省阜平县考察扶贫开发工作,深刻指出:"消除贫困、改善民生、实现共同富裕,是社会主义的本质要求。"以此为起点,习近平总书记作出向贫困宣战的战略部署,向全党全国发出了新时代脱贫攻坚的动员令。

2015年10月,在党的十八届五中全会上,习近平总书记创造性提出以人民为中心的发展思想和新发展理念,强调必须坚持发展为了人民、发展依靠人民、发展成果由人民共享,作出更有效的制度安排,使全体人民朝着共同富裕方向稳步前进,绝不能出现"富者累巨万,而贫者食糟糠"的现象。

2017年10月18日,在党的十九大报告中,习近平总书记明确指出:"必须坚持以人民为中心的发展思想，不断促进人的全面发展、全体人民共同富裕。"在实现第二个百年奋斗目标的"两步走"战略安排中，习近平总书记对促进共同富裕提出明确要求：到2035年"全体人民共同富裕迈出坚实步伐"，到本世纪中叶"全体人民共同富裕基本实现"。

2020年10月，在党的十九届五中全会上，习近平总书记明确指出："我们推动经济社会发展，归根结底是要实现全体人民共同富裕"，"必须把促进全体人民共同富裕摆在更加重要的位置。"全会对促进共同富裕作出重要部署，提出到2035年"全体人民共同富裕取得更为明显的实质性进展"，在改善人民生活品质部分突出强调了"扎实推动共同富裕"。

2021年1月11日，在省部级主要领导干部学习贯彻党的十九届五中全会精神专题研讨班上，习近平总书记从党的根本宗旨高度强调："实现共同富裕不仅是经济问题，而且是关系党的执政基础的重大政治问题"，要"让人民群众真真切切感受到共同富裕不仅仅是一个口号，而是看得见、摸得着、真实可感的事实。"

2021年1月28日，习近平总书记在主持十九届中央政治局第27次集体学习时强调："进入新发展阶段，完整、准确、全面贯彻新发展理念，必须更加注重共同富裕问题"，"促进全体人民共同富裕是一项长期任务，也是一项现实任务，急不得，也等不得，必须摆在更加重要的位置，脚踏实地，久久为功，向着这个目标作出更加积极有为的努力。"

2021年7月1日，习近平总书记在庆祝中国共产党成立100周年大会上深刻揭示中国共产党过去为什么能够成功、未来怎样才能继续成功的根本所在，强调："必须团结带领中国人民不断为美好生活而奋斗"，"着力解决发展不平衡不充分问题和人民群众急难愁盼问题，推动人的全面发展、全体人民共同富裕取得更为明显的实质性进展！"

2021年10月9日，习近平总书记在纪念辛亥革命110周年大会上再次强调指出，要"不断满足人民过上美好生活的新期待，不断推进全体人民共同富裕"。

实现共同富裕是中国共产党一以贯之的奋斗目标。经过全党全国各族人民100年的持续奋斗，我国已历史性地解决了绝对贫困问题，全面建成小康社会，

广大脱贫群众的真诚笑脸，是对脱贫攻坚的最大肯定。图为"希望的田野——脱贫攻坚 共享小康全国摄影展"作品。

进入了全面建设社会主义现代化国家、向第二个百年奋斗目标进军的新发展阶段。

党的十八大以来，我国脱贫攻坚战取得了全面胜利，现行标准下9899万农村贫困人口全部脱贫，832个贫困县全部摘帽，12.8万个贫困村全部出列，区域性整体贫困得到解决。

新阶段新起点，必须深刻认识到，扎实推动共同富裕是坚持党的性质宗旨、初心使命，不断夯实党长期执政基础的必然要求；是在全面建成小康社会基础上，向着全面建成社会主义现代化强国的第二个百年奋斗目标迈进的必然要求；是适应社会主要矛盾变化，着力解决发展不平衡不充分问题的必然要求。

当前，扎实推动共同富裕处于新阶段，习近平总书记全面深刻阐明了促进共同富裕的现实意义、主要问题、目标任务。

关于现实意义。习近平总书记结合国内国际进行了深刻阐述。从国内看，适应我国社会主要矛盾的变化，更好满足人民日益增长的美好生活需要，必须把促进全体人民共同富裕作为为人民谋幸福的着力点，不断夯实党长期执政基础。高质量发展需要高素质劳动者，只有促进共同富裕，提高城乡居民收入，提升人力资本，才能提高全要素生产率，夯实高质量发展的动力基础。从国际看，当前全球收入不平等问题突出，一些国家贫富分化，中产阶层塌陷，导致社会撕裂、政治极化、民粹主义泛滥，教训十分深刻。习近平总书记振聋发聩地强调："我国必须坚决防止两极分化，促进共同富裕，实现社会和谐安定。"

关于主要问题。习近平总书记在充分肯定成就的同时，一针见血地点明问题：我国发展不平衡不充分问题仍然突出，城乡区域发展和收入分配差距较大。新一轮科技革命和产业变革有力推动了经济发展，也对就业和收入分配带来深刻影响，包括一些负面影响，需要有效应对和解决。

关于目标任务。习近平总书记要求深入研究不同阶段的目标，分阶段促进共同富裕：到"十四五"末，全体人民共同富裕迈出坚实步伐，居民收入和实际消费水平差距逐步缩小。到2035年，全体人民共同富裕取得更为明显的实质性进展，基本公共服务实现均等化。到本世纪中叶，全体人民共同富裕基本实现，居民收入和实际消费水平差距缩小到合理区间。为此，总书记要求抓紧制定促进共同富裕行动纲要，提出科学可行、符合国情的指标体系和考核评估办法。

三、把握好促进共同富裕的原则

"我们说的共同富裕是全体人民共同富裕，是人民群众物质生活和精神生活都富裕，不是少数人的富裕，也不是整齐划一的平均主义。"习近平总书记结合我国基本国情、结合当前形势和主要问题、结合分阶段促进共同富裕的目标任务，科学辩证地阐明了促进共同富裕必须遵循的原则。

（一）鼓励勤劳创新致富

共同富裕要靠共同奋斗，只有人人参与、人人尽力，才能真正实现人人享有。党的十八大以来，习近平总书记反复强调勤劳致富的深刻道理。"幸福生活都是奋斗出来的，共同富裕要靠勤劳智慧来创造"，要坚持在发展中保障和改善民生，把推动高质量发展放在首位，为人民提高受教育程度、增强发展能力创造更加普惠公平的条件，提升全社会人力资本和专业技能，提高就业创业能力，增强致富本领。习近平总书记还特别强调，要防止社会阶层固化，畅通向上流动通道，给更多人创造致富机会，形成人人参与的发展环境，避免"内卷""躺平"。

知识链接

"内卷"，网络流行词，原指一类文化模式达到了某种最终的形态以后，既没有办法稳定下来，也没有办法转变为新的形态，而只能不断地在内部变得更加复杂的现象。经网络流传，很多高等学校学生用其来指代非理性的内部竞争或"被自愿"竞争。现指同行间竞相付出更多努力以争夺有限资源，从而导致个体"收益努力比"下降的现象。可以看作努力的"通货膨胀"。

"躺平"，网络流行词，指无论对方作出什么反应，你内心都毫无波澜，对此不会有任何反应或者反抗，表示顺从心理。另外在部分语境中表示为：瘫倒在地，不再热血沸腾、渴求成功了。躺平看似是妥协、放弃，但其实是"向下突破天花板"，选择最无所作为的方式反叛裹挟。年轻人选择躺平，就是选择走向边缘，超脱于加班、升职、挣钱、买房的主流路径之外，用自己的方式消解外在环境对个体的规训。

（二）坚持基本经济制度

促进共同富裕，必须坚持基本经济制度，坚持"两个毫不动摇"（毫不动摇巩固和发展公有制经济，毫不动摇鼓励、支持、引导非公有制经济发展）。习近平总书记深刻指出，社会主义基本经济制度，既有利于激发各类市场主体活力、解放和发展社会生产力，又有利于促进效率和公平有机统一、不断实现共同富裕。促进共同富裕"要立足社会主义初级阶段，坚持'两个毫不动摇'"，坚持公有制为主体、多种所有制经济共同发展，大力发挥公有制经济在促进共同富裕中的重要作用，同时要促进非公有制经济健康发展、非公有制经济人士健康成长。习近平总书记特别强调，要允许一部分人先富起来，同时要强调先富带后富、帮后富，

重点鼓励辛勤劳动、合法经营、敢于创业的致富带头人；鲜明指出，"靠偏门致富不能提倡，违法违规的要依法处理"。

（三）尽力而为量力而行

促进共同富裕要遵循经济社会发展规律，统筹需要和可能，在持续不断"做大蛋糕"的基础上"分好蛋糕"。习近平总书记辩证提出要求：一方面要建立科学的公共政策体系，形成人人享有的合理分配格局，以更大的力度、更实的举措让人民群众有更多获得感；另一方面要把保障和改善民生建立在经济发展和财力可持续的基础之上，政府不能什么都包，重点是加强基础性、普惠性、兜底性民生保障建设。习近平总书记特别强调，即使将来发展水平更高、财力更雄厚了，也不能提过高的目标，搞过头的保障，坚决防止落入"福利主义"养懒汉的陷阱。

（四）坚持循序渐进

我国仍处于并将长期处于社会主义初级阶段，仍然是世界上最大的发展中国家。共同富裕是一个长远目标，需要一个过程，不可能一蹴而就，对其长期性、艰巨性、复杂性要有充分估计，办好这件事，等不得，也急不得。习近平总书记强调，要有耐心，实打实地一件事一件事办好，提高实效。2021年6月，《中共中央 国务院关于支持浙江高质量发展建设共同富裕示范区的意见》发布，赋予浙江先行先试、为全国实现共同富裕探路的使命。习近平总书记要求，要抓好浙江共同富裕示范区建设，鼓励各地因地制宜探索有效路径，总结经验，逐步推开。

相关链接：

浙江：为全国推动共同富裕先行探索

共同富裕是全体人民通过辛勤劳动和相互帮助，普遍达到生活富裕富足、精神自信自强、环境宜居宜业、社会和谐和睦、公共服务普及普惠，实现人的全面发展和社会全面进步，不是同时同步同等富裕，更不是搞均贫富、一刀切。习近平总书记强调："全体人民共同富裕是一个总体概念，是对全社会而言的，不要分成城市一块、农村一块，或者东部、中部、西部地区各一块，各提各的指标，要从全局上来看。"这就是说，实现全体人民共同富裕是一个在动态中向前发展的过程：一方面，不是所有人都同时富裕，不同人群不仅实现富裕的程度有高有低，时间上也会有先有后；另一方面，不是所有地区同时达到一个富裕水准，不同地区富裕程度还会存在一定差异，不可能齐头并进。因此，要持续推动，不断取得成效，积小胜为大胜。

四、在高质量发展中促进共同富裕

高质量发展是能够很好满足人民日益增长的美好生活需要的发展，是体现新发展理念的发展。"十四五"乃至更长一段时期，推动高质量发展是我国经济社会发展的主题，是实现共同富裕的前提基础和必然路径。

习近平总书记明确提出促进共同富裕的总体思路："坚持以人民为中心的发展思想，在高质量发展中促进共同富裕，正确处理效率和公平的关系，构建初次分配、再分配、三次分配协调配套的基础性制度安排，加大税收、社保、转移支付等调节力度并提高精准性，扩大中等收入群体比重，增加低收入群体收入，合理调节高收入，取缔非法收入，形成中间大、两头小的橄榄型分配结构，促进社会公平正义，促进人的全面发展，使全体人民朝着共同富裕目标扎实迈进。"

循着这一总体思路，习近平总书记提出了极具针对性的重要举措。

（一）提高发展的平衡性、协调性、包容性

促进共同富裕，要着力解决好发展不平衡问题。习近平总书记要求加快完善社会主义市场经济体制，推动发展更平衡、更协调、更包容：一是"增强区域发展的平衡性"，实施区域重大战略和区域协调发展战略，健全转移支付制度，缩小区域人均财政支出差异，加大对欠发达地区的支持力度；二是"强化行业发展的协调性"，加快垄断行业改革，推动金融、房地产同实体经济协调发展；三是"支持中小企业发展"，构建大中小企业相互依存、相互促进的企业发展生态。

（二）着力扩大中等收入群体规模

习近平总书记强调，"要抓住重点、精准施策，推动更多低收入人群迈入中等收入行列"，并针对不同群体分别提出政策要求：高校毕业生是有望进入中等收入群体的重要方面，要提高高等教育质量，做到学有专长、学有所用，帮助他们尽快适应社会发展需要；技术工人也是中等收入群体的重要组成部分，要加大技能人才培养力度，提高技术工人工资待遇，吸引更多高素质人才加入技术工人队伍；中小企业主和个体工商户是创业致富的重要群体，要改善营商环境，减轻税费负担，提供更多市场化的金融服务，帮助他们稳定经营、持续增收；进城农民工是中等收入群体的重要来源，要深化户籍制度改革，解决好农业转移人口随迁子女教育等问题，让他们安心进城，稳定就业；要适当提高公务员特别是基层一线公务员及国有企事业单位基层职工工资待遇；要增加城乡居民住房、农村土地、金融资产等各类财产性收入。

（三）促进基本公共服务均等化

加快推进基本公共服务均等化，是履行好政府再分配调节职能的重要方面。习近平总书记强调，"低收入群体是促进共同富裕的重点帮扶保障人群"，并提出四条明确要求：一是"加大普惠性人力资本投入"，有效减轻困难家庭教育负担，提高低收入群众子女受教育水平；二是"完善养老和医疗保障体系"，逐步缩小职工与居民、城市与农村的筹资和保障待遇差距，逐步提高城乡居民基本养老金水平；三是"完善兜底救助体系"，加快缩小社会救助的城乡标准差异，逐步提高城乡最低生活保障水平，兜住基本生活底线；四是"完善住房供应和保障体系"，坚持房子是用来住的、不是用来炒的定位，租购并举，因城施策，完善长租房政策，扩大保障性租赁住房供给，重点解决好新市民住房问题。

（四）加强对高收入的规范和调节

习近平总书记明确指出，"在依法保护合法收入的同时，要防止两极分化、消除分配不公"，并提出多项具体要求：一是合理调节过高收入，完善个人所得税制度，规范资本性所得管理；二是积极稳妥推进房地产税立法和改革，做好试点工作；三是加大消费环节税收调节力度，研究扩大消费税征收范围；四是加强公益慈善事业规范管理，完善税收优惠政策，鼓励高收入人群和企业更多回报社会；五是清理规范不合理收入，加大对垄断行业和国有企业的收入分配管理，整顿收入分配秩序，清理借改革之名变相增加高管收入等分配乱象；六是坚决取缔非法收入，坚决遏制权钱交易，坚决打击内幕交易、操纵股市、财务造假、偷税漏税等获取非法收入行为。

习近平总书记特别强调：经过多年探索，我们对解决贫困问题有了完整的办法，但在如何致富问题上还要探索积累经验。要保护产权和知识产权，保护合法致富。要坚决反对资本无序扩张，对敏感领域准入划出负面清单，加强反垄断监管。同时，也要调动企业家积极性，促进各类资本规范健康发展。

随着居民收入不断增长，居民消费支出也显现恢复性增长态势。图为 2021 年 10 月 21 日晚，市民在河南省洛阳市西工区"西工小街"特色文旅商业街区休闲游玩。

（五）促进人民精神生活共同富裕

共同富裕是人民群众物质生活和精神生活都富裕，促进共同富裕既要"富口袋",也要"富脑袋"。习近平总书记指出,"促进共同富裕与促进人的全面发展是高度统一的",要求强化社会主义核心价值观引领,加强爱国主义、集体主义、社会主义教育,发展公共文化事业,完善公共文化服务体系,不断满足人民群众多样化、多层次、多方面的精神文化需求。共同富裕事关每个人的切身利益,是广大干部群众关心关注的热点问题,尤其需要廓清思想迷雾,回应关切、解疑释惑、凝聚共识。为此,习近平总书记特别强调,要加强促进共同富裕舆论引导,澄清各种模糊认识,防止急于求成和畏难情绪,为促进共同富裕提供良好舆论环境。

(六)促进农民农村共同富裕

促进共同富裕,最艰巨最繁重的任务仍然在农村。习近平总书记明确要求:"农村共同富裕工作要抓紧,但不宜像脱贫攻坚那样提出统一的量化指标。"习近平总书记提出三项具体要求:一是巩固拓展脱贫攻坚成果,对易返贫致贫人口要加强监测、及早干预,对脱贫县要扶上马送一程,确保不发生规模性返贫和新的致贫;二是全面推进乡村振兴,加快农业产业化,盘活农村资产,增加农民财产性收入,使更多农村居民勤劳致富;三是加强农村基础设施和公共服务体系建设,改善农村人居环境。

"现在,已经到了扎实推动共同富裕的历史阶段",习近平总书记这一充满自信、饱含深情、至为深刻的论断,凝结着中国共产党昨天的苦难辉煌、今天的使命担当、明天的伟大梦想。我们党能够团结带领人民消除困扰中华民族几千年的绝对贫困问题,把共同富裕伟大事业一步步推进到今天的历史阶段,也必将在新阶段新征程上带领全体人民继续朝着共同富裕的目标稳步前进。

拓展阅读

正确认识和把握实现共同富裕的战略目标

共同富裕是社会主义的本质要求,是中国式现代化的重要特征。中国特色社会主义新时代是全国各族人民团结奋斗、不断创造美好生活、逐步实现全体人民共同富裕的时代。日前召开的中央经济工作会议指出,进入新发展阶段,我国发展内外环境发生深刻变化,面临许多新的重大理论和实践问题,需要正确认识和把握。在所提出的问题中,第一个就是"要正确认识和把握实现共同富裕的战略目标和实践途径"。

党的十八大以来,中国特色社会主义进入新时代。根据我国发展新的历史方位和社会主要矛盾的变化,习近平总书记围绕全体人民共同富裕发表一系列重要讲话，对于促进社会公平正义、逐步实现全体人民共同富裕提出了许多重要论断，进一步丰富和发展了习近平经济思想。深入学习领会习近平经济思想，深化对促进全体人民共同富裕的科学内涵、鲜明特质、重大价值等的认识和思考，对于正确认识和把握实现共同富裕的战略目标，坚定不移走全体人民共同富裕道路，具有重要的理论意义和现实意义。

新时代促进全体人民共同富裕的科学内涵

共同富裕是新时代坚持和发展中国特色社会主义的必然选择。马克思、恩格斯曾指出，在未来社会，"生产将以所有的人富裕为目的"。邓小平同志认为："社会主义的本质，是解放生产力，发展生产力，消灭剥削，消除两极分化，最终达到共同富裕。"中国特色社会主义进入新时代，习近平总书记强调，"共同富裕是中国特色社会主义的根本原则""我们追求的发展是造福人民的发展，我们追求的富裕是全体人民共同富裕"。新时代新征程，人民对美好生活的向往日益向共同富裕聚焦，而我国发展不平衡不充分问题仍然突出。促进共同富裕，就要深刻认识到我国社会主要矛盾变化带来的新特征新要求，推动高质量发展，不断满足人民对美好生活的需要。根据"十四五"规划和2035年远景目标纲要，"十四五"时期经济社会发展主要目标包括"全体人民共同富裕迈出坚实步伐"，2035年远景目标包括"人的全面发展、全体人民共同富裕取得更为明显的实质性进展"。

共同富裕是中国共产党初心使命的重要体现。中国共产党根基在人民、血脉在人民、力量在人民。我们党的百年奋斗史就是为人民谋幸福的历史。消除贫困、改善民生、逐步实现共同富裕，是我们党的重要使命，也是我们党矢志不渝的奋斗目标。习近平总书记强调，"实现共同富裕不仅是经济问题，而且是关系党的执政基础的重大政治问题"。在我国社会主义制度下，既要不断解放和发展社会生产力，不断创造和积累社会财富，又要防止两极分化。现在，我们正在向第二个百年奋斗目标迈进。适应我国社会主要矛盾的变化，更好满足人民日益增长的美好生活需要，必须把促进全体人民共同富裕作为为人民谋幸福的着力点，不断夯实党长期执政基础。

共享理念体现的是逐步实现共同富裕的要求。习近平总书记提出的共享理念，实质就是坚持以人民为中心的发展思想，体现的是逐步实现共同富裕的要求。就覆盖面而言，共享是全民共享，共享发展是人人享有、各得其所，不是少数人共享、一部分人共享，共同富裕指的是全体人民共同富裕。就内容而言，共享是全面共享，共享发展就要共享国家经济、政治、文化、社会、生态各方面建设成果，全面保障人民在各方面的合法权益，共同富裕指的是物质生活和精神生活都富裕，要不断满足人民群众多方面的需要，不断促进人的全面发展。就实现途径而言，共享是共建共享，要充分发扬民主，广泛汇聚民智，最大激发民力，形成人人参与、人人尽力、人人都有成就感的生动局面，共同富裕离不开勤劳致富、创新致富，鼓励每个人通过自身的奋斗获得自己的富裕生活。就推进进程而言，共享是渐进共享，共享发展有一个从低级到高级、从不均衡到均衡的过程，共同富裕也不可能一蹴而就，而是要脚踏实地，久久为功，分阶段逐步推进。

新时代促进共同富裕必须遵循一系列原则。一是鼓励勤劳创新致富。坚持在发展中保障和改善民生，把推动高质量发展放在首位，为人民提高受教育程度、增强发展能力创造更加普惠公平的条件，提升全社会人力资本和专业技能，提高就业创业能力，增强致富本领，畅通向上流动通道，给更多人创造致富机会，形成人人参与的发展环境。二是坚持基本经济制度。立足社会主义初级阶段，毫不动摇巩固和发展公有制经济，毫不动摇鼓励、支持、引导非公有制经济发展，大力发挥公有制经济在促进共同富裕中的重要作用，促进非公有制经济健康发展、非公有制经济人士健康成长。允许一部分人先富起来，同时要强调先富带后富、帮后富，重点鼓励辛勤劳动、合法经营、敢于创业的致富带头人。三是尽力而为量力而行。实现共同富裕目标，既要通过全国人民共同奋斗把"蛋糕"做大做好，又要通过合理的制度安排把"蛋糕"切好分好，形成人人享有的合理分配格局。同时，必须清醒认识到，我国仍处于并将长期处于社会主义初级阶段，要统筹需要和可能，把保障和改善民生建立在经济发展和财力可持续的基础之上。四是坚持循序渐进。实现共同富裕，是一个长期的历史过程。稳步朝着这个目标迈进，等不得，也急不得。要按照经济社会发展规律循序渐进，自觉主动解决地区差距、城乡差距、收入差距等问题，不断增强人民群众获得感、幸福感、安全感。鼓励各地因地制宜探索有效路径，总结经验，逐步推开。

新时代促进全体人民共同富裕的鲜明特质

不忘初心、牢记使命的人民性。共同富裕是人民群众的共同期盼。共同富裕是全体人民的富裕，不是少数人的富裕。习近平总书记强调，"我们推动经济社会发展，归根结底是要实现全体人民共同富裕"。我们党始终坚守为人民谋幸福、为民族谋复兴的初心使命，尊重人民主体地位，牵挂人民群众的切身利益，坚持以人民为中心的发展思想，让实现全体人民共同富裕在广大人民现实生活中更加充分地展示出来。打赢脱贫攻坚战，全面建成小康社会，兑现了我们党向人民、向历史作出的庄严承诺。不断满足人民日益增长的美好生活需要，实现全体人民对美好生活的向往，充分体现了我们党坚持人民至上的价值取向。

守正创新、不断发展的开放性。促进共同富裕是一个随着时代进步而不断渐进的过程。脱贫攻坚战的全面胜利，标志着我们党在团结带领人民创造美好生活、实现共同富裕的道路上迈出了坚实的一大步。同时，解决发展不平衡不充分问题、缩小城乡区域发展差距、实现人的全面发展和全体人民共同富裕仍然任重道远。在脱贫攻坚过程中所取得的重要经验和认识，是马克思主义反贫困理论中国化最新成果，必须长期坚持并不断发展。新的征程上，面对各种风险和挑战，我们要立足国情、积极探索、不断创新，破解发展难题，促进共同富裕，使改革发展成果更多更公平惠及全体人民。

直面问题、勇于斗争的实践性。习近平总书记强调，"实现我们的奋斗目标，逐步实现全体人民共同富裕，实现中华民族伟大复兴的中国梦，必须准备进行具有许多新的历史特点的伟大斗争"。回顾过往，脱贫攻坚战也不是轻轻松松一冲锋就打赢的。面对脱贫攻坚过程中的困难和挑战，我们始终不松劲不懈怠，直至取得全面胜利。同样，促进全体人民共同富裕也是一项需要长期奋斗的艰巨任务，必须摆在更加重要的位置，脚踏实地，久久为功，向着这个目标作出更加积极有为的努力。促进社会公平正义、逐步实现全体人民共同富裕的理论是在实践中形成的，体现了实践性的显著特征，也为在新征程上促进共同富裕的实践提供了科学指引。

实事求是、精准施策的科学性。促进共同富裕，必须准确把握时代脉搏，一切从实际出发，积极探索规律，自觉遵循规律，按照客观规律的要求朝着目标不断迈进。"十四五"规划和2035年远景目标纲要对促进共同富裕提出了一些重要要求和重大举措，包括"坚持尽力而为、量力而行，健全基本公共服务体系，加强普惠性、基础性、兜底性民生建设，完善共建共治共享的社会治理制度，制定促进共同富裕行动纲要""坚持居民收入增长和经济增长基本同步、劳动报酬提高和劳动生产率提高基本同步，持续提高低收入群体收入，扩大中等收入群体，更加积极有为地促进共同富裕"等。这既指明了前进方向，也是实事求是、符合发展规律的，兼顾了需要和可能，有利于在工作中积极稳妥把握，在促进全体人民共同富裕的道路上不断向前迈进。习近平总书记强调"加大税收、社保、转移支付等调节力度并提高精准性"，中央经济工作会议提出"在教育、医疗、养老、住房等人民群众最关心的领域精准提供基本公共服务"，充分体现了新的征程上要坚持实事求是，瞄准突出问题，全面精准施策。

新时代促进全体人民共同富裕的重大价值

促进社会公平正义、逐步实现全体人民共同富裕的理论，为我们党的长期执政夯实了基础，为新时代促进全体人民共同富裕提供了行动指南，为全球减贫事业贡献了中国智慧和中国方案。

为党的长期执政夯实基础。人民是我们党执政的最深厚基础和最大底气。发展为了人民，是马克思主义政治经济学的根本立场。党的十八届五中全会鲜明提出要坚持以人民为中心的发展思想，把增进人民福祉、促进人的全面发展、朝着共同富裕方向稳步前进作为经济发展的出发点和落脚点。只有不断促进社会公平正义，破解发展不平衡、不充分问题，使改革发展成果更多更公平惠及人民，才能凝聚各方面力量，形成促进共同富裕的强大合力。习近平总书记关于共同富裕的一系列重要讲话精神，揭示了中国共产党的初心使命与促进共同富裕的内在联系，有利于增强人民对党的宗旨和性质所蕴含的厚重价值、所承载的深沉情感的认同，有利于增强人民对党的现代化战略部署的认同，有利于增强人民对党的工作作风和执政能力的认同，从而不断夯实党长期执政的基础。

为新时代促进共同富裕提供行动指南。习近平总书记关于共同富裕的一系列重要讲话精神，深刻回答了新时代为什么要促进共同富裕、促进什么样的共同富裕、怎样促进共同富裕等重大问题，对促进共同富裕的伟大实践及其经验进行了高度提炼和总结，从而丰富和发展了习近平经济思想。这些科学理论既是对促进共同富裕实践经验的总结，又对新时代新征程促进共同富裕的实践具有指导意义，有效实现了理论与实践的有机结合，为新时代新征程促进全体人民共同富裕提供了行动指南和基本遵循。

为全球减贫事业贡献中国智慧和中国方案。习近平总书记关于共同富裕的一系列重要讲话精神，其影响力不仅体现在国内发展与实践上，而且彰显出深远的世界历史意义，为世界各国解决发展难题贡献了中国智慧和中国方案。坚持以人民为中心不仅是我国促进共同富裕的根本所在，而且是谋求全球减贫事业发展的根本所在。从以人民为中心视角来促进共同富裕，契合世界人民的需要，也符合人类历史发展的方向。坚持问题导向，提出有针对性的科学方法和精准方略，不仅符合我国发展的需要，而且为其他国家的发展提供了思想方法，为人类进步事业和解决发展不平衡等问题提供了现实路径，为构建进步、和平、繁荣的世界贡献了中国智慧。

共同富裕本身就是社会主义现代化的一个重要目标。现在，已经到了扎实推动共同富裕的历史阶段。新的征程上，我们要以习近平经济思想为指导，在高质量发展中促进共同富裕，多措并举促进社会公平正义，促进人的全面发展，使全体人民朝着共同富裕目标扎实迈进。

（资料来源：《经济日报》2021年12月16日10版）

阅读推荐

1．《中共中央 国务院关于支持浙江高质量发展建设共同富裕示范区的意见》，新华网，http://www.xinhuanet.com/politics/zywj/2021-06/10/c_1127551386.htm.
2．张贤明：《共同富裕的人民性》，《光明日报》2021年11月30日11版。
3．陈梓睿：《协调发展：实现共同富裕的必由之路》，《光明日报》2021年11月22日06版。

思考题

1. 为什么说共同富裕是社会主义的本质要求？
2. 全面建成小康社会对实现共同富裕有什么作用？
3. 如何在高质量发展中促进共同富裕？

专题六

铸牢中华民族共同体意识，推进新时代党的民族工作高质量发展

  民族复兴，大道同行。习近平总书记在庆祝中国共产党成立100周年大会上的重要讲话，强调以史为鉴、开创未来，必须加强中华儿女大团结，形成海内外全体中华儿女心往一处想、劲往一处使的生动局面，汇聚起实现民族复兴的磅礴力量！习近平总书记饱含深情、语重心长的讲话，是对全体中华儿女团结奋斗的号召，激励和鼓舞着每一个中华儿女。

2021年8月27—28日,中央民族工作会议在北京召开。习近平总书记出席会议并发表重要讲话,全面回顾了党的民族工作百年历程和历史成就,深入分析民族工作新形势,系统阐述铸牢中华民族共同体意识的重大意义、重点任务和工作要求,总结提出了我们党关于加强和改进民族工作的重要思想,为做好新时代党的民族工作指明了前进方向,提供了根本遵循。

一、全面准确认识新形势下党的民族工作的时代背景

民族问题是一个世界性的重大问题,古今中外的历史反复证明,民族问题解决不好,就没有团结稳定,一个国家就无法实现长治久安。民族工作是党和国家工作的重要组成部分。在我国这样一个统一的多民族国家里,民族工作成功与否,事关祖国统一和边疆巩固,事关民族团结和社会稳定,事关国家长治久安和中华民族伟大复兴。在中华民族站起来的时期,民族工作重点任务是消除民族压迫和歧视、实现民族平等,保证各民族共同当家作主。在中华民族富起来的时期,民族工作重点任务是支持民族地区加快发展,实现各民族共同团结奋斗、共同繁荣发展。在中华民族走向强起来的今天,民族工作面临新的历史使命。我国正处于中华民族伟大复兴的关键时期,我们比历史上任何时候都更加接近中华民族伟大复兴这一目标,同时复兴之路上我们仍面临着各种风险挑战和国内外复杂形势。现阶段党的民族工作的历史方位,要求我们必须处理好民族问题、做好民族工作,加强中华民族大团结、中华儿女大团结,为实现中华民族伟大复兴创造条件、凝聚力量。

习近平总书记强调,回顾党的百年历程,党的民族工作取得的最大成就,就是走出了一条中国特色解决民族问题的正确道路。这条道路来之不易,是党团结带领各族人民长期奋斗中形成和发展起来的。我们党自成立起,就积极探索适合我国国情的解决民族问题的道路。新中国成立后,党确立了以民族平等、民族团结、民族区域自治、各民族共同繁荣为主要内容的民族理论和民族政策基本框架,形成了民族工作的一系列基本制度和政策。改革开放特别是党的十八大以来,以习近平同志为核心的党中央因应国内国际形势的发展变化,不断丰富和发展党的民族理论和民族政策,就民族工作作出一系列重大决策部署,强调铸牢中华民族共同体意识、各民族共同团结奋斗共同繁荣发展、坚持和完善民族区域自治制度、促进各民族交往交流交融、依法治理民族事务等,推动我国民族团结进步事业取得新的历史性成就。脱贫攻坚战取得全面胜利。民族地区3121万贫困人口全部脱贫,民族自治地方420个贫困县全部摘帽,历史性解决了绝对贫困问题,各少数民族和民族地区与全国一道全面建成小康社会。民族地区城乡面貌发生深刻变化。经济持续快速发展,民族八省区地区生产总值稳步提升,基础设施条件明显改善,

铸牢中华民族共同体意识，推进新时代党的民族工作高质量发展

教育、医疗、社会保障等公共服务水平大幅提升，生态屏障更加牢固。各民族交往交流交融更加广泛深入。据统计，居住在城市和散居地区的少数民族人口已经超过少数民族总人口的13%，少数民族流动人口已增长至3000多万人，各民族间的政治、经济、文化、社会联系比以往任何时候都更加紧密。各族人民凝聚力向心力极大增强。隆重庆祝新中国成立70周年、中国共产党成立100周年，成功抗击新冠肺炎疫情，全面建成小康社会，中华民族的自信心自豪感空前激发，日益走向包容性更广、认同感更高、凝聚力更强的命运共同体。

当今世界正经历百年未有之大变局，我国正处在中华民族伟大复兴的关键时期，民族工作面临着新的形势任务，呈现出一些阶段性特征。比如，民族地区发展迈上新台阶，但发展不平衡不充分问题仍然相对突出；各民族人口大流动大融居趋势不断增强，如何顺应形势构建互嵌式社会结构仍需加强探索；中华民族共同体的思想基础不断巩固，但局部地区反分裂形势依然严峻，国际势力干扰破坏我国民族团结的风险不容小觑。这些都决定了新时代处理民族问题、做好民族工作的任务更重、要求更高。要不断增强使命感和责任感，以实现中华民族伟大复兴为出发点和落脚点，增强"四个意识"、坚定"四个自信"、做到"两个维护"，提高政治判断力、政治领悟力、政治执行力，牢记"国之大者"，坚定信心，迎难而上，统筹谋划和推进新时代党的民族工作，最大限度凝聚起实现民族复兴的磅礴力量。

二、深入领会习近平总书记关于加强和改进民族工作的重要思想

党的十八大以来，以习近平同志为核心的党中央高度重视民族工作，从实现"两个一百年"奋斗目标和中华民族伟大复兴的战略高度出发，始终坚持马克思主义关于民族问题的基本理论和基本观点，始终坚持在继承中发展、在发展中创新，围绕怎样坚持和完善中国特色解决民族问题的正确道路，提出了一系列新思想、新论断、新要求，形成了习近平总书记关于加强和改进民族工作的重要思想。习近平总书记2012年在参观《复兴之路》展览时指出"实现中华民族伟大复兴，就是中华民族近代以来最伟大的梦想"，作出了实现中华民族伟大复兴中国梦的重要宣示。2014年中央民族工作会议系统总结了中国特色解决民族问题正确道路的基本内涵。2017年党的十九大提出"铸牢中华民族共同体意识"的新论断并写入党章。2019年全国民族团结进步表彰大会提出中华民族辽阔的疆域是各民族共同开拓的、悠久的历史是各民族共同书写的、灿烂的文化是各民族共同创造的、伟大的精神是各民族共同培育的"四个共同"重要观点，着重强调要以铸牢中华民族共同体意识为主线，把民族团结进步事业作为基础性事业抓紧抓好。党的十九

届四中全会把"坚持各民族一律平等，铸牢中华民族共同体意识，实现共同团结奋斗、共同繁荣发展"明确为我国国家制度和国家治理体系的显著优势之一。在2021年的中央民族工作会议上，习近平总书记全面系统总结了新时代我们党关于加强和改进民族工作的重要思想，归纳提炼了党的百年民族工作理论和实践经验，深刻揭示了中华民族发展内在规律，科学回答了新时代民族工作"怎么看""怎么办"等重大问题，涵盖民族工作方方面面，内容十分丰富，是党的民族工作理论和实践的智慧结晶，是马克思主义民族理论中国化的最新成果，是中国特色民族理论建设的一次重大飞跃，是推动新时代党的民族工作高质量发展的强大思想武器。

习近平总书记强调，必须从中华民族伟大复兴战略高度把握新时代党的民族工作的历史方位，以实现中华民族伟大复兴为出发点和落脚点，统筹谋划和推进新时代党的民族工作；必须把推动各民族为全面建设社会主义现代化国家共同奋斗作为新时代党的民族工作的重要任务，促进各民族紧跟时代步伐，共同团结奋斗、共同繁荣发展；必须以铸牢中华民族共同体意识为新时代党的民族工作的主线，推动各民族坚定对伟大祖国、中华民族、中华文化、中国共产党、中国特色社会主义的高度认同，不断推进中华民族共同体建设；必须坚持正确的中华民族历史观，增强对中华民族的认同感和自豪感；必须坚持各民族一律平等，保证各民族共同当家作主、参与国家事务管理，保障各族群众合法权益；必须高举中华民族大团结旗帜，促进各民族在中华民族大家庭中像石榴籽一样紧紧抱在一起；必须坚持和完善民族区域自治制度，确保党中央政令畅通，确保国家法律法规实施，支持各民族发展经济、改善民生，实现共同发展、共同富裕；必须构筑中华民族共有精神家园，使各民族人心归聚、精神相依，形成人心凝聚、团结奋进的强大精神纽带；必须促进各民族广泛交往交流交融，促进各民族在理想、信念、情感、文化上的团结统一，守望相助、手足情深；必须坚持依法治理民族事务，推进民族事务治理体系和治理能力现代化；必须坚决维护国家主权、安全、发展利益，教育引导各民族继承和发扬爱国主义传统，自觉维护祖国统一、国家安全、社会稳定；必须坚持党对民族工作的领导，提升解决民族问题、做好民族工作的能力和水平。

在云南省普洱市宁洱哈尼族彝族自治县民族团结园内，有块1951年立下的民族团结誓词碑，上面刻有当时多位民族代表立誓后，用汉语、傣语、拉祜语写下的签名，这块碑被誉为"新中国民族团结第一碑"。图为建碑的参与者和见证者，哈尼族老人方有富讲述团结碑的历史。

习近平总书记关于加强和改进民族工作的重要思想，系统阐明了新时代党的民族工作的历史方位、重要任务、工作主线、制度保障、实现方式等，深刻回答了民族工作举什么旗、走什么路的根本性问题，是党的治国方略在民族工作领域的集中体现，是习近平新时代中国特色社会主义思想的重要组成部分，为新时代党的民族工作始终沿着中国特色解决民族问题的正确道路奋勇前进提供了根本指导。当前和今后一段时期，要把学习贯彻习近平总书记关于加强和改进民族工作的重要思想，作为民族工作领域的首要政治任务抓紧抓好。

三、新时代党的民族工作的根本遵循

党的十八大以来，习近平总书记着眼于深化中华民族大团结、实现中华民族伟大复兴，创造性提出一系列民族工作新理念新思想新战略，为民族工作创新发展注入强大动力，党中央对民族工作作出一系列重大决策部署，推动民族工作取得新的历史性成就。习近平总书记关于加强和改进民族工作的重要思想，是马克思主义民族理论中国化的最新成果，是党的民族工作理论和实践的智慧结晶，是新时代党的民族工作的根本遵循，必须完整、准确、全面把握和贯彻。

（一）习近平总书记关于加强和改进民族工作的重要思想的丰富内涵

习近平总书记关于加强和改进民族工作的重要思想，内容十分丰富，涉及民族工作各领域各方面，是一个完整的思想体系，概括为"十二个必须"。

"十二个必须"集中反映了习近平总书记关于民族工作的新理念新思想新战略。党的十八大以来，习近平总书记突出强调中华民族大家庭、中华民族共同体、铸牢中华民族共同体意识等理念，突出强调依法治理民族事务、用法律保障民族团结，突出强调加强各民族交往交流交融、促进各民族像石榴籽一样紧紧抱在一起，突出强调构筑中华民族共有精神家园，深刻阐明我国统一多民族国家的基本国情及时代特征，深刻阐明中国特色解决民族问题的正确道路、基本内涵，深刻阐明坚持和完善民族区域自治制度根本着眼点着力点，深刻阐明加强和完善党对民族工作全面领导的重大意义，科学回答了新时代党的民族工作举什么旗、走什么路、朝着什么样的方向发展这个最重大最根本的问题，为解决民族领域深层次问题提供了强大思想武器，为民族工作取得新的历史性成就提供了根本保证。

"十二个必须"集中反映了以习近平同志为核心的党中央推动新时代党的民族工作高质量发展的新探索新成就新经验。党的十八大以来，党中央以铸牢中华民族共同体意识为主线，把民族团结进步事业作为一项基础性事业来抓，引导各族人民共同致力于实现中华民族伟大复兴，"中华民族一家亲，同心共筑中国梦"成为新时代民族团结进步事业的生动写照。党中央作出"全面建成小康社会，一个民族不能少；实现中华民族伟大复兴，一个民族也不能少"的庄严承诺，以前所未有的力度推动民族地区加快发展，民族地区与全国一道如期建成全面小康。党中央大力促进各民族广泛交往、全面交流、深度交融，构筑中华民族共有精神家园，各民族对伟大祖国、中华民族、中华文化、中国共产党和中国特色社会主义的认同空前增强，在理想、信念、情感、文化上空前团结统一，少数民族的面貌、民族地区的面貌、民族关系的面貌、中华民族的面貌发生新的历史性巨变。

相关链接：
铸牢中华民族共同体意识——泾兴巨变

"十二个必须"是党的治国方略在党的民族工作领域的集中体现，反映了以习近平同志为核心的党中央对中国特色社会主义建设规律、民族团结进步事业发展规律、社会主义民族关系发展规律认识的深化和拓展，标志着我们党对民族工作历史经验的总结达到一个新的高度，标志着党的民族工作领导能力和领导水平达到一个新的高度，标志着党对民族工作的政治、思想、理论自觉达到一个新的高度。

（二）习近平总书记关于加强和改进民族工作的重要思想的形成

中国特色社会主义进入新时代，中华民族迎来了从站起来、富起来到强起来的伟大飞跃，民族团结进步事业站在新的历史起点上。习近平总书记关于加强和改进民族工作的重要思想，明确以实现中华民族伟大复兴为新时代党的民族工作的出发点和落脚点，明确推动各民族为全面建设社会主义现代化国家共同奋斗为新时代党的民族工作的主要任务，明确铸牢中华民族共同体意识是新时代党的民族工作的主线，明确铸牢中华民族共同体意识的主要目标是推动各民族坚定对伟大祖国、中华民族、中华文化、中国共产党和中国特色社会主义的高度认同，牢固树立休戚与共、荣辱与共、生死与共、命运与共的共同体理念，明确加强和完善党的全面领导是做好新时代党的民族工作的根本保证，科学回答了新时代民族工作一系列重大理论和实践问题。

习近平总书记关于加强和改进民族工作的重要思想，是以习近平同志为核心的党中央在正确应对民族领域的各种风险挑战、推动民族工作攻坚克难中形成的。中国特色社会主义进入新时代，民族工作遇到的风险挑战前所未有。从外部环境看，世界正处于百年未有之大变局，国际力量加剧分化重组，世界进入新的动荡变革期。西方国家利用包括民族宗教问题在内的一切手段加紧对我国进行打压遏制，无所不用其极。从内部环境看，一些干部群众对我国统一多民族国家的基本

铸牢中华民族共同体意识，推进新时代党的民族工作高质量发展

国情缺乏应有认识，缺乏正确的中华民族历史观，大汉族主义和地方民族主义在一些地方不同程度存在。一些地方贯彻党的民族政策存在偏差，民族领域长期积累的一些深层次问题亟待解决。民族工作的任务不是减轻了而是加重了。

习近平总书记关于加强和改进民族工作的重要思想，是以习近平同志为核心的党中央在全面加强党对民族工作的领导，推动民族事务治理体系和治理能力现代化的探索中形成的。习近平总书记强调，"民族工作能不能做好，最根本的一条是党的领导是不是坚强有力"，"中国共产党的领导是民族工作成功的根本保证，也是各民族大团结的根本保证"，"只要我们牢牢坚持中国共产党的领导，就没有任何人任何政治势力可以挑拨我们的民族关系，我们的民族团结统一在政治上就有充分保障"。党中央以加强和完善党对民族工作的全面领导为总抓手，不断增强民族工作政治动员力、思想引领力、组织保障力，不断提高民族事务治理体系和治理能力现代化水平，民族工作系统化、法治化、制度化、规范化水平空前提升。

（三）习近平总书记关于加强和改进民族工作的重要思想的发展历程

习近平总书记关于加强和改进民族工作的重要思想，植根于我们党百年民族工作伟大实践，是党的民族工作历史经验的最新总结。党的十八大以来，习近平总书记站在新的历史方位多次总结党的民族工作理论和实践经验，以卓越的政治智慧、坚定的使命担当，提出一系列民族工作新理念新思想新战略。

2014年，习近平总书记总结概括中国特色解决民族问题正确道路的科学内涵，就是坚持在中国共产党领导下，坚持中国特色社会主义道路，坚持维护祖国统一，坚持各民族一律平等，坚持和完善民族区域自治制度，坚持各民族共同团结奋斗、共同繁荣发展，坚持打牢中华民族共同体的思想基础，坚持依法治国。

2019年，习近平总书记总结概括新中国70年民族工作的基本经验，即坚持准确把握我国统一的多民族国家的基本国情，把维护国家统一和民族团结作为各民族最高利益；坚持马克思主义民族理论中国化，坚定走中国特色解决民族问题的正确道路；坚持和完善民族区域自治制度，做到统一和自治相结合、民族因素和区域因素相结合；坚持促进各民族交往交流交融，不断铸牢中华民族共同体意识；坚持加快少数民族和民族地区发展，不断满足各族群众对美好生活的向往；坚持文化认同是最深层的认同，构筑中华民族共有精神家园；坚持各民族在法律面前一律平等，用法律保障民族团结；坚持在继承中发展、在发展中创新，使党的民族政策既一脉相承又与时俱进；坚持加强党对民族工作的领导，不断健全推动民族团结进步事业发展的体制机制。

2021年，习近平总书记在中央民族工作会议上系统阐释关于加强和改进民族工作的重要思想，明确了以铸牢中华民族共同体意识为主线推进新时代党的民族工作高质量发展的指导思想、战略目标、重点任务、政策举措，为做好新时代党的民族工作指明了前进方向，提供了根本遵循，具有很强的政治性、思想性、理论性，是党的治国方略在党的民族工作领域的集中体现。

（四）习近平总书记关于加强和改进民族工作的重要思想的具体要求

习近平总书记关于加强和改进民族工作的重要思想，是习近平新时代中国特色社会主义思想的重要组成部分。完整、准确、全面把握和贯彻习近平总书记关于加强和改进民族工作的重要思想，要把习近平总书记关于加强和改进民族工作的重要思想放到习近平新时代中国特色社会主义思想体系中学习，与学习党史、新中国史、改革开放史、社会主义发展史结合起来，深刻领会其丰富内涵、精神实质和核心要义，深刻感悟其真理的力量，深刻感悟习近平总书记对民族工作的深厚情怀和高超智慧，向习近平总书记学习民族工作方法，把习近平总书记关于加强和改进民族工作的重要思想转化为推动新时代党的民族工作高质量发展的强大动力。

坚定不移走中国特色解决民族问题的正确道路。坚持各民族一律平等，保障各族群众合法权益。坚决维护国家主权、安全、发展利益，引导各民族自觉维护祖国统一、国家安全和社会稳定。坚持和完善民族区域自治制度，做到统一与自治、民族因素与区域因素相结合，确保党中央政令畅通和国家法律法规实施，支持各民族发展经济、改善民生，实现共同发展、共同富裕，共同走向现代化。构筑中华民族共有精神家园，使各民族人心归聚、精神相依。依法治理民族事务，推进民族事务治理体系和治理能力现代化。

铸牢中华民族共同体意识。加强中华民族共同体历史研究，坚持正确的中华民族历史观。只有铸牢中华民族共同体意识，才能增进各民族对中华民族的自觉认同，夯实我国民族关系发展的思想基础，推动中华民族成为认同度更高、凝聚力更强的命运共同体。推动民族地区加快现代化建设步伐，在改革与发展中改善民生、凝聚人心。加强现代文明教育，引导各族群众在思想观念、精神情趣、生活方式上向现代化迈进。推广普及国家通用语言文字，科学保护各民族语言文字。推动各民族坚定对伟大祖国、中华民族、中华文化、中国共产党、中国特色社会主义的高度认同，牢固树立休戚与共、荣辱与共、生死与共、命运与共的共同体理念。

相关链接：
铸牢中华民族命运共同体

坚持党对民族工作的领导。全面正确贯彻党的民族政策，坚持正确的，调整过时的。建立健全民族工作体制机制，形成党委统一领导、政府依法管理、统战部门牵头协调、民族工作部门履职尽责、各部门通力合作、全社会共同参与的新时代党的民族工作格局。提升民族事务治理法治化水平。防范化解民族领域风险隐患。加强民族地区基层政权建设，建设维护党的集中统一领导态度特别坚决、明辨大是大非立场特别清醒、铸牢中华民族共同体意识行动特别坚定、热爱各族群众感情特别真挚的民族地区干部队伍，更加重视、关心、爱护在条件艰苦地区工作的一线干部，重视培养和用好少数民族干部。

四、深刻认识铸牢中华民族共同体意识的科学内涵和重大意义

中华民族5000多年的发展历程，就是一部各民族交往交流交融的历史，追求国家大一统、推进民族团结融合始终是历史主流，推动各民族不断交融汇聚，形成血脉相连、命运与共的中华民族多元一体格局。特别是近代以来，在反帝反封建、争取国家独立和民族解放的共同伟大斗争中，各民族人民守望相助、并肩作战，中华民族自我意识真正觉醒，实现了从自在向自觉的伟大转变，各民族的中华民族共同体意识空前增强。新中国成立后，在中国共产党领导下，中华民族从自觉走向自立、自信、自强，发展成为更具包容性、凝聚力、统一性的命运共同体。进入新时代，伴随着中国日益富强起来、日益走近世界舞台中央，中华民族的经济纽带必将越来越紧、文化认同必将越来越深、国家认同必将越来越高，中华民族共同体意识必将越来越强，中华民族共同体必将牢不可破。

习近平总书记指出，铸牢中华民族共同体意识，就是要引导各族人民牢固树立休戚与共、荣辱与共、生死与共、命运与共的共同体理念。铸牢中华民族共同体意识更加强调政治归属和政治认同，是国家层面最高的社会归属感、面向世界的文化归属感，核心是引导各族人民对伟大祖国、中华民族、中华文化、中国共产党、中国特色社会主义的认同，增强国家意识、公民意识和法治意识。把铸牢中华民族共同体意识作为新时代党的民族工作的主线，是维护各民族根本利益的必然要求，是实现中华民族伟大复兴的必然要求，是巩固和发展平等团结互助和谐社会主义民族关系的必然要求，是党的民族工作开创新局面的必然要求。只有铸牢中华民族共同体意识，才能有效抵御各种极端、分裂思想的渗透颠覆，才能不断排除可能影响中华民族伟大复兴的各种风险隐患，才能有效团结凝聚各族人民，才能按照增进共同性方向改进民族工作。我们要从中华民族的发展历程认识铸牢中华民族共同体意识的历史必然性，从新时代党的使命任务认识铸牢中华民族共同体意识的极端重要性，从民族工作的短板弱项认识铸牢中华民族共同体意识的现实针对性，从民族领域存在的风险隐患认识铸牢中华民族共同体意识的特殊紧迫性。

习近平总书记强调，铸牢中华民族共同体意识，要正确把握共同性和差异性

的关系、中华民族共同体意识和各民族意识的关系、中华文化和各民族文化的关系、物质和精神的关系。这四个关系，共同性和差异性的关系是管总的，对其他关系起着引领作用。要正确把握增进共同性、尊重和包容差异性的重要原则。有同无异，没必要强调共同体；有异无同，形成不了共同体。离开了共同性，铸牢中华民族共同体意识就无从谈起。忽略了差异性，铸牢中华民族共同体意识就难以做起。各民族的差异性将长期存在，尊重、包容差异性是铸牢中华民族共同体意识的应有之义。同时也要认识到，共同性是主导，是方向、前提和根本，差异性不能削弱和危害共同性。保护差异是需要的，差异性丰富多彩，共同体才能展示出包容性和活力。但不能固化强化差异性中落后的、影响民族进步的因素。

实际工作中，要坚持问题导向调整民族工作中的偏差，搞清楚哪些方面必须"同"，哪些方面可以"异"。各族干部群众对伟大祖国、中华民族、中华文化、中国共产党、中国特色社会主义要高度认同，在国家意识、公民意识和法治意识上不能有差异。同时，要尊重差异性，注意对各民族在饮食服饰、风俗习惯、文化艺术、建筑风格等方面的保护和传承，在中华文化百花园里绽放光彩。根据不同地域不同民族不同群体对中华民族共同体意识的认知差异，既面向少数民族和民族地区，又面向汉族和东中部地区，有针对性地做好工作，纠正大汉族主义和地方民族主义，全面提升铸牢中华民族共同体意识的水平。

知识链接

　　大汉族主义是大民族主义在中国的集中表现，它是剥削阶级思想在国内民族关系上的一种反映，是一种歧视、排斥、压迫较小民族的民族主义。在历史上主要表现为，歧视汉族以外的各少数民族；限制和剥夺少数民族在政治、经济、文化等方面的平等权利，践踏少数民族的风俗习惯，禁止少数民族使用自己的语言文字，实行强迫同化；挑拨民族关系，破坏民族团结，压迫和剥削少数民族，直至武装镇压。

　　新中国成立后，中国共产党从根本上废除了民族压迫和民族剥削制度，实行了民族平等和民族团结政策，基本上克服了大汉族主义，但其影响仍然是阻碍各民族团结的消极因素。

　　地方民族主义亦称"狭隘民族主义"，是一种种族主义的意识形态，在政治上一切事务以本民族利益为优先的民族主义。《中华人民共和国宪法》在序言中明确规定："在维护民族团结的斗争中，要反对大民族主义，主要是大汉族主义，也要反对地方民族主义。"

铸牢中华民族共同体意识，推进新时代党的民族工作高质量发展

五、坚持以铸牢中华民族共同体意识为主线，推进新时代党的民族工作高质量发展

在新的历史起点上做好民族工作，必须坚持以习近平总书记关于加强和改进民族工作的重要思想为指导，牢牢把握民族工作新的历史方位，紧扣铸牢中华民族共同体意识的工作主线，努力开创党的民族工作高质量发展新局面。

（一）大力推进中华民族共有精神家园建设

正确把握中华文化和各民族文化的关系。中华文化与各民族文化，犹如主干与枝叶，根深干壮才能枝繁叶茂。各民族优秀文化是中华文化的组成部分，都对中华文化的形成和发展作出了贡献。把汉族文化等同于中华文化、忽略少数民族文化，把本民族文化自外于中华文化、对中华文化缺乏认同，都是不对的。促进各民族文化包容互鉴和创新发展，要在增强中华文化认同基础上去做，不能本末倒置。在各民族群众中深入培育和践行社会主义核心价值观，弘扬以爱国主义为核心的民族精神和以改革创新为核心的时代精神，用共同理想信念凝心铸魂，赓续精神血脉。完善铸牢中华民族共同体意识宣传教育体系，建立宣传教育常态化机制，将铸牢中华民族共同体意识纳入干部教育、党员教育、国民教育、社会教育。深入实施中华优秀传统文化传承发展工程，打造一批具有中华文化底蕴、充分汲取各民族文化营养、融合现代文明的书籍、舞台艺术作品、影视作品、美术作品，树立和突出各民族共享的中华文化符号和中华文化形象。坚持以"四个共同"的正确中华民族历史观加强中华民族历史研究，形成完整的史料体系、话语体系。采取"线上"与"线下"、传统媒体与现代媒体相结合的方式，注重新闻舆论引导和社会氛围营造，春风化雨、润物无声，将铸牢中华民族共同体意识潜移默化地嵌入心中、融入血液、铸入灵魂。

（二）推动各民族为全面建设社会主义现代化国家而共同奋斗

全面建设社会主义现代化国家，是56个民族作为一个整体实现的共同发展进步，这是亘古未有的伟大事业，必须依靠各族人民同舟共济、携手并进。正确把握物质与精神的关系。物质问题"管肚子"，精神问题"管脑子"，善于从政治上考虑民族地区经济社会发展问题。发展是现代化的基础，要赋予所有改革发展以彰显中华民族共同体意识的意义，以维护统一、反对分裂的意义，以改善民生、凝聚人心的意义。民族地区要完整准确全面贯彻新发展理念，善于在压力和危机中寻找机遇，立足本地实际，找准融入新发展格局、实现高质量发展、促进共同富裕的切入点、结合点、发力点，培育新的发展动能，走出发展新路子。继续对民族地区实施差别化支持政策，加强对口支援、东西部协作，推动民族地区尽快

实现巩固拓展脱贫攻坚成果同乡村振兴有效衔接，增强可持续发展内生动力。积极发展各级各类教育，加强现代文明教育，大力传播现代文明理念和行为方式，引导各族群众在思想观念、精神情趣、生活方式上向现代化迈进。深入贯彻落实治国必治边的战略思想，加强新时代安边固边兴边工作，强化人口与经济支撑，完善沿边开发开放政策体系，深入推进固边兴边富民行动，确保边疆巩固和边境安全。

（三）促进各民族广泛交往交流交融

这是社会发展的必然趋势，是推动中华民族共同体建设的重要途径。正确处理中华民族意识与各民族意识的关系。中华民族意识与各民族意识层面不同、范畴不同，二者可以并存不悖，但不是平行并列的。引导各民族始终把中华民族利益放在首位，本民族意识要服从和服务于中华民族共同体意识。客观看待民族意识，尊重民族感情，在实现好中华民族共同体整体利益进程中实现好各民族具体利益。从就业、就学、安居等方面入手，与时俱进调整完善有关政策举措，引导鼓励人口双向迁移流动，推进各民族人口流动融居，不断拓展各民族间交往交流交融的广度和深度。加强政策引导，优化公共服务管理，积极创造各民族共居共学、共事共乐、共建共享的社会结构和社会条件。完善促进各民族群众融入城市的政策导向和制度保障，将少数民族流动人口纳入城市流动人口服务体系，合理照顾少数民族风俗习惯，坚决纠正针对任何特定民族身份的歧视性行为。坚定不移推广国家通用语言文字，夯实交往交流基础，同时根据实际情况需要，采取措施保障少数民族语言文字的学习使用。

相关链接：
这个"大家庭"其乐融融

（四）推动民族事务治理体系和治理能力现代化

民族事务治理是国家治理的重要组成部分。坚持和完善民族区域自治制度，始终坚持党的领导，把维护国家统一和民族团结作为实施这一制度的根本目的。民族自治地方自治机关的首要职责是维护党中央权威，确保党中央政令畅通，确保国家法律法规实施。以铸牢中华民族共同体意识为衡量标准，顺应时代发展要求，及时稳慎健全完善民族政策和法律法规体系。根据不同地区、不同民族实际，以公平公正为原则，兼顾民族因素和区域因素，突出区域化和精准性。坚持在法治轨道上治理民族事务，维护社会主义法制统一和法治尊严，依法保障各族群众合法权益。各族群众在法律面前人人平等，任何人都没有超越法律的特权。坚持

铸牢中华民族共同体意识，推进新时代党的民族工作高质量发展

是什么问题就按什么问题处理，不能把涉及少数民族群众的一般性社会事务工作简单归结为民族工作，不能把涉及少数民族群众的民事刑事问题简单归结为民族问题，不能把发生在民族地区的一般矛盾纠纷简单归结为民族矛盾。工作方法上要注意把握分寸、慎重稳进，既要解决好"等不得"的问题，也要处理好"急不得"的事情，防止犯急躁病、胡乱作为，反复"翻烧饼"，从一个极端走向另一个极端。

（五）切实防范化解民族领域重大风险隐患

牢固树立总体国家安全观，坚持底线思维，强化风险意识，及时化解各种问题隐患。教育引导各民族继承和发扬爱国主义传统，自觉维护祖国统一、国家安全、社会稳定，严密防范和坚决打击暴力恐怖活动、民族分裂活动、宗教极端活动，严密防范和抵御敌对势力的渗透、颠覆、破坏活动。加强国际反恐合作，做好重点国家和地区、国际组织、海外少数民族华侨华人群体等的工作，不断壮大友我力量，切实维护边疆民族地区社会稳定和长治久安。守好意识形态阵地，正确区分政治原则、思想认识、学术观点，积极稳妥处理涉民族因素的意识形态问题，旗帜鲜明反对历史虚无主义、极端民族主义、宗教极端主义、大汉族主义和地方民族主义，持续肃清民族分裂、宗教极端思想流毒。科学认识网络传播规律，准确把握涉民族网络舆情生成和演化特点，创新工作理念、方法手段、载体渠道、制度机制，既要及时排查舆情风险，化早化小，又要打造正面宣传矩阵，主动发出有利于铸牢中华民族共同体意识的声音，牢牢掌握网络意识形态阵地主导权。推进防范化解民族领域风险隐患体制机制建设，提高防范化解风险隐患能力，妥善开展风险处置，发现在早、处置在小，坚决守住不发生区域性、系统性风险的底线。

（六）加强和完善党对民族工作的全面领导

中国共产党领导是维护中华民族大团结的根本保证。我国民族团结进步事业之所以成功，加强和完善党对民族工作的全面领导是最根本的保障和最重要的经验，新时代民族工作中必须毫不动摇地坚持这一原则。把党的领导贯穿民族工作全过程，贯彻落实习近平总书记关于构建新时代党的民族工作格局的新要求，进一步完善党委领导民族工作的体制机制、党委统一战线工作领导小组统筹协调民族工作的体制机制、党委统战部领导民族工作部门的体制机制、民委委员单位更好发挥作用的体制机制。坚持新时代好干部标准，按照维护党的集中统一领导态度特别坚决、明辨大是大非立场特别清醒、铸牢中华民族共同体意识行动特别坚定、热爱各族群众感情特别真挚的"四个特别"要求，加强民族地区干部队伍建设，确保各级领导权牢牢掌握在忠诚干净担当的干部手中。重视培养和用好少数民族干部，做好长远规划，加大培训和交流锻炼工作力度，对政治过硬、敢于担当的优秀少数民族干部要充分信任、委以重任。加强民族地区基层组织和政权建设，着力把基层党组织建设成为铸牢中华民族共同体意识、带领群众致富、维护社会稳定、守卫边疆领土、开展反分裂斗争的坚强战斗堡垒。切实加强基层统战民族工作机构设置、人员配备和工作保障，明确相关制度机制，确保党的民族政策到基层有人懂，民族工作在基层有人抓。

习近平在中央民族工作会议上强调 以铸牢中华民族共同体意识为主线 推动新时代党的民族工作高质量发展

中央民族工作会议2021年8月27—28日在北京召开。中共中央总书记、国家主席、中央军委主席习近平出席会议并发表重要讲话，强调要准确把握和全面贯彻我们党关于加强和改进民族工作的重要思想，以铸牢中华民族共同体意识为主线，坚定不移走中国特色解决民族问题的正确道路，构筑中华民族共有精神家园，促进各民族交往交流交融，推动民族地区加快现代化建设步伐，提升民族事务治理法治化水平，防范化解民族领域风险隐患，推动新时代党的民族工作高质量发展，动员全党全国各族人民为实现全面建成社会主义现代化强国的第二个百年奋斗目标而团结奋斗。

习近平在讲话中指出，回顾党的百年历程，党的民族工作取得的最大成就，就是走出了一条中国特色解决民族问题的正确道路。改革开放特别是党的十八大以来，我们党强调中华民族大家庭、中华民族共同体、铸牢中华民族共同体意识等理念，既一脉相承又与时俱进贯彻党的民族理论和民族政策，积累了把握民族问题、做好民族工作的宝贵经验，形成了党关于加强和改进民族工作的重要思想，概括起来有以下方面。一是必须从中华民族伟大复兴战略高度把握新时代党的民族工作的历史方位，以实现中华民族伟大复兴为出发点和落脚点，统筹谋划和推进新时代党的民族工作。二是必须把推动各民族为全面建设社会主义现代化国家共同奋斗作为新时代党的民族工作的重要任务，促进各民族紧跟时代步伐，共同团结奋斗、共同繁荣发展。三是必须以铸牢中华民族共同体意识为新时代党的民族工作的主线，推动各民族坚定对伟大祖国、中华民族、中华文化、中国共产党、中国特色社会主义的高度认同，不断推进中华民族共同体建设。四是必须坚持正确的中华民族历史观，增强对中华民族的认同感和自豪感。五是必须坚持各民族一律平等，保证各民族共同当家作主、参与国家事务管理，保障各族群众合法权益。六是必须高举中华民族大团结旗帜，促进各民族在中华民族大家庭中像石榴

铸牢中华民族共同体意识，推进新时代党的民族工作高质量发展

籽一样紧紧抱在一起。七是必须坚持和完善民族区域自治制度，确保党中央政令畅通，确保国家法律法规实施，支持各民族发展经济、改善民生，实现共同发展、共同富裕。八是必须构筑中华民族共有精神家园，使各民族人心归聚、精神相依，形成人心凝聚、团结奋进的强大精神纽带。九是必须促进各民族广泛交往交流交融，促进各民族在理想、信念、情感、文化上的团结统一，守望相助、手足情深。十是必须坚持依法治理民族事务，推进民族事务治理体系和治理能力现代化。十一是必须坚决维护国家主权、安全、发展利益，教育引导各民族继承和发扬爱国主义传统，自觉维护祖国统一、国家安全、社会稳定。十二是必须坚持党对民族工作的领导，提升解决民族问题、做好民族工作的能力和水平。我们党关于加强和改进民族工作的重要思想，是党的民族工作理论和实践的智慧结晶，是新时代党的民族工作的根本遵循，全党必须完整、准确、全面把握和贯彻。

习近平强调，做好新时代党的民族工作，要把铸牢中华民族共同体意识作为党的民族工作的主线。铸牢中华民族共同体意识，就是要引导各族人民牢固树立休戚与共、荣辱与共、生死与共、命运与共的共同体理念。铸牢中华民族共同体意识是维护各民族根本利益的必然要求，只有铸牢中华民族共同体意识，构建起维护国家统一和民族团结的坚固思想长城，各民族共同维护好国家安全和社会稳定，才能有效抵御各种极端、分裂思想的渗透颠覆，才能不断实现各族人民对美好生活的向往，才能实现好、维护好、发展好各民族根本利益。铸牢中华民族共同体意识是实现中华民族伟大复兴的必然要求，只有铸牢中华民族共同体意识，才能有效应对实现中华民族伟大复兴过程中民族领域可能发生的风险挑战，才能为党和国家兴旺发达、长治久安提供重要思想保证。铸牢中华民族共同体意识是巩固和发展平等团结互助和谐社会主义民族关系的必然要求，只有铸牢中华民族共同体意识，才能增进各民族对中华民族的自觉认同，夯实我国民族关系发展的思想基础，推动中华民族成为认同度更高、凝聚力更强的命运共同体。铸牢中华民族共同体意识是党的民族工作开创新局面的必然要求，只有顺应时代变化，按照增进共同性的方向改进民族工作，做到共同性和差异性的辩证统一、民族因素和区域因素的有机结合，才能把新时代党的民族工作做好做细做扎实。

习近平指出，党的民族工作创新发展，就是要坚持正确的，调整过时的，更好保障各民族群众合法权益。要正确把握共同性和差异性的关系，增进共同性、尊重和包容差异性是民族工作的重要原则。要正确把握中华民族共同体意识和各民族意识的关系，引导各民族始终把中华民族利益放在首位，本民族意识要服从和服务于中华民族共同体意识，同时要在实现好中华民族共同体整体利益进程中实现好各民族具体利益，大汉族主义和地方民族主义都不利于中华民族共同体建设。要正确把握中华文化和各民族文化的关系，各民族优秀传统文化都是中华文化的组成部分，中华文化是主干，各民族文化是枝叶，根深干壮才能枝繁叶茂。

要正确把握物质和精神的关系，要赋予所有改革发展以彰显中华民族共同体意识的意义，以维护统一、反对分裂的意义，以改善民生、凝聚人心的意义，让中华民族共同体牢不可破。

习近平强调，铸牢中华民族共同体意识是新时代党的民族工作的"纲"，所有工作要向此聚焦。要全面推进中华民族共有精神家园建设，要在党史、新中国史、改革开放史、社会主义发展史学习教育中，深入总结我们党百年民族工作的成功经验，深化对我们党关于加强和改进民族工作重要思想的研究，加强现代文明教育，深入实施文明创建、公民道德建设、时代新人培育等工程，引导各族群众在思想观念、精神情趣、生活方式上向现代化迈进。要推广普及国家通用语言文字，科学保护各民族语言文字，尊重和保障少数民族语言文字学习和使用。

习近平指出，要推动各民族共同走向社会主义现代化。要完善差别化区域支持政策，支持民族地区全面深化改革开放，提升自我发展能力。民族地区要立足资源禀赋、发展条件、比较优势等实际，找准把握新发展阶段、贯彻新发展理念、融入新发展格局、实现高质量发展、促进共同富裕的切入点和发力点。要加大对民族地区基础设施建设、产业结构调整支持力度，优化经济社会发展和生态文明建设整体布局，不断增强各族群众获得感、幸福感、安全感。要支持民族地区实现巩固脱贫攻坚成果同乡村振兴有效衔接，促进农牧业高质高效、乡村宜居宜业、农牧民富裕富足。要完善沿边开发开放政策体系，深入推进固边兴边富民行动。

习近平强调，要促进各民族交往交流交融。要充分考虑不同民族、不同地区的实际，统筹城乡建设布局规划和公共服务资源配置，完善政策举措，营造环境氛围，逐步实现各民族在空间、文化、经济、社会、心理等方面的全方位嵌入。要深入开展民族团结进步创建，着力深化内涵、丰富形式、创新方法。要构建铸牢中华民族共同体意识宣传教育常态化机制，纳入干部教育、党员教育、国民教育体系，搞好社会宣传教育。

习近平指出，要提升民族事务治理体系和治理能力现代化水平。要根据不同地区、不同民族实际，以公平公正为原则，突出区域化和精准性，更多针对特定地区、特殊问题、特别事项制定实施差别化区域支持政策。要依法保障各族群众合法权益，依法妥善处理涉民族因素的案事件，依法打击各类违法犯罪行为，做到法律面前人人平等。

习近平强调，要坚决防范民族领域重大风险隐患。要守住意识形态阵地，积极稳妥处理涉民族因素的意识形态问题，持续肃清民族分裂、宗教极端思想流毒。要加强国际反恐合作，做好重点国家和地区、国际组织、海外少数民族华侨华人群体等的工作。

习近平指出，加强和完善党的全面领导，是做好新时代党的民族工作的根本政治保证。各级党委要增强"四个意识"、坚定"四个自信"、做到"两个维护"，

铸牢中华民族共同体意识，推进新时代党的民族工作高质量发展

不断提高政治判断力、政治领悟力、政治执行力，牢记"国之大者"，认真履行主体责任，把党的领导贯穿民族工作全过程，形成党委统一领导、政府依法管理、统战部门牵头协调、民族工作部门履职尽责、各部门通力合作、全社会共同参与的新时代党的民族工作格局。要加强基层民族工作机构建设和民族工作力量，确保基层民族工作有效运转。要坚持新时代好干部标准，努力建设一支维护党的集中统一领导态度特别坚决、明辨大是大非立场特别清醒、铸牢中华民族共同体意识行动特别坚定、热爱各族群众感情特别真挚的民族地区干部队伍，确保各级领导权掌握在忠诚干净担当的干部手中。要更加重视、关心、爱护在条件艰苦地区工作的一线干部，吸引更多优秀人才。要重视培养和用好少数民族干部，对政治过硬、敢于担当的优秀少数民族干部要充分信任、委以重任。要加强民族地区基层政权建设，夯实基层基础，确保党的民族理论和民族政策到基层有人懂、民族工作在基层有人抓。

李克强在主持会议时指出，习近平总书记的重要讲话，全面回顾了我们党民族工作百年光辉历程和历史成就，深入分析了当前党的民族工作面临的新形势，系统阐释了我们党关于加强和改进民族工作的重要思想，明确了以铸牢中华民族共同体意识为主线推进新时代党的民族工作高质量发展的指导思想、战略目标、重点任务、政策举措，为做好新时代党的民族工作指明了前进方向，提供了根本遵循，具有很强的政治性、思想性、理论性，是党的治国方略在党的民族工作领域的集中体现。要认真学习领会，增强"四个意识"、坚定"四个自信"、做到"两个维护"，自觉把思想和行动统一到习近平总书记重要讲话精神上来，结合本地本部门实际，抓好各项任务贯彻落实。

汪洋在总结讲话中指出，习近平总书记重要讲话立意高远、思想深邃，科学回答了新时代民族工作举什么旗、走什么路等重大问题，是党的民族工作实践的最新总结，是马克思主义民族理论中国化的最新成果，是做好新时代民族工作的根本遵循。要完整准确全面把握习近平总书记关于加强和改进民族工作的重要思想，深刻理解核心要义、精神实质、丰富内涵和实践要求。要从党的百年奋斗征程把握现阶段民族工作的历史方位和重要使命，深刻认识铸牢中华民族共同体意识的历史必然性、极端重要性和现实针对性，使之贯穿民族工作各领域全过程。各地区各部门要把学习贯彻好会议精神作为重要政治任务，组织开展形式多样的学习培训和宣传宣讲活动，结合实际研究制定实施意见，加强领导、压实责任、搞好协调、强化督查，把党中央的决策部署落到实处。

（资料来源：新华网，http://m.news.cn/2021-08-28/c_1127804776.htm，略改动）

阅读推荐

1. 蒲长春：《新时代党的民族工作的历史方位》，《学习时报》2021年9月15日A1版。
2. 刘晓春：《做好新时代民族工作的根本遵循》，《红旗文稿》2021年第18期。
3. 贾鹏：《从百年党史中汲取推进党的民族工作的智慧和力量》，《新疆日报》2021年10月19日A08版。

思考题

1. 习近平总书记关于加强和改进民族工作的重要思想的主要内容是什么？
2. 铸牢中华民族共同体意识的意义是什么？
3. 如何推进新时代党的民族工作高质量发展？

专题七

把稳中美巨轮
共同前行之舵

2021年11月16日,国家主席习近平同美国总统拜登举行视频会晤,双方就事关中美关系发展的战略性、全局性、根本性问题以及共同关心的重要问题进行了充分、深入的沟通和交流。在中美关系正处于十字路口的当下,此次会晤有利于增进双方相互了解,为今后一个时期中美关系发展指明了方向、注入了动力。

中美元首视频会晤期间，习近平主席阐明新时期中美正确的相处之道，两国元首就中美关系重要性、反对打"新冷战"等达成重要原则共识。会晤增进了双方相互了解，增加了国际社会对中美关系的正面预期，向中美两国和世界发出了强有力信号。

相关链接：

习近平主席同美国总统视频会晤

一、中美元首视频会晤的主要内容及现实启示

（一）中美元首视频会晤的主要内容

习近平主席指出，当前，中美发展都处在关键阶段，人类的"地球村"也面临诸多挑战。中美作为世界前两大经济体和联合国安理会常任理事国，应该加强沟通和合作，既办好我们各自国内的事情，又承担起应尽的国际责任，共同推进人类和平与发展的崇高事业。这是中美两国和世界各国人民的共同愿望，也是中美两国领导人的共同使命。

推动中美各自发展，维护和平稳定的国际环境，包括有效应对气候变化、新冠肺炎疫情在内的全球性挑战，都需要一个健康稳定的中美关系。中美应该相互尊重、和平共处、合作共赢。"我愿同总统先生一道，形成共识，积极行动，引领中美关系积极向前发展。"这是造福两国人民的需要，也是国际社会的期待。

过去50年，国际关系中一个最重要的事件就是中美关系恢复和发展，造福了两国和世界。未来50年，国际关系中最重要的事情是中美必须找到正确的相处之道。历史是公正的，一个政治家的所作所为，无论是非功过，历史都要记上一笔。希望拜登总统发挥政治领导力，推动美国对华政策回归理性务实的轨道。

习近平主席强调，中美应该着力推动四个方面的优先事项：一是展现大国的担当，引领国际社会合作应对突出挑战。在这方面，中美合作也许不是万能的，但没有中美合作是万万不能的。中方所提的全球性倡议对美国都开放，希望美方也能如此。二是本着平等互利精神，推进各层级各领域交往，为中美关系注入更多正能量。"我愿通过多种方式同总统先生保持联系，为中美关系指明方向、注入动力。"中美在经济、能源、两军、执法、教育、科技、网络、环保、地方等诸多领域存在广泛共同利益，应该互通有无、取长补短，做大中美合作的"蛋糕"。中美可以利用两国外交安全、经贸财金、气候变化团队等对话渠道和机制平台，推动务实合作，解决具体问题。三是以建设性方式管控分歧和敏感问题，防止中美关系脱轨失控。中美存在分歧很自然，关键是要建设性管控，避免扩大化、激烈化。中方当然要维护自身主权、安全、发展利益，希望美方务必谨慎处理好与此有关的问题。四是加强在重大国际和地区热点问题上的协调和合作，为世界提供更多公共产品。天下并不太平，中美应该同国际社会一道，共同捍卫世界和平，促进全球发展，维护公正合理的国际秩序。

中美两国是两艘在大海中航行的巨轮，我们要把稳舵，使中美两艘巨轮迎着风浪共同前行，不偏航、不失速，更不能相撞。

习近平主席还介绍了中国发展道路和战略意图。习近平主席指出，中共第十九届六中全会总结了中国共产党百年奋斗重大成就和历史经验。100年来，中国共产党的初心和使命就是为中国人民谋幸福、为中华民族谋复兴。我们在这方面取得了很大成就，但还远远不够，还要继续努力。中国人民对美好生活的向往，是中国发展最大内生动力，是一个必然的历史趋势，谁想阻挡这个历史趋势，中国人民不会答应，也根本阻挡不了。

中国人民历来爱好和平，主张和为贵。中华民族血液中没有侵略他人、称王称霸的基因。新中国成立以来，我们没有主动发起过一场战争或冲突，没有侵占过别国一寸土地。中国无意满世界推销自己的道路，相反我们一直鼓励各国找到适合本国国情的发展之路。

对外开放是中国的基本国策和鲜明标识。中国扩大高水平开放的决心不会变，同世界分享发展机遇的决心不会变，推动经济全球化朝着更加开放、包容、普惠、平衡、共赢方向发展的决心也不会变。我们提出构建新发展格局，是要扩充国内市场，在更大范围、更大规模上形成国内国际双循环，打造更加市场化、法治化、国际化的营商环境。这必将给各国提供更大市场、创造更多机遇。

中国倡导和平、发展、公平、正义、民主、自由的全人类共同价值。搞意识形态划线、阵营分割、集团对抗，结局必然是世界遭殃。冷战的恶果殷鉴不远。希望美方把不打"新冷战"表态落到实处。

习近平主席还阐述了中方在台湾问题上的原则立场。台海局势面临新一轮紧张，原因是台湾当局一再企图"倚美谋独"，而美方一些人有意搞"以台制华"。这一趋势十分危险，是在玩火，而玩火者必自焚。一个中国原则和中美三个联合公报是中美关系的政治基础，历届美国政府对此都有明确承诺。台湾问题的真正现状和一个中国的核心内容是：世界上只有一个中国，台湾是中国的一部分，中华人民共和国政府是代表中国的唯一合法政府。中国实现完全统一，是全体中华儿女的共同愿望。我们是有耐心的，愿以最大诚意、尽最大努力争取和平统一的前景，但如果"台独"分裂势力挑衅逼迫，甚至突破红线，我们将不得不采取断然措施。

文明是丰富多彩的，民主也是丰富多彩的。民主不是一种定制的产品，全世界都一个模式、一个规格。一个国家民主不民主，要由这个国家的人民自己来评判。如果因为实现民主的形式不同就加以排斥，这本身就是不民主的行为。我们愿在相互尊重基础上就人权问题开展对话，但我们不赞成借人权问题干涉别国内政。

中美应该维护以联合国为核心的国际体系，以国际法为基础的国际秩序，以联合国宪章宗旨和原则为基础的国际关系基本准则。如果没有中美合作，多边主义是不完整的。

关于中美经贸关系，习近平主席指出，中美经贸关系本质是互利双赢，在商言商，不要把中美经贸问题政治化。双方要做大合作"蛋糕"。中方重视美国工商界人士希望中方提供来华便利的诉求，已同意实施升级版的"快捷通道"，相信这将进一步促进中美经贸往来、助力两国经济复苏。美方应该停止滥用和泛化国家安全概念打压中国企业。中美有必要保持宏观经济政策沟通，支持世界经济复苏和防范经济金融风险。美方应该重视国内宏观政策外溢效应，采取负责任的宏观经济政策。

关于能源安全问题，习近平主席指出，中美应该倡导国际社会共同维护全球能源安全，加强天然气和新能源领域合作，同国际社会一道，维护全球产业链供应链安全稳定。

关于气候变化问题，习近平主席指出，中美曾携手促成应对气候变化的《巴黎协定》，现在两国都在向绿色低碳经济转型，气候变化完全可以成为中美新的合作亮点。绿水青山就是金山银山，要像保护眼睛一样保护生态环境，像对待生命一样对待生态环境。现在，生态文明的理念在中国已家喻户晓，成为社会共识。中国将用历史上最短的时间完成全球最高的碳排放强度降幅，需要付出十分艰苦的努力。中国讲究言必信、行必果，说了就要做到，做不到就不要说。中国仍然是世界上最大的发展中国家，发展不平衡不充分的问题十分突出。各国要坚持共同但有区别的责任原则，兼顾应对气候变化和保障民生。少一些推诿指责，多一些团结合作。比口号，更要比行动。发达国家应该认真履行历史责任和应尽义务，而且要保持政策的稳定性。

知识链接

气候变化是一项跨越国界的全球性挑战。要解决这一问题，需要在各个层面进行协调，需要国际合作，帮助各国向低碳经济转型。

为应对气候变化，197个国家于2015年12月12日在巴黎召开的缔约方会议第21届会议上通过了《巴黎协定》。协定在1年内便生效，旨在大幅减少全球温室气体排放，将本世纪全球气温升幅限制在2℃以内，同时寻求将气温升幅进一步限制在1.5℃以内的措施。

《巴黎协定》于2016年11月4日正式生效,是具有法律约束力的国际条约。

《巴黎协定》包括所有国家对减排和共同努力适应气候变化的承诺,并呼吁各国逐步加强承诺。该协定为发达国家提供了协助发展中国家减缓和适应气候变化的方法,同时建立了透明监测和报告各国气候目标的框架。

《巴黎协定》提供了持久的框架,为未来几十年的全球努力指明了方向,即逐渐提高各国的气候目标。为了促进这一目标的实现,该协定制定了两个审查流程,每五年为一个周期。

《巴黎协定》标志着向低碳世界转型的开始,但我们依然任重道远。《巴黎协定》的实施对于实现可持续发展目标至关重要,该协定为推动减排和建设气候适应能力的气候行动提供了路线图。

关于公共卫生安全问题,习近平主席指出,新冠肺炎疫情再次证明,人类社会是命运共同体。没有比人的生命更优先的考量。团结合作是国际社会战胜疫情最有力的武器。对待重大疫情,需要的是科学态度,把疾病问题政治化有百害而无一利。全球抗疫的当务之急是破解疫苗赤字,消除"疫苗鸿沟"。习近平主席在2020年疫情暴发初期就提出新冠疫苗应该作为全球公共产品,并在2021年10月提出全球疫苗合作行动倡议。中国率先向有需要的发展中国家提供疫苗,累计超过17亿剂疫苗和原液。中国还会考虑发展中国家的需求,增加新的捐赠。新冠肺炎疫情不会是人类面临的最后一次公共卫生危机。中美应该倡导建立全球公共卫生及传染病防控合作机制,推动开展国际交流合作。

美国总统拜登表示,美中关系是世界上最重要的双边关系。美中作为两个世界大国,对美中两国和世界人民都负有责任。双方应通过开诚布公和坦率对话,增进对彼此意图的了解,确保两国竞争是公平、健康的,而不会演变成为冲突。拜登表示赞同习近平主席所讲,历史是公正的,美中关系只能搞好,不能搞砸。中国在5000多年前就已经是一个大国。美方不寻求改变中国的体制,不寻求通过强化同盟关系反对中国,无意同中国发生冲突。美国政府致力于奉行长期一贯的一个中国政策,不支持"台独",希望台海地区保持和平稳定。美方愿同中方相互尊重、和平共处,加强沟通,减少误解,以建设性方式妥处分歧,在美中两国利益一致的领域加强合作,共同应对新冠肺炎、气候变化等全球性挑战,让两国人民都能过上更美好的生活。应该鼓励我们的青年一代更多接触,了解彼此文化,从而使这个世界变得更加美好。

双方还就阿富汗问题、伊朗核问题和朝鲜半岛局势等其他共同关心的国际和地区问题交换了意见。

两国元首都认为，此次会晤是坦率、建设性、实质性和富有成效的，有利于增进双方相互了解，增加国际社会对中美关系的正面预期，向中美两国和世界发出了强有力信号。双方同意继续通过各种方式保持密切联系，推动中美关系重回健康稳定发展的正确轨道，造福中美两国人民和世界各国人民。

（二）中美元首视频会晤的现实启示

当今时代，百年未有之大变局与新冠肺炎疫情叠加交织，世界进入动荡变革期，面临多重挑战的人类呼唤大团结、大担当。作为世界前两大经济体和联合国安理会常任理事国，中美能否处理好双边关系，事关两国和两国人民根本利益，攸关世界前途命运，是两国必须回答好的世纪之问。习近平主席以"巨轮航行"作比，强调"中美两国是两艘在大海中航行的巨轮，我们要把稳舵，使中美两艘巨轮迎着风浪共同前行，不偏航、不失速，更不能相撞"。

巨轮同行海上，必须尊重安全航行的基本原则。中美建交40多年来，两国关系虽历经起伏，但总体保持向前发展，成为世界上最重要的双边关系之一。历史证明，只有尊重彼此社会制度和发展道路，尊重对方核心利益和重大关切，尊重各自发展权利，平等相待，管控分歧，求同存异，坚守不冲突不对抗的底线，坚持互利互惠，不玩零和博弈，不搞你输我赢，才能确保中美两艘巨轮"不偏航、不失速，更不能相撞"。相互尊重，和平共处，合作共赢，这三大"航行"原则，既是中美关系发展经验和教训的总结，也是指引未来中美相处的正确之道。

不偏航，就是要坚持正确航向。中美合则两利、斗则俱伤，合作是唯一正确选择。过去50年，国际关系中一个最重要的事件就是中美关系恢复和发展，造福了两国和世界。当前形势下，推动中美各自发展，维护和平稳定的国际环境，包括有效应对气候变化、新冠肺炎疫情在内的全球性挑战，都需要健康稳定的中美关系。引领中美关系积极向前发展，共同推进人类和平与发展的崇高事业，是造福两国人民的需要，也是国际社会的期待。中美历史文化、社会制度、发展道路等差异，不应成为阻碍双方交流的鸿沟，更不应成为美国一些政客妄图打压和改变中国、逆转中美关系的借口，中美理应在求同存异基础上相互借鉴、彼此合作、共同进步。历史是公正的，中美关系只能搞好，不能搞砸，这是两国元首的重要共识。

不失速，就是要注入稳定动力。互利互惠、合作共赢是发展中美关系的动力之源。中美两国经济总量超世界三分之一，对世界经济增长贡献率超过50%，互利合作为两国经济，也为世界经济提供了持续的增长动力和发展机遇。当下，中美在经济、能源、两军、执法、教育、科技、网络、环保、地方等诸多领域存在广泛共同利益，应该互通有无、取长补短，不断做大中美合作的"蛋糕"。中美经济巨轮破浪前行，不仅惠及两国人民，也将产生巨大的雁阵效应，推动全球经济复苏。美方还应该看到，中美经贸关系本质是互利双赢，把中美经贸问题政治化、滥用和泛化国家安全概念打压中国企业，损害美中福祉，伤及全球利益。

避免相撞，就是要做好风险管控。中美合作是世界之福，对抗是世界之祸。以建设性方式管控分歧和敏感问题，防止中美关系脱轨失控，是中美关系重要优先事项之一。中美存在分歧很自然，关键是要建设性管控，避免扩大化、激烈化。美方应深刻理解，尊重彼此核心利益是发展中美关系的政治基础。台湾、涉港、涉藏、涉疆、涉海等问题事关中国主权和领土完整，事关中方核心利益和关切。中方在这些重大问题上没有妥协空间，不容任何外部势力干涉。中方捍卫自身主权、安全、发展利益的决心坚定不移，美方应尊重中方利益和关切，务必谨慎处理好与此有关的问题。

避免相撞，还需要防止误解误判。中国人民对美好生活的向往，是中国发展最大内生动力；中国人民历来爱好和平，主张和为贵；对外开放是中国的基本国策和鲜明标识；中国倡导和平、发展、公平、正义、民主、自由的全人类共同价值，反对搞意识形态划线、阵营分割、集团对抗……本次会晤，习近平主席对中国发展道路和战略意图作出客观清晰阐释，就民主、国际秩序、中美经贸、能源安全、气候变化、公共卫生安全等问题阐明了中方立场。中国的发展自带和平的基因，从来不是要挑战或取代谁。开诚布公地对话，目的正是增进双方对彼此意图的了解，管控分歧，稳定预期，防止误解误判。

2020年9月18日，《中国军队参加联合国维和行动30年》白皮书发布，以政府重要文件的形式向世界宣示：中国始终是世界和平的建设者、全球发展的贡献者、国际秩序的维护者，中国军队始终是维护世界和平的坚定力量。图为2020年10月1日，中国第三批赴苏丹达尔富尔维和直升机分队140名官兵被联合国和非洲联盟驻苏丹达尔富尔联合特派团（联非达团）授予"和平荣誉勋章"。

太平洋足够大，容得下百舸争流；地球足够大，容得下中美各自和共同发展。当前中美关系处在历史关口，两国元首都强调中美关系的重要性，都反对打"新冷战"，都认为中美不应该冲突对抗。此次中美元首视频会晤，有利于增进双方相互了解，增加国际社会对中美关系的正面预期，向中美两国和世界发出了强有力信号。下一步，美方应肩负起大国应有的历史担当与国际责任，与中方相向而行，以实际行动落实两国元首会晤精神，推动中美关系重回健康稳定发展的正确轨道，造福中美两国人民和世界各国人民。

二、新时期中美相处应坚持的三个原则

习近平主席在总结中美关系发展经验和教训时，提出新时期中美相处应该坚持三点原则：一是相互尊重。尊重彼此社会制度和发展道路，尊重对方核心利益和重大关切，尊重各自发展权利，平等相待，管控分歧，求同存异。二是和平共处。不冲突不对抗是双方必须坚守的底线，美方提出中美可"共存"，还可加上两个字，即和平共处。三是合作共赢。中美利益深度交融，合则两利、斗则俱伤。地球足够大，容得下中美各自和共同发展。要坚持互利互惠，不玩零和博弈，不搞你输我赢。

（一）相互尊重

相互尊重首先体现在国与国之间主权平等。《联合国宪章》贯穿主权平等原则，建设新型国际关系首先要坚持世界各国主权平等，不能以大欺小、以强凌弱、以富欺贫。习近平主席指出，主权原则不仅体现在各国主权和领土完整不容侵犯、内政不容干涉，还应该体现在各国自主选择社会制度和发展道路的权利应当得到维护，体现在各国推动经济社会发展、改善人民生活的实践应当受到尊重。

相互尊重还应做到坚持对话协商。习近平主席指出，世界的前途命运必须由各国共同掌握。协商是民主的重要形式，也应该成为现代国际治理的重要方法，要倡导以对话解争端、以协商化分歧。长期以来，国际格局都是以西方为主导，国际机制往往由少数西方国家说了算，广大发展中国家的诉求得不到倾听，利益遭到损害。要建设新型国际关系，必须改变这种少数国家支配全球事务的局面。

作为最大的发展中国家，中国在多年的外交实践中始终坚持和平共处五项原则，坚持多边主义，不搞单边主义，致力于在国际和区域层面建设全球伙伴关系。在全球问题上，中国秉持共商共建共享的全球治理观，致力于推动全球治理体系朝着更加公正合理方向发展。同时，积极倡导国际关系民主化，支持联合国发挥积极作用，支持扩大发展中国家的代表性和发言权。中国是这么说的，也是这么做的，因此得到广大发展中国家的支持和赞誉。只有坚持对话协商，国家间的发展差距才能够日渐缩小，世界的和平繁荣才有保障。

相互尊重是构建新型国际关系的逻辑起点，也是包括中美两国在内的世界各国开展交往与合作的前提。中美两国历史文化传统、社会制度、意识形态不同，经济发展水平各异，双方存在不同看法、在一些问题上存在分歧和摩擦在所难免，但不能因为有分歧、不一致就加以排斥、横加指责、颐指气使，甚至凭借自身实力干涉别国内政，这是典型的冷战思维和强权政治，不仅对中美两国关系没有任何帮助，还会威胁世界和平。只有尊重彼此社会制度和发展道路，尊重对方核心

利益和重大关切，尊重各自发展权利，平等相待，管控分歧，求同存异，才能推动中美关系良性发展。

（二）和平共处

和平与发展是人类的永恒期望，是世界各国的共同事业，也是当今时代的主题。和平犹如空气和阳光，受益而不觉，失之则难存。维护比金子还珍贵的和平，是每个国家都应该肩负起来的责任。没有和平，发展就无从谈起。发展是解决一切问题的总钥匙，是增进人类福祉的重要前提。没有发展，和平就失去了基础。在追求本国利益时兼顾他国合理关切，在谋求自身发展中着力促进各国共同发展，不断扩大共同利益汇合点，就能让发展成果惠及世界各国。

和平与发展是当今时代的主题，也是时代的命题。习近平主席强调，中国人民历来爱好和平，主张和为贵。中华民族血液中没有侵略他人、称王称霸的基因，中国的发展一直都是和平的发展。中国也无意满世界推销自己的道路，相反一直鼓励各国找到适合本国国情的发展之路，而美国等西方国家指责中国运用所谓"锐实力"对其进行文化和价值观渗透，不惜运用话语霸权对中国进行舆论遏制，是没有事实依据的。只有坚持不冲突不对抗，中美才可以"共存"、和平共处。

（三）合作共赢

合作是构建新型国际关系的必由之路。21世纪是合作的世纪。心胸有多宽，合作舞台就有多广。没有合作，不可能有互信；互信程度越深，合作空间越大。面对错综复杂的世界形势和全球性问题，任何国家都不可能独善其身。在各种挑战面前，单打独斗不行，迷信武力更不行，唯有合作才能维护世界和平，唯有合作才能促进共同发展。通过合作建立更加平等均衡的新型全球发展伙伴关系，从而增进人类共同利益。这就要求各国同舟共济、同心协力，在追求本国利益时兼顾他国合理关切，在谋求本国发展中促进各国共同发展，妥善应对各种问题和挑战，共同变压力为动力、化危机为生机。

共赢是构建新型国际关系的本质要求。共赢是中国提出的关于国家间关系的崭新理念，也是中国特色大国外交理论与实践的一次升华。在世界大发展大变革大调整的时代背景下，各国日益相互依存、命运与共，共赢的价值和意义也日益得到彰显。党的十九大报告指出，要建设持久和平、普遍安全、共同繁荣、开放包容、清洁美丽的世界。这就要求各国在政治、安全、经济、文化、生态等各方面加强合作，共赢理念正是支撑这种合作顺利开展并取得成效的思想保障。说到底，新型国际关系的实质就是要摒弃你输我赢、赢者通吃的零和博弈思维，倡导和谐共赢、同舟共济的命运共同体意识。构建人类命运共同体是建设新型国际关系的目标，而新型国际关系的建设需要在共赢理念的支撑和指导下才能进行。在相互尊重的前提下、在公平正义的保障下,中国将与各国携手,努力走出一条合作共赢的国与国交往新路。

习近平主席指出,中美利益深度交融,合则两利、斗则俱伤。全球化时代,国家间虽因利益差异而形成的竞争关系,但竞争并不代表双方就是"零和博弈",良性竞争与合作可以实现双赢、多赢、共赢。而此前美国打着"让美国再次伟大"的旗号,在经贸谈判中出尔反尔,肆意加征关税,对中国企业采取出口管制措施,甚至动用国家力量打压中方科技企业,这些一意孤行的举动既不符合世界发展大势,也是"杀敌一千,自损八百"的昏招。中美经贸关系要在商言商,不要把中美经贸问题政治化,要做大合作"蛋糕",坚持互利互惠,不玩零和博弈,不搞你输我赢。正如习近平主席所说,地球足够大,容得下中美各自和共同发展。

相关链接:

中美两国合则两利,斗则俱伤

三、把舵引航,引领中美巨轮共同前行

当前,中美关系正处在一个重要的历史关口,中美元首通话时机关键,传递出积极正面的重要信号,将推动中美关系尽快重回正轨。

一段时间以来,美国采取的对华政策致使中美关系遭遇严重困难。美方对华政策出现方向性错误并作出了重大战略误判,将中国视为威胁和对手,满世界围堵打压中国。美方个别政客声称对华"接触"政策已经终结,取而代之的则是激烈"竞争范式"。还有人渲染中国在"赌美国输",中国发展的目标就是要挑战和取代美国。其实,美国采取的对抗性对华政策违背时代潮流,也不符合中美两国人民根本利益和世界各国共同利益。常言道:"解铃还须系铃人。"中美关系能否改善、如何改善,现在"球"在美方一边。拜登总统表示,世界正在经历快速变化,美中关系是世界上最重要的双边关系,美中如何互动相处很大程度上将影响世界的未来。两国没有理由由于竞争而陷入冲突。这表明美方对中美关系的重要性有充分认识,而且表达了要避免冲突的意愿。对此,既要听其言,更要观其行。

中美合作可以办成很多大事。世界已迈进互联互通时代,中美关系的重要性不是下降了而是上升了。2021年是中美"乒乓外交"50周年,半个世纪以来双方携手合作,实现了从"破冰"到关系正常化的飞跃发展,其成就有目共睹,给两国人民和世界带来实实在在的好处。事实证明,中美合作,两国和世界都会受益。2001年"9·11"事件发生后,中美就反恐问题加强合作,有力地维护了国际安全;2008年国际金融危机爆发时,中美紧密合作,成功挽救了世界经济。中美在应对埃博拉疫情上也进行了良好合作。当前全球性问题和挑战层出不穷，如公共卫生危机、气候变化等。后疫情时期的世界需要修复，经济需要重建，其任务异常艰巨，中美合作至关重要。而任何单边主义、以邻为壑的做法都只能适得其反，蜷缩在意识形态的"茧房"里无异于自缚手脚，得不偿失。

中方对美政策具有连续性和稳定性。中国坚信双方的共同利益大于分歧，合则两利、斗则俱伤，推进互利合作才是唯一正确选择。2021年2月，习近平主席同拜登总统通电话时指出，两国应该共同努力、相向而行，秉持不冲突不对抗、相互尊重、合作共赢的精神，聚焦合作，管控分歧，推动中美关系健康稳定发展。中国坚定不移地走和平发展道路，不断发展的中国必将为世界提供更多的公共产品，为世界注入更大的稳定性。

尽管中美关系面临严峻挑战与考验，但也存在很多机遇。正如习近平主席所强调，中美应该展现大格局、肩负大担当，坚持向前看、往前走，拿出战略胆识和政治魄力，推动中美关系尽快回到稳定发展的正确轨道，更好造福两国人民和世界各国人民。

中美关系史上两国元首首次视频会晤，是中美关系和国际关系中的一件大事。两国元首都强调中美关系的重要性，都反对打"新冷战"，都认为中美不应该冲突对抗。百年变局与世纪疫情交织，世界站在历史的十字路口，中美关系也处在十字路口。关键时刻，两国元首为中美关系把舵引航，为今后一个时期中美关系发展指明了方向、注入了动力，是造福两国人民的需要，也符合国际社会的期待。

把握中美关系发展正确方向，既要端起历史望远镜回顾过去，也要登高望远、展望未来。2021年2月11日的两国元首除夕通话和9月10日两国元首再次通话时，习近平主席分别谈到"过去半个多世纪""1971年双边关系'破冰'以来"的历史。在此次视频会晤中，习近平主席强调，过去50年，国际关系中一个最重要的事件就是中美关系恢复和发展，造福了两国和世界。未来50年，国际关系中最重要的事情是中美必须找到正确的相处之道。历史是公正的，一个政治家的所作所为，无论是非功过，历史都要记上一笔。拜登总统表示赞同习近平主席所讲，历史是公正的，美中关系只能搞好，不能搞砸。两国领导人此次会晤显示，历史责任感，应是引领中美关系向前发展的重要基础。

把握中美关系发展正确方向，应该展现大格局、肩负大担当，坚持向前看、往前走，拿出战略胆识和政治魄力。习近平主席深刻总结中美关系发展经验和教训，强调新时期中美相处应该坚持相互尊重、和平共处、合作共赢三点原则。2021年以来，从安克雷奇、天津到苏黎世、罗马，中美多次互动。中方始终强调，相互尊重、平等相待是中美关系健康稳定发展的重要前提。中美和平共处，是包括中美两国在内的国际社会的共同利益所在。不冲突不对抗是双方必须坚守的底线。合作才能共赢，是两国利益深度交融这一客观现实的必然要求。地球足够大，容得下中美各自和共同发展。双方要坚持互利互惠，不玩零和博弈，不搞你输我赢。

推动中美关系重回健康稳定发展的正确轨道，必须聚焦行动，坚持相向而行。习近平主席指出的四个方面的优先事项，是中美两国既办好各自国内的事，又承担起应尽的国际责任所必须着眼的行动方向。双方在这些方面拿出政治决断、向前迈出步子，将给中美两国人民和世界各国人民带来实实在在的利益。

推动中美关系重回健康稳定发展的正确轨道，尊重对方核心利益和重大关切是管控分歧的应有之义。台湾问题始终是中美关系中最重要、最敏感的问题。当前，台海局势面临新一轮紧张，原因是台湾当局一再企图"倚美谋独"，而美方一些人有意搞"以台制华"。针对这种玩火行径，习近平主席明确指出，台湾问题的真正现状和一个中国的核心内容是：世界上只有一个中国，台湾是中国的一部分，中华人民共和国政府是代表中国的唯一合法政府。拜登总统重申，美国政府致力于奉行长期一贯的一个中国政策，不支持"台独"，希望台海地区保持和平稳定。美方应当将承诺落实到行动中，明确、坚定地反对任何"台独"行径，不再向"台独"势力发出错误信号。

这次坦率、建设性、实质性和富有成效的中美元首视频会晤，增进了双方相互了解，增加了国际社会对中美关系的正面预期，向中美两国和世界发出了强有力信号。下一步，美方应同中方一道，坚持相向而行，以实际行动落实两国元首会晤共识，保持对话沟通，加强互利合作，负责任地管控分歧，推动中美关系重回健康稳定发展的正确轨道，造福中美两国人民和世界各国人民。

拓展阅读

确保相互依存与新型中美关系的构建

自建交以来，中美两国打破了彼此之间长期隔离的状态，并从有限接触到全面相互依存，两国之间的利益攸关度不断提升。作为全球最重要的双边关系之一，中美关系的总体稳定，为世界和平发展和繁荣稳定提供了重要保障。但是，近年来两国关系的良性互动受到了干扰，甚至在一些领域呈现出对立态势。时值美国政府更替之际，两国关系再次来到重新定位的十字路口，对于未来中美关系的走向，中国国家主席习近平在致电祝贺拜登当选美国总统时指出："希望双方秉持不冲突不对抗、相互尊重、合作共赢的精神，聚焦合作，管控分歧，推动中美关系健康稳定向前发展，同各国和国际社会携手推进世界和平与发展的崇高事业。"中国的立场不仅符合两国人民的根本利益，而且反映了国际社会的共同期待，为构建新型中美关系指明了方向。面向未来，中美两国必须规避冷战期间美苏以确保相互摧毁为基础的恐怖平衡，通过确保相互依存不断夯实中美关系健康稳定发展的牢固基础。

一、相互依存与和平共处的理论逻辑

在过去半个多世纪经济全球化迅猛发展的阶段，世界保持了总体和平，主要大国间也未曾爆发大规模战争。尤其是冷战结束后，东西方两大阵营的军事对峙不复存在，取而代之的是全球大市场的加速形成，全球相互依存以前所未有的步伐向前推进。随着全球相互依存的"双刃剑"效应日益凸显，人们越来越不确定大国之间的高度相互依存是和平共处的稳定器还是引发矛盾冲突的助推器。关于相互依存与和平共处的关系问题，学界早在20世纪60年代就已开始较为系统的研究。库珀较早从国际经济相互依存的视角建立了国际关系中政治因素与经济因素之间的联系，并分析了经济相互依存对国内和外交政策的影响以及国内和外交政策对这些影响的回应，为系统的相互依存研究奠定了基础。随着研究的深入，学界逐步形成了两种截然不同的观点：一种认为国家之间的相互依存有助于双方和平共处；另一种认为国家之间的相互依存会增加双方发生冲突的可能性。

在国际关系的自由主义理论流派中，国家之间相互依存的基础是能给双方带来收益的较为紧密的贸易联系，而冲突带来的贸易中断必定会使双方"得自贸易的收益"遭受损失，这一观点拥有深厚的古典政治经济学基础。在亚当·斯密和李嘉图等英国古典政治经济学代表看来，一国繁荣发展源于市场规模的扩大，其政策含义在于推动自由贸易和参与国际分工。在日益紧密的贸易联系中，双方都可以获得福利改进。罗森克兰斯基于历史和20世纪80年代的相互依存研究指出，一种真正的相互依存关系已经出现，它极大地增加了和平的收益，通过国家间贸易实现和平发展已成为通往繁荣甚至是通往世界领导地位的主要道路。罗森克兰斯的设想是美国应从旧的军事力量竞争中重新定位，全力投入到世界经济贸易中去，从而避免核战争，确保繁荣。21世纪以来，信息技术的发展进一步降低了时间与空间对贸易的限制，并催生了新的贸易类型和贸易规则，世界因此变得更为扁平。各国经济交往范围的扩大不断夯实国家之间和平共处的经济基础。

但是，政治现实主义者对相互依存和平论提出了批评和质疑。他们认为，相比国家繁荣，国家的生存与安全才是优先目标。因此，政治考量优先于经济考量，生存与安全比经济繁荣更为重要，这也是国家愿意牺牲经济收益而进行贸易制裁、中断贸易往来的根本原因。即便是经济收益，也会由于相对收益和分配问题而使贸易双方发生摩擦和冲突。同时，由于相互依存的非对称性，依赖性较小的行为体常常将相互依存作为一种权力来源。新现实主义的代表沃尔兹更是直言不讳地指出，紧密的相互依存意味着交往的密切，从而增加了发生偶然冲突的机会；如果相互依存的各国之间的关系无法得到规范，必然会发生冲突，偶尔也将诉诸暴力；如果相互依存的发展速度超过中央控制的发展速度，相互依存便会加快战争的来临。一些实证研究甚至表明，相互依存和冲突之间的关系似乎是曲线型的，低度到中度的相互依存降低了发生对立争端的可能性，而广泛的经济相互依存非但没有抑制冲突，反而增加了国家间军事化争端的可能性；尤其是高度的相互依存，不论是对称的还是不对称的，都最有可能增加冲突。还有研究指出，由于存在相互依存的武器化，全球相互依存使国家之间的竞争更为残酷，并且有些领域国家之间的权力极端分化，后来的竞争者难以甚至是不可能实现赶超。因此，全球经济体系中的既得利益国与后发崛起国之间的矛盾不可调和，冲突难以避免。

尽管两种观点对相互依存的影响有不同的认识，但都未否认低政治领域对高政治领域的影响，都存在以下共同的逻辑：一是贸易对福利有促进作用。尽管经济收益不一定是国家的优先目标，但相互依存能够给双方带来经济收益，否则国家不会有对外加强经济交往的动机。二是较高的相互依存会增加发生冲突的成本。尽管一些国家可能不计成本挑起争端和冲突，但对理性国家而言，冲突导致的"脱钩"损失将不会被排除在冲突的成本与收益计算之外。三是相互依存是一种影响国家政策和国际关系的工具。尽管在经济等低政治领域的相互依存可能对国家在军事和安全等高政治领域的关系产生截然相反的影响，但低政治领域与高政治领域之间联系的日趋紧密赋予相互依存更大的能动性，为避免冲突或降低冲突的烈度提供了更大空间。因此，干扰中美和平共处的很多问题，并不是双方日益紧密的相互依存造成的，而需要从各领域相互依存的程度与结构中去寻找原因。

二、中美相互依存关系的现实挑战

2013年6月，习近平主席同时任美国总统奥巴马会晤时就构建中美新型大国关系达成共识。双方认为，面对经济全球化迅速发展和各国同舟共济的客观需求，中美应该可以走出一条不同于历史上大国冲突对抗的新路；双方同意，共同努力构建新型大国关系，相互尊重，合作共赢，造福两国人民和世界人民。然而，到特朗普政府时期，中美关系遭受建交以来最为严峻的挑战，清华大学国际关系研究院中外关系数据库数据显示，2020年10月中美关系分值为-8.2，为中美建交以来的最低点，也创下1951年7月开启朝鲜战争停战谈判以来的最低点。与朝鲜战争时期中美关系恶化不同的是，当前中美关系急剧降温是发生在两国高度相互依存的背景下。相互依存不仅没有保障两国关系的良性互动，还成为特朗普政府对华施压的借口，并带来两国关系剧烈的波动，这使人们对两国相互依存的积极意义产生了怀疑。

之所以出现当前中美关系的这种情势，根源并不在于两国相互依存"过度"，而是在于对相互依存的治理和管控不足，因此需要更加深入地理解经济全球化背景下的中美相互依存。在对经济全球化的理解中，要考虑器物、制度和观念三个基本维度。在器物层面上，随着分工的深化和市场的扩大，商品和服务以及资本、劳动和技术等生产要素的跨国流动的规模和速度加大加快；在制度层面上，原本具有"地方性"的规则在全球范围内越来越得到普遍的尊重或日益具有普遍适应性,同时世界的运转对非中性的国际规则高度敏感依赖;从观念层面看,借助于传媒革命,尤其是信息技术革命,不同人、不同族群、不同国家的价值观念和意识形态,在交流与碰撞中呈现出趋同与分化的趋势。因此,中美相互依存的现实挑战也大体包括器物、制度和观念三个层面。

在器物层面,中美经贸交往出现负面影响。自2017年起,美国政府先后对华输美产品启动"232调查"和"301调查",不断升级两国经贸摩擦,两国经贸往来受到严重干扰。特朗普和一些美国政客声称,美国在中美经贸交往中吃亏了,中国损害了美国企业和工人的利益。事实上,很多研究表明,无论过去还是现在,中美贸易总体上对美国就业和收入水平产生的是积极影响;美国的制造业、产业工人甚至普通消费者均从中美贸易中获得了收益。但是,美国国内不同部门、不同产业和领域、不同社会群体从中美经贸交往中所获取的收益分配是不平衡的,一些竞争力不足或下降的部门、产业和群体难免会受到冲击。这种伴随中美经贸关系发展而出现的负面效应在中国也是一样,但问题不在经贸交往本身,根源在国内政府治理能力与效率问题。同样,中美贸易摩擦给美国带来的损失也是不平衡的,这也是特朗普政府频繁调整对华贸易摩擦的范围、力度和节奏的原因,目的在于平衡美国国内不同利益集团的利益诉求。

在制度层面,规则对接凸显利益分歧。国际规则的普遍适用性提高是当今经济全球化的主要特征之一,并且国际规则日益成为经济全球化的重大甚至决定性的影响因素。关于经济全球化的驱动力,多边贸易体制和区域贸易安排一直是驱动经济全球化向前发展的两个车轮。作为全球最大的两个经济体,中美之间的经贸规则对接与融合符合时代发展潮流和各方利益。但是,长期以来,美国作为国际规则体系的主导者占有了更多非中性规则收益。在面临崛起的新兴大国和国际规则体系的新加入者时,美国仍极力维护国际规则的垄断权,维护现有国际规则体系中与自身实力、责任和义务越来越不相匹配的各种权力和权利。这导致中国提升国际制度话语权的合理诉求被认为是对美国利益的挑战,中国也被一些美国政客指责为世界贸易组织(WTO)等多边贸易规则的破坏者,后者声称要对华实行新的"规锁"战略。事实上,美国批准中国加入WTO和给予中国永久性正常贸易关系(Permanent Normal Trade Relations,PNTR)待遇,并非导致美国失业和其他相关问题的根本原因,反而为大多数美国人带来了实在的好处。同时,中国在遵守WTO规则、服从贸易争端仲裁方面的表现可圈可点,并不比美国和欧盟等其他WTO成员的表现差。

在观念层面,威胁认知损害相互信任。特朗普政府上台后,基于对中国威胁的错误认知,美国对华战略定位发生了重大调整。2017年12月,美国政府发布《国家安全战略报告》指出,"中国和俄罗斯对美国的权力、影响力和利益提出了挑战,这将侵蚀美国的安全和繁荣"。2018年1月,美国国防部发布《国防战略报告》,将中国定位为"战略竞争对手(strategic competitor)"和"修正主义国家(revisionist power)"。2020年5月,美国政府发布《美国对华战略方针》称,为了应对中国在经济、价值观和安全方面给美国带来的挑战,美国将通过"全政府方针(whole-of-government approach)"和回归"有原则的现实主义(principled realism)"保护美国利益并推进美国的影响力。在区域战略上,美国拉拢日、印、澳在印度洋—太平洋区域加紧推进"印太战略",旨在通过政治、外交、军事等综合手段维护和巩固美国霸权地位,并围堵中国战略空间和削弱中国国际影响力。美国还在台湾、涉港、涉疆、涉藏等问题上干涉中国内政,并挑战中国涉海主权和权益。美国的这些战略举措与行动,严重破坏了中美之间的相互信任,从而严重侵蚀两国关系良性互动的政治基础。

三、构建新型中美关系的时代要求

从历史来看,中美关系发展拥有坚实的政治基础。中美《上海公报》《建交公报》《八一七公报》确立了一个中国原则,确认了相互尊重、平等相待、求同存异的关系准则。在奥巴马政府时期,中美通过加强战略沟通,拓展务实合作,妥善管控分歧,推动构建中美新型大国关系不断取得新的突破,并增进了两国人民和世界人民共同利益。构建中美新型大国关系带给我们的根本启示是,"双方要坚持不冲突不对抗、相互尊重、合作共赢的原则,坚定不移推进中美新型大国关系建设"。如今,在百年未有之大变局的时代背景下,无论是中美关系发展的外部环境还是内部基础都在经历新的重大变化。面对中美关系的时代之变,唯有构建新型中美关系才能打破大国冲突对抗的传统规律、开创大国关系发展新模式。具体而言,新型中美关系要实现以下四个方面的超越。

一是超越确保相互摧毁的大国关系。冷战期间,美苏两大阵营的军事对抗并未导致双方大规模的军事冲突和全面战争,从而维持了两个超级大国的长期和平。但是,这是一种确保相互摧毁战略的核恐怖平衡,它使整个世界时刻处于战争边缘的不安之中。自从核武器诞生后,有核国家都在考虑"拥有多少核武器才能确保自身安全"的问题。20世纪60年代,美国时任国防部长麦克纳马拉提出了"确保摧毁"标准并指出,如果想制止对美国或其盟友的核攻击,美国必须拥有切实可靠的确保摧毁能力。由此,确保相互摧毁便成为美苏相互威慑战略的核心内容。除了美苏确保相互摧毁的核恐怖平衡,冷战期间美苏长期和平的政策和条件还包括意识形态的长期对立、尊重对方的势力范围、分化对手、忍受战略不透明、不完全但高度的经济隔绝等。毫无疑问,这些建立在确保相互摧毁基础上的各种政策都与当今时代环境格格不入,也无法带来真正的世界和平。

二是超越冷战思维的大国关系。冷战思维主要指在冷战期间美苏两个超级大国处理国家间关系和解决国际争端的一种思维模式,其本质是一味追求自身狭隘利益的霸权思维和强权逻辑。过去百余年来，国际秩序演变的主要线索是美国霸权的形成和扩张。第二次世界大战后期，美国利用其相对实力优势，开始谋求为其主导地位提供机制保障，推动建立了维护和拓展其霸权利益的国际贸易规则和多边国际机构。同时，美国积极实施联盟战略，倾力打造为其霸权服务的美西方联盟体系，推动实现"美国统治下的和平"。2008年金融危机爆发后，美国经济受到巨大冲击，政府债务水平急遽攀升，霸权体系的庞大支出难以为继。尽管如此，特朗普政府仍大力推行"美国优先"的外交政策，不仅要求贸易伙伴调节贸易顺差，实现所谓"公平贸易"，还威胁退出多边制度体系，企图以遏制和讹诈的方式维持其霸权地位。事实证明，在世界各国命运休戚与共的当今时代，美国崇尚对抗和强权的冷战思维不仅遭到世界人民的反对，也得不到美国国内民众的支持。在2020年美国总统选举中，美国选民用选票对特朗普政府的政策给出了自己的评价。

三是超越零和博弈的大国关系。不可否认，任何国家尤其是大国之间，必定会存在利益的分歧甚至是冲突，但这并不意味着国家之间的交往是零和的。相反，只要围绕利益分歧和冲突展开谈判，所有各方能够实现非零和的收益。根据谢林的研究，谈判都是非零和的。这是因为，任何基于冲突的谈判如果失败，则双方都会受损；任何通过谈判达到的协议对双方来说都会比没有达成任何共识要好。由此可见，不管多么严重的冲突，都内在地包含促使冲突双方进行合作的共同基础，也即是双方都试图避免因谈判失败而受损，同时希望实现双赢。这为国家超越零和博弈、和平解决争端提供了理论依据。在过去40多年的双边交往中，中美两国合作领域日益拓展，合作基础日益牢固，共同利益日益广泛，并且在很多方面已形成"你中有我，我中有你"的利益交融格局。中美关系发展的历史和现实都表明，两国合则两利、斗则俱伤。

四是超越社会制度差异的大国关系。在历史发展进程中，中美各自选择了不同的制度和发展道路，这是中美关系正常化以来两国关系稳定发展的重要背景和前提。中国始终坚持中国共产党领导，坚定不移走中国特色社会主义道路，也正因如此，中国取得了举世瞩目的发展成就，为世界和平与发展作出了巨大贡献。但是，面对中国的快速发展，一些美国政客鼓吹"中国威胁"，将国内不断累积的各种问题与矛盾归咎于自身制度面临的外部挑战，甚至声称对华接触政策未能实现改变中国的目标而全面失败，渲染双方意识形态对立和制度之争。这些言论与主张不仅无助于解决美国当前面临的各种问题与矛盾，还会损伤自身的制度自信。作为人类制度文明建设的重要成果，中美社会制度各有特色，也都存在进一步发展的空间。中美完全可以相互尊重、相互借鉴，实现两种制度和平共处、共同发展。针对当前中美关系中出现的波折，两国要重开对话、重启合作、重建互信，只要双方秉持客观理性态度，不断增进彼此了解和利益交融，就一定能够找到一条不同社会制度、不同文化背景国家的和平共处之道。

在新的历史时代，构建新型中美关系是历史发展的必然趋势，也是世界各国的民心所望。当前中美关系中出现的波折需要更加全面、紧密和平衡地确保相互依存，共同克服相互依存的武器化倾向，不断夯实两国关系健康稳定向前发展的牢固基础，从而推动构建以协调、合作、稳定为基调的新型中美关系。

（资料来源：《国际问题研究》2021年第1期，略改动）

阅读推荐

1. 李林杰、黄云松：《美方应采取切实行动维护好中美关系的"护栏"》，中国社会科学网，http://www.cssn.cn/gjgxx/gj_bwsf/202111/t20211124_5376571.shtml.
2. 杨雪：《国外学者热评中美关系新进展》，《中国社会科学报》2021年12月6日A03版。
3. 张宇燕、徐秀军：《确保相互依存与新型中美关系的构建》，《国际问题研究》2021年第1期。

 思考题

1. 中美元首视频会晤有什么意义？
2. 习近平主席提出的新时期中美相处三点原则对中美关系的发展有什么重要作用？
3. 中美关系的发展历程对我们个人有什么启示？谈谈你的看法。

专题八

关注全球气候治理，构建人与自然生命共同体

　　2021年，气候危机一再引起关注。极端天气之下，无论是大洋一隅的迷你岛国，还是地域广袤的发达强国，都未能幸免。面对气候变化的严峻挑战，人类命运与共。中国作为世界上最大的发展中国家，高度重视应对气候变化。中国克服自身经济、社会等方面困难，实施一系列应对气候变化战略、措施和行动，参与全球气候治理，应对气候变化取得了积极成效。

2021年，气候变化导致全球多地极端天气频发。极端天气事件频率和强度的增加与暴力冲突、经济衰退、疫情冲击演变形成"复合效应"，对世界社会、经济产生重大影响。国际格局正加速演变，全球气候治理的未来备受关注。

一、全球性危机：气候变化

自然孕育了人类，人类生存发展离不开自然。进入工业文明时代以来，人类在创造巨大物质财富的同时，也加速了对自然资源的取用，人与自然深层次矛盾日益凸显。近年来，气候变化、生物多样性丧失、极端天气气候事件频发、海洋酸化等给人类生存和发展带来了严峻挑战。联合国环境规划署将气候变化、生物多样性丧失、环境污染列为地球当前面临的三个全球性危机。

人与自然的关系，在现实中突出表现为经济发展和生态环境保护的关系。在追求经济增长过程中，人类不能只讲索取不讲投入、只讲发展不讲保护、只讲利用不讲修复，而要在发展中保护、在保护中发展，做到发展和保护的辩证统一。保护自然就是保护人类。

（一）全球应对气候变化面临严峻挑战

工业革命以来的人类活动，特别是发达国家大量消费化石能源所产生的二氧化碳累积排放，导致大气中温室气体浓度显著增加，加剧了以变暖为主要特征的全球气候变化。世界气象组织发布的《2020年全球气候状况》报告表明，2020年全球平均温度较工业化前水平高出约1.2℃，2011年至2020年是有记录以来最暖的10年。2021年政府间气候变化专门委员会发布的第六次评估报告第一工作组报告表明，人类活动已造成气候系统发生了前所未有的变化。1970年以来的50年是近两千年以来最暖的50年。预计到本世纪中期，气候系统的变暖仍将持续。

2021年10月31日至11月13日，第26届联合国气候变化大会于英国格拉斯哥举行。开幕当天，世界气象组织发布关于"2021年全球气候状况"的临时报告。该报告包含了截至2021年9月底的气候信息与数据，涉及多项关键气候指标，包括温度、极端天气、海洋温度和酸化程度、海平面上升程度、海冰和冰川状况等。报告特别强调了气候变化对粮食安全、难民以及生态系统等社会经济问题的影响。

世界气象组织声称，"创纪录的"大气温室气体浓度和热量积累已经将地球"推向未知的领域"，并将对今世和后代"产生深远的影响"。据报告统计数据显示，2021年全球平均气温（基于1月至9月的数据）较1850年至1900年高出约1.09℃。该报告称，2020年全球温室气体浓度已达到新高，二氧化碳、甲烷和氧化亚氮的浓度分别为工业化前水平的149%、262%和123%，而这种增长在2021

年仍在继续。

由于全球气候变暖，海洋正面临严峻的升温问题，2020年，海洋上层2000米深度水域温度已经"达到新的纪录"，预计在未来将继续变暖。同时，由于"每年吸收约23%人类排放的二氧化碳"，海洋正因温室气体浓度的升高而不断酸化。数据显示，过去40年内，海洋表面的pH值在全球范围内下降，目前已经达到至少26000年以来的最低值，而海洋的酸化也导致其吸收二氧化碳的能力下降，使大气温室气体浓度的问题进一步恶化。

在全球气候变暖的形势下，2021年7月上半月，整个北极地区海冰范围已经达到历史最低点；冰川和冰盖的损失也不容乐观，北美冰川的质量损失在2015年至2019年间几乎比21世纪初"翻了一番"。在陆地冰融化和全球海洋变暖、海水热膨胀的共同作用下，2013年至2021年海平面平均每年上升4.4毫米，速度是1993年至2002年的两倍。

相关链接：
研究显示北极变暖加速格陵兰冰盖消融

气候形势的恶化导致全球多地极端天气频发。根据统计，2021年6月至7月，北美西部和地中海地区多地出现超过40℃高温，部分地区最高气温超过50℃。极端高温在美国加州、土耳其和希腊等地引发了重大野火。同时，极端降雨也袭击了中国、西欧部分国家、南美洲北部和东非的部分地区，引发洪涝灾害，造成重大人员伤亡和财产损失；而在南美洲的巴西、巴拉圭、阿根廷等国则面临严重的干旱。

极端天气事件频率和强度的上升与暴力冲突、经济衰退和疫情冲击形成"危险的复合效应"，破坏了几十年来全球在改善粮食安全方面取得的进展。根据统计，2020年全球营养不良人数达到峰值（7.68亿人）后，全球饥饿人数预期将在2021年有所下降，然而截至2021年10月，许多国家该数字已超过2020年水平，其中"已经遭受粮食危机或更糟糕状况"的群体人数在2020年至2021年9月从1.35亿人增加到1.61亿人。干旱、洪水和其他极端天气事件正在打击那些最没有能力恢复和适应的人，如阿富汗、中美洲等地的居民。

对此，联合国秘书长古特雷斯在一份视频声明中表示，"2021年全球气候状况"的临时报告以科学的数据向我们展示了地球是如何在我们眼前发生变化的，"《联合国气候变化框架公约》第26次缔约方大会必须成为人类和地球的转折点，科学家们对这一事实很清楚。现在领导人需要在他们的行动中同样明确"。古特雷斯强调，"我们现在必须团结起来采取行动，以保护未来并拯救人类"。

全球变暖正在影响地球上每一个地区，其中许多变化不可逆转，温度升高、海平面上升、极端气候事件频发给人类生存和发展带来严峻挑战，对全球粮食、水、生态、能源、基础设施以及民众生命财产安全构成长期重大威胁，应对气候变化刻不容缓。

（二）《联合国气候变化框架公约》第26次缔约方大会

1979年，在第一次世界气候大会上，气候变化首次作为一个引起国际社会关注的问题被提上议事日程。对全球气候逐步深入的认识和大气中二氧化碳浓度不断增加的事实使得联合国环境规划署和世界气象组织于1988年建立了政府间气候变化小组（IPCC）。

1990年IPCC发表了第一份气候变化评估报告。这份报告提供了气候变化的科学依据。以IPCC的这份报告为基础，联合国大会于1990年建立了政府间谈判委员会，开始进行气候变化框架公约的谈判。

1992年联合国环境与发展大会（即里约地球峰会）上，154个国家签署了《联合国气候变化框架公约》（UNFCCC，以下简称《公约》）。《公约》的目标是将大气中温室气体浓度稳定在一定水平，防止人为活动对气候系统造成危险的干扰。《公约》呼吁缔约方在一定的时间内达到这一目标以使生态系统可以自然适应气候变化，确保粮食生产不受威胁，并促使经济以可持续的方式发展。《公约》还确定国际合作应对气候变化的基本原则，即"共同但有区别的责任"原则、公平原则、各自能力原则和可持续发展原则。截至2021年11月2日，该条约缔约方已达到197个。

自《公约》1994年生效以来，联合国气候变化大会从1995年起每年举行，就《公约》延伸问题展开谈判，以确立具有法律约束力的温室气体排放限制目标，并确定执行机制。

在长达20多年的国际气候谈判进程中，随着《京都议定书》"巴厘路线图"《哥本哈根协定》《巴黎协定》等国际性公约和文件陆续出台，全球应对气候变化不断取得新进展。

2015年，在第21届联合国气候变化大会上达成的《巴黎协定》成为《公约》下继《京都议定书》之后第二份有法律约束力的气候协定，为2020年后全球应对气候变化行动作出安排。该协定提出，各方将加强对气候变化威胁的全球应对，将全球平均气温较工业化前水平的升高控制在2℃之内，并为把升温控制在1.5℃之内而努力。根据协定，各方将以"自主贡献"的方式参与全球应对气候变化行动。发达国家将继续在减排问题上起带头作用，并加强对发展中国家的资金、技术和能力建设支持，帮助后者减缓和适应气候变化。从2023年开始，每5年将对全球应对气候变化行动的总体进展进行一次盘点，以帮助各国提高力度、加强国际合作，实现全球应对气候变化的长期目标。

尽快完成《巴黎协定》实施细则谈判是全面有效实施该协定的基础和前提，也是维护国际社会对多边机制信任的重要标志。然而，在随后几届联合国气候变化大会上，各缔约方未能就《巴黎协定》实施细则的核心遗留问题完成谈判，尤其对第六条实施细则存在严重分歧。

2021年10月31日，《联合国气候变化框架公约》缔约方大会第26次会议（也被称为第26届联合国气候变化大会，以下简称COP26）在英国格拉斯哥开幕。2021年本应举行第27届会议，然而受新冠肺炎疫情影响，原计划于2020年举行的第26届联合国气候变化大会推迟一年。COP26是《巴黎协定》进入实施阶段后召开的首次缔约方会议。在约两周时间内，各缔约方共同努力弥合分歧、扩大共识，最终达成《巴黎协定》实施细则，为落实《巴黎协定》奠定了良好基础。大会还通过了《关于森林和土地利用的格拉斯哥领导人宣言》等多个文件。

2021年10月31日，《联合国气候变化框架公约》第26次缔约方大会在英国格拉斯哥举行。图为开幕式现场。

此外，各方同意将长期资金的议程延续至2027年，发达国家在2025年前将继续承担现有义务，并在2024年完成2025年后新的资金量化目标安排；大会决定建立并立刻启动"格拉斯哥-沙姆沙伊赫全球适应目标两年工作计划"，以落实《巴黎协定》关于全球适应目标的要求，并增进各方关于全球适应目标的理解。

虽然本次大会在适应、资金支持等议题方面取得一定进展，但发展中国家的一些核心关切并未得到很好的回应。早在2009年哥本哈根气候变化大会上，发达国家就集体承诺，在2020年前每年提供至少1000亿美元，帮助发展中国家应对气候变化。然而12年过去了，发达国家从未能真正兑现这一承诺。不少发展中国家在大会期间对此表达了失望，有关资金落实的谈判还有很长的路要走。在适应方面，发达国家对全球适应目标态度持续消极，仍然反对为其设立正式谈判议题。

作为负责任大国，中国高度重视应对气候变化，为推动全球气候治理发挥了重要作用，也为本次大会贡献了中国智慧和中国方案。

大会开幕前，中方发布了《关于完整准确全面贯彻新发展理念做好碳达峰碳中和工作的意见》和《2030年前碳达峰行动方案》，此后还将陆续发布能源、工业、建筑、交通等重点领域和煤炭、电力、钢铁、水泥等重点行业的实施方案，出台科技、碳汇、财税、金融等保障措施，形成碳达峰、碳中和"1+N"政策体系，明确时间表、路线图、施工图。

在大会开幕后，2021年11月1日，习近平主席向《联合国气候变化框架公约》第26次缔约方大会世界领导人峰会发表书面致辞。习近平指出，当前，气候变化不利影响日益显现，全球行动紧迫性持续上升。如何应对气候变化、推动世界经济复苏，是我们面临的时代课题。习近平提出三点建议：第一，维护多边共识。应对气候变化等全球性挑战，多边主义是良方。《联合国气候变化框架公约》及其《巴黎协定》，是国际社会合作应对气候变化的基本法律遵循。各方应该在已有共识基础上，增强互信，加强合作，确保格拉斯哥大会取得成功。第二，聚焦务实行动。通过行动，愿景才能变为现实。各方应该重信守诺，制定切实可行的目标和愿景，并根据国情尽己所能，推动应对气候变化举措落地实施。发达国家不仅自己要做得更多，还要为发展中国家做得更好提供支持。第三，加速绿色转型。要以科技创新为驱动，推进能源资源、产业结构、消费结构转型升级，推动经济社会绿色发展，探索发展和保护相协同的新路径。这三点建议，赢得国际社会广泛赞誉。

二、中国应对气候变化的政策与行动

2021年10月27日，为介绍中国应对气候变化进展，分享中国应对气候变化实践和经验，增进国际社会了解，国务院新闻办公室发表《中国应对气候变化的政策与行动》白皮书。作为世界上最大的发展中国家，中国积极应对气候变化国家战略，应对气候变化发生历史性变化。

党的十八大以来，在习近平生态文明思想指引下，中国贯彻新发展理念，将应对气候变化摆在国家治理更加突出的位置，不断提高碳排放强度削减幅度，不断强化自主贡献目标，以最大努力提高应对气候变化力度，推动经济社会发展全面绿色转型，建设人与自然和谐共生的现代化。2020年9月22日，习近平主席在第75届联合国大会一般性辩论上郑重宣示：中国将提高国家自主贡献力度，采取更加有力的政策和措施，二氧化碳排放力争于2030年前达到峰值，努力争取2060年前实现碳中和。中国正在为实现这一目标而付诸行动。

作为负责任的国家，中国积极推动共建公平合理、合作共赢的全球气候治理体系，为应对气候变化贡献中国智慧中国力量。面对气候变化严峻挑战，中国愿与国际社会共同努力、并肩前行，助力《巴黎协定》行稳致远，为全球应对气候变化作出更大贡献。

（一）中国应对气候变化新理念

中国把应对气候变化作为推进生态文明建设、实现高质量发展的重要抓手，基于中国实现可持续发展的内在要求和推动构建人类命运共同体的责任担当，形成应对气候变化新理念。

关注全球气候治理，构建人与自然生命共同体

牢固树立共同体意识。中国坚持共建人类命运共同体。地球是人类唯一赖以生存的家园，面对全球气候挑战，人类是一荣俱荣、一损俱损的命运共同体，没有哪个国家能独善其身。世界各国应该加强团结、推进合作，携手共建人类命运共同体。这是各国人民的共同期待，也是中国为人类发展提供的新方案。中国坚持共建人与自然生命共同体。中华文明历来崇尚天人合一、道法自然。但人类进入工业文明时代以来，在创造巨大物质财富的同时，人与自然深层次矛盾日益凸显，当前的新冠肺炎疫情更是触发了对人与自然关系的深刻反思。大自然孕育抚养了人类，人类应该以自然为根，尊重自然、顺应自然、保护自然。中国站在对人类文明负责的高度，积极应对气候变化，构建人与自然生命共同体，推动形成人与自然和谐共生新格局。

贯彻新发展理念。理念是行动的先导。立足新发展阶段，中国秉持创新、协调、绿色、开放、共享的新发展理念，加快构建新发展格局。在新发展理念中，绿色发展是永续发展的必要条件和人民对美好生活追求的重要体现，也是应对气候变化问题的重要遵循。绿水青山就是金山银山，保护生态环境就是保护生产力，改善生态环境就是发展生产力。应对气候变化代表了全球绿色低碳转型的大方向。中国摒弃损害甚至破坏生态环境的发展模式，顺应当代科技革命和产业变革趋势，抓住绿色转型带来的巨大发展机遇，以创新为驱动，大力推进经济、能源、产业结构转型升级，推动实现绿色复苏发展，让良好生态环境成为经济社会可持续发展的支撑。

以人民为中心。气候变化给各国经济社会发展和人民生命财产安全带来严重威胁，应对气候变化关系最广大人民的根本利益。减缓与适应气候变化不仅是增强人民群众生态环境获得感的迫切需要，而且可以为人民提供更高质量、更有效率、更加公平、更可持续、更为安全的发展空间。中国坚持人民至上、生命至上，呵护每个人的生命、价值、尊严，充分考虑人民对美好生活的向往、对优良环境的期待、对子孙后代的责任，探索应对气候变化和发展经济、创造就业、消除贫困、保护环境的协同增效，在发展中保障和改善民生，在绿色转型过程中努力实现社会公平正义，增加人民获得感、幸福感、安全感。

大力推进碳达峰碳中和。实现碳达峰、碳中和是中国深思熟虑作出的重大战略决策，是着力解决资源环境约束突出问题、实现中华民族永续发展的必然选择，是构建人类命运共同体的庄严承诺。中国将碳达峰、碳中和纳入经济社会发展全局，坚持系统观念，统筹发展和减排、整体和局部、短期和中长期的关系，以经济社会发展全面绿色转型为引领，以能源绿色低碳发展为关键，加快形成节约资源和保护环境的产业结构、生产方式、生活方式、空间格局，坚定不移走生态优先、绿色低碳的高质量发展道路。

减污降碳协同增效。二氧化碳和常规污染物的排放具有同源性，大部分来自化石能源的燃烧和利用。控制化石能源利用和碳排放对经济结构、能源结构、交通运输结构和生产生活方式都将产生深远的影响，有利于倒逼和推动经济结构绿色转型，助推高质量发展；有利于减缓气候变化带来的不利影响，减少对人民生命财产和经济社会造成的损失；有利于推动污染源头治理，实现降碳与污染物减排、改善生态环境质量协同增效；有利于促进生物多样性保护，提升生态系统服务功能。中国把握污染防治和气候治理的整体性，以结构调整、布局优化为重点，以政策协同、机制创新为手段，推动减污降碳协同增效一体谋划、一体部署、一体推进、一体考核，协同推进环境效益、气候效益、经济效益多赢，走出一条符合国情的温室气体减排道路。

（二）实施积极应对气候变化国家战略

中国是拥有14亿多人口的最大发展中国家，面临着发展经济、改善民生、污染治理、生态保护等一系列艰巨任务。尽管如此，为实现应对气候变化目标，中国迎难而上，积极制定和实施了一系列应对气候变化的战略、法规、政策、标准与行动，推动中国应对气候变化实践不断取得新进步。

不断提高应对气候变化力度。中国确定的国家自主贡献新目标不是轻而易举就能实现的。中国要用30年左右的时间由碳达峰实现碳中和，完成全球最高碳排放强度降幅，需要付出艰苦努力。中国言行一致，采取积极有效措施，落实好碳达峰、碳中和战略部署。中国加强应对气候变化统筹协调，将应对气候变化纳入国民经济社会发展规划，建立应对气候变化目标分解落实机制，不断强化自主贡献目标，加快构建碳达峰碳中和"1+N"政策体系。

坚定走绿色低碳发展道路。中国一直本着负责任的态度积极应对气候变化，将应对气候变化作为实现发展方式转变的重大机遇，积极探索符合中国国情的绿色低碳发展道路，包括实施减污降碳协同治理，加快形成绿色发展的空间格局，大力发展绿色低碳产业，坚决遏制高耗能高排放项目盲目发展，优化调整能源结构，强化能源节约与能效提升，推动自然资源节约集约利用，积极探索低碳发展新模式。

加大温室气体排放控制力度。中国将应对气候变化全面融入国家经济社会发展的总战略，采取积极措施，有效控制重点工业行业温室气体排放，推动城乡建设和建筑领域绿色低碳发展，构建绿色低碳交通体系，推动非二氧化碳温室气体减排，统筹推进山水林田湖草沙系统治理，严格落实相关举措，持续提升生态碳汇能力。

充分发挥市场机制作用。碳市场为处理好经济发展与碳减排关系提供了有效途径。全国碳排放权交易市场是利用市场机制控制和减少温室气体排放、推动绿色低碳发展的重大制度创新，也是落实中国二氧化碳排放达峰目标与碳中和愿景的重要政策工具。中国开展碳排放权交易试点工作，持续推进全国碳市场制度体系建设，启动全国碳市场上线交易，建立温室气体自愿减排交易机制。

相关链接：

碳排放权交易来了，全国统一碳排放权交易市场今天正式启动

增强适应气候变化能力。广大发展中国家由于生态环境、产业结构和社会经济发展水平等方面的原因，适应气候变化的能力普遍较弱，比发达国家更易受到气候变化的不利影响。中国是全球气候变化的敏感区和影响显著区，中国把主动适应气候变化作为实施积极应对气候变化国家战略的重要内容，推进和实施适应气候变化重大战略，开展重点区域、重点领域适应气候变化行动，强化监测预警和防灾减灾能力，努力提高适应气候变化能力和水平。

持续提升应对气候变化支撑水平。中国高度重视应对气候变化支撑保障能力建设，不断完善温室气体排放统计核算体系，发挥绿色金融重要作用，提升科技创新支撑能力，积极推动应对气候变化技术转移转化。

（三）中国应对气候变化发生历史性变化

中国坚持创新、协调、绿色、开放、共享的新发展理念，立足国内、胸怀世界，以中国智慧和中国方案推动经济社会绿色低碳转型发展不断取得新成效，以大国担当为全球应对气候变化作出积极贡献。

1. 经济发展与减污降碳协同效应凸显

中国坚定不移走绿色、低碳、可持续发展道路，致力于将绿色发展理念融汇到经济建设的各方面和全过程，绿色已成为经济高质量发展的亮丽底色，在经济社会持续健康发展的同时，碳排放强度显著下降。2020年中国碳排放强度比2015年下降18.8%，超额完成"十三五"约束性目标，比2005年下降48.4%，超额完成了中国向国际社会承诺的到2020年下降40%～45%的目标，累计少排放二氧化碳约58亿吨，基本扭转了二氧化碳排放快速增长的局面。与此同时，中国经济实现跨越式发展，2020年GDP比2005年增长超4倍，取得了近1亿农村贫困人口脱贫的巨大胜利，完成了消除绝对贫困的艰巨任务。中国生态环境保护工作也取得历史性成就，环境"颜值"普遍提升，美丽中国建设迈出坚实步伐。"十三五"规划纲要确定的生态环境约束性指标均圆满超额完成。其中，全国地级及以上城市优良天数比率为87%（目标84.5%）；$PM_{2.5}$未达标地级及以上城市平均浓度相比2015年下降28.8%（目标18%）；全国地表水优良水质断面比例提高到83.4%（目标70%）；劣Ⅴ类水体比例下降到0.6%（目标5%）；二氧化硫、氮氧化物、化学需氧量、氨氮排放量和单位GDP二氧化碳排放指标，均在2019年提前完成"十三五"目标基础上继续保持下降。污染防治攻坚战阶段性目标任务高质量完成。蓝天、碧水、净土保卫战，七大标志性战役取得决定性成效。重污染天数明显减少。

2. 能源生产和消费革命取得显著成效

中国坚定不移实施能源安全新战略，能源生产和利用方式发生重大变革，能源发展取得历史性成就，为服务高质量发展、打赢脱贫攻坚战和全面建成小康社会提供重要支撑，为应对气候变化、建设清洁美丽世界作出积极贡献。

非化石能源快速发展。中国把非化石能源放在能源发展优先位置，大力开发利用非化石能源，推进能源绿色低碳转型。初步核算，2020年，中国非化石能源占能源消费总量比重提高到15.9%，比2005年大幅提升了8.5个百分点；中国非化石能源发电装机总规模达到9.8亿千瓦，占总装机的比重达到44.7%，其中，风电、光伏、水电、生物质发电、核电装机容量分别达到2.8亿千瓦、2.5亿千瓦、3.7亿千瓦、2952万千瓦、4989万千瓦，光伏和风电装机容量较2005年分别增加了3000多倍和200多倍。非化石能源发电量达到2.6万亿千瓦时，占全社会用电量的比重达到三分之一以上。

能耗强度显著降低。中国是全球能耗强度降低最快的国家之一，初步核算，2011年至2020年中国能耗强度累计下降28.7%。"十三五"期间，中国以年均2.8%的能源消费量增长支撑了年均5.7%的经济增长，节约能源占同时期全球节能量的一半左右。中国煤电机组供电煤耗持续保持世界先进水平，截至2020年底，中国达到超低排放水平的煤电机组约9.5亿千瓦，节能改造规模超过8亿千瓦，火电厂平均供电煤耗降至305.8克标煤/千瓦时，较2010年下降超过27克标煤/千瓦时。据测算，供电能耗降低使2020年火电行业相比2010年减少二氧化碳排放3.7亿吨。2016年至2020年，中国发布强制性能耗限额标准16项，实现年节能量7700万吨标准煤，相当于减排二氧化碳1.48亿吨；发布强制性产品设备能效标准26项，实现年节电量490亿千瓦时。

能源消费结构向清洁低碳加速转化。为应对化石能源燃烧所带来的环境污染和气候变化问题，中国严控煤炭消费，煤炭消费占比持续明显下降。2020年中国能源消费总量控制在50亿吨标准煤以内，煤炭占能源消费总量比重由2005年的72.4%下降至2020年的56.8%。中国超额完成"十三五"煤炭去产能、淘汰煤电落后产能目标任务，累计淘汰煤电落后产能4500万千瓦以上。截至2020年底，中国北方地区冬季清洁取暖率已提升到60%以上，京津冀及周边地区、汾渭平原累计完成散煤替代2500万户左右，削减散煤约5000万吨，据测算，相当于少排放二氧化碳约9200万吨。

能源发展有力支持脱贫攻坚。中国实施能源扶贫工程，通过合理开发利用贫困地区能源资源，有效提升了贫困地区自身"造血"能力，为贫困地区经济发展增添新动能。中国累计建成超过 2600 万千瓦光伏扶贫电站，成千上万座"阳光银行"遍布贫困农村地区，惠及约 6 万个贫困村、415 万贫困户，形成了光伏与农业融合发展的创新模式，助力打赢脱贫攻坚战。

3. 产业低碳化为绿色发展提供新动能

中国坚持把生态优先、绿色发展的要求落实到产业升级之中，持续推动产业绿色低碳化和绿色低碳产业化，努力走出了一条产业发展和环境保护双赢的生态文明发展新路。

产业结构进一步优化。应对气候变化为中国产业绿色低碳发展赋予新使命，带来新机遇。2020 年中国第三产业增加值占 GDP 比重达到 54.5%，比 2015 年提高 3.7 个百分点，高于第二产业 16.7 个百分点。节能环保等战略性新兴产业快速壮大并逐步成为支柱产业，高技术制造业增加值占规模以上工业增加值比重为 15.1%。"十三五"期间，中国高耗能项目产能扩张得到有效控制，石化、化工、钢铁等重点行业转型升级加速，提前两年完成"十三五"化解钢铁过剩产能 1.5 亿吨上限目标任务，全面取缔"地条钢"产能 1 亿多吨。据测算，截至 2020 年，中国单位工业增加值二氧化碳排放量比 2015 年下降约 22%。2020 年主要资源产出率比 2015 年提高约 26%，废钢、废纸累计利用量分别达到约 2.6 亿吨、5490 万吨，再生有色金属产量达到 1450 万吨。

新能源产业蓬勃发展。随着新一轮科技革命和产业变革孕育兴起，新能源汽车产业正进入加速发展的新阶段。中国新能源汽车生产和销售规模连续 6 年位居全球第一，截至 2021 年 6 月，新能源汽车保有量已达 603 万辆。中国风电、光伏发电设备制造形成了全球最完整的产业链，技术水平和制造规模居世界前列，新型储能产业链日趋完善，技术路线多元化发展，为全球能源清洁低碳转型提供了重要保障。截至 2020 年底，中国多晶硅、光伏电池、光伏组件等产品产量占全球总产量份额均位居全球第一，连续 8 年成为全球最大新增光伏市场；光伏产品出口到 200 多个国家及地区，降低了全球清洁能源使用成本；新型储能装机规模约 330 万千瓦，位居全球第一。

绿色节能建筑跨越式增长。以绿色发展理念为牵引，中国全面深入推进绿色建筑和建筑节能，充分释放建筑领域巨大的碳减排潜力。截至 2020 年底，城镇新建绿色建筑占当年新建建筑比例高达 77%，累计建成绿色建筑面积超过 66 亿平方米。累计建成节能建筑面积超过 238 亿平方米，节能建筑占城镇民用建筑面积比例超过 63%。"十三五"期间，城镇新建建筑节能标准进一步提高，完成既有居住建筑节能改造面积 5.14 亿平方米，公共建筑节能改造面积 1.85 亿平方米。可再生能源替代民用建筑常规能源消耗比重达到 6%。

绿色交通体系日益完善。中国坚定不移推进交通领域节能减排，走出了一条能耗排放做"减法"、经济发展做"加法"的新路子。综合运输网络不断完善，大宗货物运输"公转铁""公转水"、江海直达运输、多式联运发展持续推进；铁路货运量占全社会货运量比例较2017年增长近2个百分点，水路货运量较2010年增加了38.27亿吨，集装箱铁水联运量"十三五"期间年均增长超过23%。城市低碳交通系统建设成效显著，截至2020年底，31个省（区、市）中有87个城市开展了国家公交都市建设，43个城市开通运营城市轨道交通。"十三五"期间城市公共交通累计完成客运量超4270亿人次，城市公共交通机动化出行分担率稳步提高。

4. 生态系统碳汇能力明显提高

中国坚持多措并举，有效发挥森林、草原、湿地、海洋、土壤、冻土等的固碳作用，持续巩固提升生态系统碳汇能力。中国是全球森林资源增长最多和人工造林面积最大的国家，成为全球"增绿"的主力军。2010年至2020年，中国实施退耕还林还草约1.08亿亩。"十三五"期间，累计完成造林5.45亿亩、森林抚育6.37亿亩。2020年底，全国森林面积2.2亿公顷，全国森林覆盖率达到23.04%，草原综合植被覆盖度达到56.1%，湿地保护率达到50%以上，森林植被碳储备量91.86亿吨，"地球之肺"发挥了重要的碳汇价值。"十三五"期间，中国累计完成防沙治沙任务1097.8万公顷，完成石漠化治理面积165万公顷，新增水土流失综合治理面积31万平方公里，塞罕坝、库布齐等创造了一个个"荒漠变绿洲"的绿色传奇；修复退化湿地46.74万公顷，新增湿地面积20.26万公顷。截至2020年底，中国建立了国家级自然保护区474处，面积超过国土面积的十分之一，累计建成高标准农田8亿亩，整治修复岸线1200公里，滨海湿地2.3万公顷，生态系统碳汇功能得到有效保护。

5. 绿色低碳生活成为新风尚

践行绿色生活已成为建设美丽中国的必要前提，也正在成为全社会共建美丽中国的自觉行动。中国长期开展"全国节能宣传周""全国低碳日""世界环境日"等活动，向社会公众普及气候变化知识，积极在国民教育体系中突出包括气候变化和绿色发展在内的生态文明教育，组织开展面向社会的应对气候变化培训。"美丽中国，我是行动者"活动在中国大地上如火如荼展开。以公交、地铁为主的城市公共交通日出行量超过2亿人次，骑行、步行等城市慢行系统建设稳步推进，绿色、低碳出行理念深入人心。从"光盘行动"、反对餐饮浪费、节水节纸、节电节能，到环保装修、拒绝过度包装、告别一次性用品，"绿色低碳节俭风"吹进千家万户，简约适度、绿色低碳、文明健康的生活方式成为社会新风尚。

（四）中国为全球气候治理注入强大动力

中国一贯高度重视应对气候变化国际合作，积极参与气候变化谈判，推动达成和加快落实《巴黎协定》，以中国理念和实践引领全球气候治理新格局，逐步站到全球气候治理舞台的中央。

领导人气候外交增强全球气候治理凝聚力。习近平主席多次在重要会议和活动中阐释中国的全球气候治理主张，推动全球气候治理取得重大进展。2015年，习近平主席出席气候变化巴黎大会并发表重要讲话，为达成2020年后全球合作应对气候变化的《巴黎协定》作出历史性贡献。2016年9月，习近平主席亲自交存中国批准《巴黎协定》的法律文书，推动《巴黎协定》快速生效，展示了中国应对气候变化的雄心和决心。在全球气候治理面临重大不确定性时，习近平主席多次表明中方坚定支持《巴黎协定》的态度，为推动全球气候治理指明了前进方向，注入了强劲动力。2020年9月，习近平主席在第75届联合国大会一般性辩论上宣布中国将提高国家自主贡献力度，表明了中国全力推进新发展理念的坚定意志，彰显了中国愿为全球应对气候变化作出新贡献的明确态度。2020年12月，习近平主席在气候雄心峰会上进一步宣布到2030年中国二氧化碳减排、非化石能源发展、森林蓄积量提升等一系列新目标。2021年9月，习近平主席出席第76届联合国大会一般性辩论时提出，中国将大力支持发展中国家能源绿色低碳发展，不再新建境外煤电项目，展现了中国负责任大国的责任担当。2021年10月，习近平主席出席《生物多样性公约》第15次缔约方大会领导人峰会并发表主旨讲话，强调为推动实现碳达峰、碳中和目标，中国将陆续发布重点领域和行业碳达峰实施方案和一系列支撑保障措施，构建起碳达峰、碳中和"1+N"政策体系；中国将持续推进产业结构和能源结构调整，大力发展可再生能源，在沙漠、戈壁、荒漠地区加快规划建设大型风电光伏基地项目，第一期装机容量约1亿千瓦的项目已有序开工。

白鹤滩水电站位于四川省宁南县和云南省巧家县交界的金沙江干流河段上，是实施"西电东送"的国家重大工程，计划于2022年12月竣工投运。工程投运后，每年将向江苏提供超312亿千瓦时清洁能源，使华东地区年减少发电用煤1400万吨，减排二氧化碳2542万吨。图为工人在高空实施作业。

积极建设性参与气候变化国际谈判。中国坚持公平、共同但有区别的责任和各自能力原则，坚持按照公开透明、广泛参与、缔约方驱动和协商一致的原则，引导和推动了《巴黎协定》等重要成果文件的达成。中国推动发起建立了"基础四国"部长级会议和气候行动部长级会议等多边磋商机制，积极协调"基础四国""立场相近发展中国家""七十七国集团和中国"应对气候变化谈判立场，为维护发展中国家团结、捍卫发展中国家共同利益发挥了重要作用。积极参加二十国集团（G20）、国际民航组织、国际海事组织、金砖国家会议等框架下气候议题磋商谈判，调动发挥多渠道协同效应，推动多边进程持续向前。

为广大发展中国家应对气候变化提供力所能及的支持和帮助。中国秉持"授人以渔"理念，积极同广大发展中国家开展应对气候变化南南合作，尽己所能帮助发展中国家特别是小岛屿国家、非洲国家和最不发达国家提高应对气候变化能力，减少气候变化带来的不利影响，中国应对气候变化南南合作成果看得见、摸得着、有实效。2011年以来，中国累计安排约12亿元用于开展应对气候变化南南合作，与35个国家签署40份合作文件，通过建设低碳示范区、援助气象卫星、光伏发电系统和照明设备、新能源汽车、环境监测设备、清洁炉灶等应对气候变化相关物资，帮助有关国家提高应对气候变化能力，同时为近120个发展中国家培训了约2000名应对气候变化领域的官员和技术人员。

建设绿色丝绸之路为全球气候治理贡献中国方案。中国坚持把绿色作为底色，携手各方共建绿色丝绸之路，强调积极应对气候变化挑战，倡议加强在落实《巴黎协定》等方面的务实合作。2021年，中国与28个国家共同发起"一带一路"绿色发展伙伴关系倡议，呼吁各国应根据公平、共同但有区别的责任和各自能力原则，结合各自国情采取气候行动以应对气候变化。中国同有关国家一道实施"一带一路"应对气候变化南南合作计划，成立"一带一路"能源合作伙伴关系，促进共建"一带一路"国家开展生态环境保护和应对气候变化。

相关链接：

路过戈壁沙漠，穿越无人区，京新高速营造绿色丝绸之路

三、推动构建人与自然生命共同体

习近平主席多次在国际舞台上发出守护地球家园的中国倡议，提供完善全球生态治理的中国方案。在二十国集团领导人利雅得峰会"守护地球"主题边会上，呼吁国际社会携手应对气候环境领域挑战，守护好这颗蓝色星球；在2021年4月22日召开的领导人气候峰会上，全面系统阐释了"人与自然生命共同体"理念的丰富内涵和核心要义，完整揭示了对人与自然生命共同体的规律性认识，提出"面对全球环境治理前所未有的困难，国际社会要以前所未有的雄心和行动，勇于担当，勠力同心，共同构建人与自然生命共同体"。2021年9月22日，在第76届联合国大会一般性辩论上，提出完善全球环境治理，积极应对气候变化，构建人与自然生命共同体。

人与自然生命共同体理念，汲取中国传统生态智慧，借鉴人类文明有益成果，是对马克思主义关于人与自然关系思想的继承和发展，对世界积极应对气候变化挑战、加强生态文明建设、谋求人与自然和谐共生之道，具有重要意义。我们可从坚持人与自然和谐共生、坚持绿色发展、坚持系统治理、坚持以人为本、坚持多边主义、坚持共同但有区别的责任原则等方面，深刻把握人与自然生命共同体理念的丰富内涵。

相关链接：
构建人与自然生命共同体，中国在行动

（一）坚持人与自然和谐共生

习近平总书记指出，大自然是包括人在内一切生物的摇篮，是人类赖以生存发展的基本条件。大自然孕育抚养了人类，人类应该以自然为根，尊重自然、顺应自然、保护自然。自然遭到系统性破坏，人类生存发展就成了无源之水、无本之木。我们要像保护眼睛一样保护自然和生态环境，推动形成人与自然和谐共生新格局。

中华民族向来尊重自然、热爱自然，中华文明孕育着丰富的生态文化。"子钓而不纲，弋不射宿"，意思是不用大网打鱼、不射夜宿之鸟，反对"竭泽而渔""焚薮而田"的做法。这些关于对自然要"取之以时、取之有度"的思想，具有十分重要的现实意义。

马克思认为，不以伟大的自然规律为依据的人类计划，只会带来灾难。恩格斯指出，"我们每走一步都要记住：我们决不像征服者统治异族人那样支配自然界，决不像站在自然界之外的人似的去支配自然界——相反，我们连同我们的肉、血和头脑都是属于自然界和存在于自然界之中的"。马克思和恩格斯强调了自然、环境对人具有客观性和先在性，人们对客观世界的改造，必须建立在尊重自然规律的基础之上。推进生态文明建设，实现人与自然和谐共生，从来没有像今天这样重要和迫切。联合国秘书长古特雷斯呼吁国际社会加强行动，应对全球性环境挑战："唯一的答案是可持续发展，它能改善人类和地球的福祉。"

我国建设社会主义现代化具有许多重要特征，其中之一就是我国现代化是人与自然和谐共生的现代化。对此，必须坚持人与自然和谐共生，牢固树立"绿水青山就是金山银山"的理念，动员全社会力量推进生态文明建设，走出一条生产发展、生活富裕、生态良好的文明发展道路。

（二）坚持绿色发展

生态环境问题归根结底是发展方式和生活方式问题。习近平总书记指出："保护生态环境就是保护生产力，改善生态环境就是发展生产力，这是朴素的真理。"

新冠肺炎疫情全球大流行，加速了世界百年未有之大变局，也加深了人们对人类社会发展问题的思考，加深了人们对形成绿色发展方式和生活方式重要性的认识。面向未来，我们必须贯彻绿色发展理念。以经济社会发展全面绿色转型为引领，以能源绿色低碳发展为关键，加快形成节约资源和保护环境的产业结构、生产方式、生活方式、空间格局，把经济活动、人的行为限制在自然资源和生态环境能够承受的限度内，给自然生态留下休养生息的时间和空间，坚定不移走生态优先、绿色低碳的高质量发展道路，让良好生态环境成为全球经济社会可持续发展的支撑。

(三) 坚持系统治理

保护生态环境，不能"头痛医头、脚痛医脚"，必须注重系统治理。习近平总书记指出："我们要按照生态系统的内在规律，统筹考虑自然生态各要素，从而达到增强生态系统循环能力、维护生态平衡的目标。"

需要看到，生态是统一的自然系统，是相互依存、紧密联系的有机链条，我们需用系统论的思想方法看问题，寻求新的治理之道。要遵循生态系统的内在规律，坚持节约优先、保护优先、自然恢复为主的方针，给自然生态留下休养生息的空间；要划定生态红线，把良好的生态系统尽可能保护起来；要加快形成自然保护地体系，完善生物多样性保护网络，在空间上对经济社会活动进行合理限定，形成人与自然和谐共生的格局。

(四) 坚持以人为本

生态环境关系各国人民的福祉。习近平总书记强调："我们必须充分考虑各国人民对美好生活的向往、对优良环境的期待、对子孙后代的责任，探索保护环境和发展经济、创造就业、消除贫困的协同增效，在绿色转型过程中努力实现社会公平正义，增加各国人民获得感、幸福感、安全感。"

发展经济是为了民生，保护生态环境同样也是为了民生。我们要建设的现代化是人与自然和谐共生的现代化，既要创造更多物质财富和精神财富以满足人民日益增长的美好生活需要，也要提供更多优质生态产品以满足人民日益增长的优美生态环境需要。对此，必须把生态文明建设摆在全局工作的突出地位，积极回应人民群众所想、所盼、所急，坚持生态惠民、生态利民、生态为民，让良好生态环境成为人民幸福生活的增长点。

(五) 坚持多边主义

气候变化日益成为全人类面临的共同挑战，应对气候变化是全人类共同的事业。习近平总书记指出："作为全球生态文明建设的参与者、贡献者、引领者，中国坚定践行多边主义，努力推动构建公平合理、合作共赢的全球环境治理体系。"

党的十八大以来，中国在生态文明建设方面大胆实践，环境保护卓有成效，也为世界生态治理提供了可借鉴的经验，中国生态文明建设的理论与实践得到国际社会广泛赞誉。中国还宣布，力争2030年前实现碳达峰、2060年前实现碳中和。这是中国基于推动构建人类命运共同体的责任担当和实现可持续发展的内在要求作出的重大战略决策。面向未来，要坚持以国际法为基础、以公平正义为要旨、以有效行动为导向，维护以联合国为核心的国际体系，遵循《联合国气候变化框架公约》及其《巴黎协定》的目标和原则，努力落实2030年可持续发展议程；强化自身行动，深化伙伴关系，提升合作水平，在实现全球碳中和新征程中互学互鉴、互利共赢。

（六）坚持共同但有区别的责任原则

共同但有区别的责任原则是全球气候治理的基石。习近平总书记指出："发达国家应该展现更大雄心和行动，同时切实帮助发展中国家提高应对气候变化的能力和韧性，为发展中国家提供资金、技术、能力建设等方面支持，避免设置绿色贸易壁垒，帮助他们加速绿色低碳转型。"

知识链接

"共同但有区别的责任"发端于20世纪70年代初。1972年斯德哥尔摩人类环境会议宣示，保护环境是全人类的"共同责任"；会议同时指出，发展中国家的环境问题"在很大程度上是发展不足造成的"，这已是"共同但有区别的责任"的雏形。1992年，《联合国气候变化框架公约》第四条正式明确了这一原则。根据这个原则，发达国家要率先减排，并向发展中国家提供资金和技术支持；发展中国家仍以经济和社会发展及消除贫困为首要和压倒一切的优先事项，在得到发达国家技术和资金支持的情况下，采取措施减缓或适应气候变化。这一原则也一直是中国参与国际气候谈判的基础。

当前，中国已经全面建成小康社会，正开启全面建设社会主义现代化国家、实现中华民族伟大复兴的新征程。应对气候变化是中国高质量发展的应有之义，既关乎中国人民对美好生活的期待，也关系到各国人民福祉。

面对新征程，中国将立足新发展阶段，贯彻新发展理念，构建新发展格局，推动高质量发展，将碳达峰、碳中和纳入经济社会发展全局，以降碳为生态文明建设的重点战略方向，推动减污降碳协同增效，促进经济社会发展全面绿色转型，推动实现生态环境质量改善由量变到质变，努力建设人与自然和谐共生的现代化。

气候变化带给人类的挑战是现实的、严峻的、长远的，需要世界各国心往一处想、劲往一处使，同舟共济、守望相助。国际社会应深化伙伴关系，提升合作水平，在应对全球气候变化的征程中取长补短、互学互鉴、互利共赢，实现共同发展，惠及全人类。应对气候变化关键在行动。各方共同推动《巴黎协定》实施，要持之以恒，不要朝令夕改；要重信守诺，不要言而无信。要积极推动各国落实已经提出的国家自主贡献目标，将目标转化为落实的政策、措施和具体行动，避免把提出目标变成空喊口号。

在共同承担相关责任的基础上，还要看到，广大发展中国家正面临抗击新冠肺炎疫情、发展经济、应对气候变化等多重挑战，需要充分肯定他们应对气候变化所作的贡献，照顾其特殊困难和关切。世界各国人民要携手合作，秉持"人与自然生命共同体"理念，共同建设一个更加清洁美丽的世界。

拓展阅读

构建人与自然生命共同体

一个清洁美丽的世界，是共建地球生命共同体的坚实基础，也是各国人民共同的企盼。当前，新冠肺炎疫情给全球发展蒙上阴影，生物多样性丧失速度前所未有，气候变化挑战不容忽视。

"国际社会要以前所未有的雄心和行动，勇于担当，勠力同心，共同构建人与自然生命共同体。""生态文明是人类文明发展的历史趋势。让我们携起手来，秉持生态文明理念，站在为子孙后代负责的高度，共同构建地球生命共同体，共同建设清洁美丽的世界！"……2021年以来，习近平主席在多个重大国际场合呼吁各国加强"绿色合作"，推动"绿色发展"，助力"绿色复苏"，为共建万物和谐的美丽家园寻找最大公约数，为国际社会应对气候和环境挑战提供中国方案，为推进全球生态文明建设注入信心和动力。

保护生物多样性 "绿色答卷"举世瞩目

2021年，云南西双版纳亚洲象群成为世界级"网红"。从北移到南返，象群一路游走，中国政府与民众一路精心管护。"人象和谐的画面，温暖了全世界。"以此为主题的短片《"象"往云南》，在10月昆明举行的联合国《生物多样性公约》第15次缔约方大会（简称COP15）开幕式上首映，从一个侧面展现了人与自然和谐共生的美丽中国景象。法国生态学家、弗朗什－孔泰大学教授帕特里克·季洛杜不禁赞叹，云南亚洲象的故事正是中国加强生物多样性保护、推进人与自然和谐共生的生动案例。

关注全球气候治理，构建人与自然生命共同体

COP15是联合国首次以生态文明为主题召开的全球会议。习近平主席以视频方式出席领导人峰会并发表主旨讲话，强调秉持生态文明理念，共同构建地球生命共同体。中方鲜明提出构建人与自然和谐共生、经济与环境协同共进、世界各国共同发展的地球家园愿景，引发国际社会广泛共鸣和深入思考。

"万物各得其和以生，各得其养以成。"地球是人类共同生活和守护的家园，生物多样性是地球生命共同体的血脉和根基。引领全球生物多样性治理新征程，中方宣布：将率先出资15亿元人民币，成立昆明生物多样性基金，支持发展中国家生物多样性保护事业；加快构建以国家公园为主体的自然保护地体系；构建起碳达峰、碳中和"1+N"政策体系……国际人士称赞，中国在保护生物多样性方面展现的领导力和行动力有助于扭转当前全球生态系统质量下降的趋势。

一组组亮眼数据标注着中国生物多样性保护大步前行的刻度："国宝"大熊猫受威胁程度等级从"濒危"降为"易危"，大熊猫野外种群数量40年间从1114只增加到1864只；朱鹮由发现之初的7只增长至目前野外种群和人工繁育种群总数超过5000只；亚洲象野外种群数量从上世纪80年代的180头增加到目前的300头左右；在青藏高原，藏羚羊数量大幅增加；"微笑天使"长江江豚频繁现身……"在生物多样性调查和监测、育种保护、保护区规划、应对气候变化等诸多方面，中国已成为全球生物多样性保护的引领者。"美国野生动物保护专家毕蔚林称赞道。

踏石留印、抓铁有痕，中国书写的"绿色答卷"举世瞩目。建立各级各类自然保护地近万处，90%的陆地生态系统类型和71%的重点野生动植物种群得到有效妥善保护；"划定生态保护红线，减缓和适应气候变化"行动倡议，入选联合国"基于自然的解决方案"全球精品案例；森林面积和森林蓄积连续30年保持"双增长"，成为全球森林资源增长最多的国家……卫星图像显示，全球从2000年到2017年新增的绿化面积中约1/4来自中国，贡献比例居世界首位。英国《自然》杂志刊文指出，中国拥有平衡经济发展与控制生物多样性丧失的丰富经验，为世界生物多样性保护提供了借鉴。

携手并进、共同发展，中国推动生物多样性保护国际合作卓有成效。中国与俄罗斯、日本等国展开候鸟保护长期合作，同俄罗斯、蒙古国、老挝、越南等国合作建立跨境自然保护地和生态廊道。目前，中俄跨境自然保护区内物种数量持续增长，野生东北虎开始在中俄保护地间自由迁移；中老跨境生物多样性联合保护区面积达到20万公顷，对亚洲象等珍稀濒危物种及其栖息地形成有效保护……"中国支持发展中国家生物多样性保护事业，为全世界树立了榜样。"世界自然基金会俄罗斯负责人德米特里·戈尔什科夫表示。

推进全球气候治理　彰显大国责任担当

数据显示，过去10年是有记录以来最热的10年，全球气温上升了1.2摄氏度。1970年以来的50年是过去2000年以来最暖的50年。气候变化问题日趋严峻紧迫，合力应对气候变化刻不容缓。

10月31日至11月13日，《联合国气候变化框架公约》第26次缔约方大会在英国格拉斯哥召开，这是《巴黎协定》进入实施阶段后召开的首次缔约方大会，会议达成《巴黎协定》实施细则一揽子决议。其间，中美两国联合发布《中美关于在21世纪20年代强化气候行动的格拉斯哥联合宣言》，有效提升了各方合力应对气候变化的信心，积极建设性地推动了大会进程，为弥合各方分歧、扩大共同立场注入了动力。

中国是推动达成《巴黎协定》的重要贡献者，也是落实《巴黎协定》的积极践行者。作为世界上最大的发展中国家，中国将完成全球最高碳排放强度降幅，用全球历史上最短的时间实现从碳达峰到碳中和。《联合国气候变化框架公约》秘书处执行秘书埃斯皮诺萨认为，中国作为拥有庞大人口和面对许多其他社会经济优先事项的发展中国家，在应对气候变化这一人类最紧迫的议题方面，显示出了巨大的勇气。

4月22日，习近平主席在以视频方式出席领导人气候峰会时用"六个坚持"——"坚持人与自然和谐共生""坚持绿色发展""坚持系统治理""坚持以人为本""坚持多边主义""坚持共同但有区别的责任原则"，系统阐释共同构建人与自然生命共同体理念的核心要义与实践路径。坦桑尼亚《卫报》国际版主编本杰明·麦格纳表示，中国向世界展示了保护环境、应对气候变化问题的决心，增强了国际社会共同应对气候变化问题的信心。"'六个坚持'体现了中国领导人对人类应对气候变化和实现可持续发展的远见卓识和庄严承诺。这些承诺有着详细的目标和计划，令人信服。"

2021年1月，中企投资承建的阿根廷赫利俄斯风电项目群罗马布兰卡一期、三期项目正式投入商业运营，该项目群全部投产后预计每年将为当地提供16亿千瓦时清洁电力，每年可让阿根廷减少燃煤65万吨，碳排放减少180万吨；7月，中企承建的哈萨克斯坦图尔古孙水电站实现全部机组投产发电，装机容量24.9兆瓦，多年平均发电量可达7980万千瓦时，每年可减排约7.2万吨；12月，中企投资承建的克罗地亚塞尼风电项目正式投入运营，预计每年可贡献约5.3亿千瓦时绿色电力，减少二氧化碳排放约46万吨……中国积极参与国际多边合作，大力开发与推广清洁能源技术，通过设立气候变化南南合作基金等行动，同许多发展中国家开展务实合作，帮助发展中国家提高应对气候变化的能力，合作成果看得见、摸得着、有实效。

国际能源署署长比罗尔认为，中国积极开展清洁能源国际合作，极大助力实现全球能源转型和应对气候变化目标。世界气象组织秘书长塔拉斯表示，中国在全球应对气候变化、援助发展中国家方面发挥了关键作用。

关注全球气候治理，构建人与自然生命共同体

科学理念指引实践　绿色发展造福民众

"眼中有花、窗外有绿；路景相融、一站一景。"刚刚全线开通的中老铁路，是中老友谊之路，也是一条绿色生态之路。工程成功绕避各类自然保护区核心区和环境敏感点，设置专门的动物迁移通道和防护栅栏，充分保护沿线的亚洲象、热带雨林等资源。

绿色，正成为高质量共建"一带一路"的鲜明底色。在巴西，美丽山二期项目跨越巴西5个州、81个城市，为避让自然保护区，光是塔位变更就有161处，恢复植被1100公顷。在埃塞俄比亚，中国援助的微小卫星帮助当地农林部门及时获取气象、水利等数据，更有效应对自然灾害。在非洲萨赫勒地区，中国理念和技术元素深度融入非洲"绿色长城"工程建设。一个又一个绿色项目助力当地可持续发展，为推进全球环境治理作出实实在在的贡献。

截至目前，中国与28个国家共同发起"一带一路"绿色发展伙伴关系倡议；"一带一路"绿色发展国际联盟覆盖40多个国家的150余家中外方伙伴；"一带一路"生态环保大数据服务平台纳入100多个国家的生物多样性相关数据，120多个国家的环境官员、研究学者和技术人员2000余人次参加了绿色丝路使者计划；实施"一带一路"应对气候变化南南合作计划；建立"一带一路"能源合作伙伴关系；大力支持发展中国家能源绿色低碳发展，宣布不再新建境外煤电项目……英国气候变化委员会首席执行官克里斯·斯塔克说，绿色"一带一路"带给世界的最大好处，就是工业的进步和低碳能源生产成本的降低，整个世界都将从中受益。

构建人与自然生命共同体，科学理念是实践的指引。"生态文明建设并不是说把多少真金白银捧在手里，而是为历史、为子孙后代去做。这些都是要写入历史的，几十年、几百年的历史。要以功成不必在我的胸怀，真正对历史负责、对民族负责，不能在历史上留下骂名。"中国领导人以深邃的历史眼光、强烈的责任担当推动和引领生态文明建设，中国生态环境保护发生历史性、转折性、全局性变化。美国国家人文科学院院士小约翰·柯布说，谋发展，需要长远地考虑全体人民的未来与福祉，而非一时之利，"而这正是习近平生态文明思想"。

构建人与自然生命共同体，团结合作是必由之路。"要携手合作，不要相互指责；要持之以恒，不要朝令夕改；要重信守诺，不要言而无信。"中国坚定践行多边主义，努力推动构建公平合理、合作共赢的全球环境治理体系，呼吁应充分重视发展中国家的特殊困难和关切，发达国家在应对气候变化方面要多作表率，为发展中国家提供资金、技术、能力建设等方面支持。

联合国《生物多样性公约》秘书处执行秘书伊丽莎白·穆雷玛说，中国的生态文明理念对各国达成全球生物多样性目标至关重要，在促进人与自然和谐共生方面，中国的实践值得各国借鉴。

中国之声，激荡世界；中国行动，广受赞誉。应对气候变化任重道远，但只要各国心往一处想、劲往一处使，同舟共济、守望相助，人类必将能够科学应对全球气候环境挑战，努力把一个清洁美丽的世界留给子孙后代。

（资料来源：《人民日报》2021年12月24日03版）

阅读推荐

1. 康晓：《逆全球化下的全球治理：中国与全球气候治理转型》，社会科学文献出版社2020年版。

2. 《努力建设人与自然和谐共生的现代化（新时代的关键抉择）——以习近平同志为核心的党中央推进生态文明建设述评》，《人民日报》2021年11月6日01版。

3. 李红梅：《我国建成温室气体及碳中和监测核查支持系统，可准确跟踪监测二氧化碳排放量》，《人民日报》2021年12月23日13版。

 思考题

1. 碳达峰碳中和"1+N"政策体系中的"1"指的是什么？

2. 2021年11月1日，国家主席习近平向《联合国气候变化框架公约》第26次缔约方大会世界领导人峰会发表书面致辞。习近平主席在致辞中提出的三点建议对于构建全球气候治理体系有何意义？

3. 如何理解人与自然生命共同体这一理念？

专题九

弘扬全人类共同价值，推动构建人类命运共同体

在庆祝中国共产党成立100周年大会上，习近平总书记向全世界庄严宣告，中国共产党将继续同一切爱好和平的国家和人民一道，弘扬和平、发展、公平、正义、民主、自由的全人类共同价值，推动历史车轮向着光明的目标前进。

全人类共同价值凝聚了人类不同文明的价值共识，反映了世界各国人民普遍认同的价值理念的最大公约数，超越了意识形态、社会制度和发展水平差异，顺应历史潮流，契合时代需要，是习近平新时代中国特色社会主义思想的又一重大理论成果。

一、全人类共同价值的丰富内涵和光辉实践

全人类共同价值彰显辩证统一和普遍联系的理论特色，具有面向实践和朴素鲜活的理论品格，是中国共产党人用马克思主义观察时代、把握时代、引领时代的伟大思想创造。

（一）全人类共同价值的丰富内涵

1.和平与发展，是当今时代的主题，也关乎人的生存权发展权

和平是人类的永恒期望，犹如空气和阳光；发展是各国的第一要务，是文明存续的有力支撑。我们庄严承诺始终坚持走和平发展道路，永远不称霸、永远不搞扩张；强调既发展自己，又以中国的发展为世界提供机遇。同时，坚持反对无原则的"和平主义"，急功近利的"唯发展主义"，主张和平与斗争、发展与安全的辩证统一，着眼的是推动实现全人类的持久和平和永续发展。"大家都只想享受和平，不愿意维护和平，那和平就将不复存在"，"只有各国都走和平发展道路，各国才能共同发展，国与国才能和平相处"，这是对各国维护和平与安全现实责任的深刻阐释。"提倡创新、协调、绿色、开放、共享的发展观，实现各国经济社会协同进步"，"要直面贫富差距、发展鸿沟等重大现实问题，关注欠发达国家和地区，关爱贫困民众，让每一片土地都孕育希望"，这是对各国促进共同繁荣重大使命的清晰论述。

知识链接

和平主义又称"非战主义"。广义包括非暴力运动和不抵抗运动；狭义是指主张建立永久和平、反对一切战争的思想。作为一种抽象地、无原则地拥护和鼓吹和平的资产阶级政治思潮，它起源于古代的宗教思想，认为一切任意杀人的行为都是错误的。19世纪初期开始形成了近代的和平主义。1815年，第一个和平主义者组织在美国纽约成立，次年英国伦敦也成立了类似的组织。1948年，第一次世界和平主义者大会在布鲁塞尔举行，此后又陆续举行过几次大会，提出制止战争、裁减军备、组织国际法庭解决国际争端等。

唯发展主义是一种为发展而发展的意识形态，它具有两种形式，第一种

弘扬全人类共同价值，推动构建人类命运共同体

唯发展主义是增长式发展，第二种唯发展主义是所谓的"可持续发展"。前者将增长等同于发展，不惜透支环境求发展；后者将发展等同于进步，不惜牺牲环境求发展。因此，它们实际上都属于"豁出环境求发展"。

2. 公平与正义，是国际关系的重要准则，也关乎人的尊严

在国家层面，我们注重维护社会公正，促进人的全面发展和社会全面进步。在国际层面，追求公平正义是世界各国人民在国际关系领域的崇高目标。我们坚决主张大小国家一律平等，特别是提升广大发展中国家的代表性和发言权，切实维护国际公平正义。同时，反对在国际事务中别有用心和不加区别的"责任论"，更反对以正义之名行不义之实。我们主张引导经济全球化朝着更加开放、包容、普惠、平衡、共赢方向发展，既要做大"蛋糕"，更要分好"蛋糕"，着力解决公平公正问题；提升全球发展的公平性、有效性、协同性，反对任何人出于限制别人发展的目的，搞技术封锁、科技鸿沟、发展脱钩；共同推动国际关系法治化，在国际关系中维护国际法和国际秩序的权威性和严肃性，反对由少数人来制定国际规则；确保国际法平等统一适用，不能搞双重标准，不能"合则用、不合则弃"，真正做到"无偏无党，王道荡荡"。这是达成公平正义的现实路径。

3. 民主与自由，是现代政治文明的重要内容，也关乎个人的福祉

在国家层面，我们确保人民享有更加广泛、更加充分、更加真实的民主权利，依法保护人的自由和尊严，追求"人的自由而全面的发展"崇高目标。在国际层面，我们主张坚持多边主义，推进国际关系民主化，致力于促进贸易与投资自由、人员往来自由等。同时，反对泛民主化、绝对自由主义等错误思潮，坚决反对打着所谓"民主""自由"的幌子肆意干涉别国内政，反对侵犯他国主权的"自由航行"。不管国际格局如何变化，要始终坚持平等民主、兼容并蓄，尊重各国人民自主选择发展道路和制度模式的权利；要认识到民主是各国人民的权利，而不是少数国家的专利，实现民主有多种方式，不可能千篇一律；要加强交流互鉴，推进适合本国国情的民主政治建设，不断提高为人民谋幸福的能力和成效。这是实现民主自由的现实路径。

全人类共同价值贯通了个人、国家、世界三个层面，既反映了人作为个体对生存、发展、平等、自由的共同追求，也浓缩了世界各国处理彼此关系时的普遍共识。和平、发展、公平、正义、民主、自由作为全人类共同价值的六大要素相互联系、层层递进，形成完整的逻辑链条。没有和平与发展，其他要素便成了空中楼阁；没有公平与正义，其他要素就只能是少数人、少数国家的专利；没有民主与自由，其他要素就会失去目标和动力。

长期以来，某些西方国家推行所谓"普世价值"，但在现实中却往往与霸权主义和强权政治相结合，借助"人权高于主权""文明冲突论""民主与威权之争"等花样翻新的人造概念向外输出价值观，在国际事务中谋取私利，暴露出典型的虚伪性、狭隘性、排他性，因而也越来越不得人心。习近平总书记深刻指出："我们要本着对人类前途命运高度负责的态度，做全人类共同价值的倡导者，以宽广胸怀理解不同文明对价值内涵的认识，尊重不同国家人民对价值实现路径的探索，把全人类共同价值具体地、现实地体现到实现本国人民利益的实践中去。"

（二）全人类共同价值的光辉实践

中国共产党是为中国人民谋幸福的政党，也是为人类进步事业而奋斗的政党。中国共产党人始终坚守初心，言行一致，坚定不移地倡导和践行全人类共同价值。

1. 中国共产党坚持维护和平发展

和平、和睦、和谐是中华民族5000多年来一直追求和传承的理念。自诞生以来，中国共产党就心怀天下，把维护世界和平和增进人民福祉作为全人类共同关切的大事，团结带领中国人民与世界上一切进步力量为此不懈努力。新中国成立以来，我们从未主动挑起过一场战争，从未侵占过别人一寸土地，并促进诸多地区热点问题的和平解决。中国明确承诺在任何时候和任何情况下都不首先使用核武器，中国的核政策在所有核武器国家中最具稳定性、连续性和可预见性。恢复联合国合法席位50年来，中国参与29项联合国维和行动，累计派出5万余人次，是安理会常任理事国中出兵最多的国家，也是联合国第二大维和摊款国。我们准确把握和平与发展的时代主题，以自身新发展为世界提供新机遇。作为世界第二大经济体，中国对全球经济增长的贡献率连续15年位居世界第一。改革开放40多年来，中国7亿多人摆脱贫困，对世界减贫贡献率超过70%。提出共建"一带一路"倡议以来，中国与合作伙伴贸易额累计超过9.2万亿美元，中国企业在"一带一路"沿线国家直接投资累计超过1300亿美元。世界银行报告认为，"一带一路"倡议全面实施将使全球贸易额和全球收入分别增长6.2%和2.9%。中国以实际行动为促进世界和平作出贡献，为全球发展增添动力。

2. 中国共产党坚决捍卫公平正义

100年来，中国共产党始终致力于追求公平正义、实现人类解放。在新民主主义革命时期制定反帝反封建民主革命纲领，新中国成立以来不遗余力支持亚非拉国家民族解放运动，在国际事务中为发展中国家仗义执言，坚决顶住单边主义、霸凌行径的逆流。中国共产党永远站在公平正义一边，积极推动构建相互尊重、公平正义、合作共赢的新型国际关系，推动国际秩序和国际体系朝着更加公正合理的方向发展，坚持公正合理破解治理赤字，开辟共商共建共享的全球治理之道。在气候变化挑战面前，中国克服巨大困难作出2030年前碳达峰、2060年前碳中和的庄严承诺并努力兑现，倡导各方全面有效落实气候变化《巴黎协定》，承担共同但有区别的责任，共谋人与自然和谐共生之道。在全球抗疫进程中，中国第一时间开展全球紧急人道主义行动，向150多个国家提供抗疫物资援助。习近平总书记郑重宣布将中国疫苗作为全球公共产品，致力于实现疫苗在发展中国家的可及性和可负担性，并以实际行动促进疫苗公平分配，积极推动构建人类卫生健康共同体。

截至2021年12月3日，中国已向120多个国家和国际组织提供超过18.5亿剂疫苗。图为北京科兴中维生物技术有限公司开足马力全力生产。

3. 中国共产党坚定追求民主自由

"鞋子合不合脚，只有穿的人才知道。"习近平总书记在多个重要国际场合强调，一个国家民主不民主，要由这个国家的人民来评判，而不能由少数人说了算；一个国家的发展道路合不合适，只有这个国家的人民才最有发言权。中国实行的社会主义民主政治，是一种全过程、最广泛的民主，体现人民意志，符合中国国情，得到人民拥护。实践充分证明，中国式民主在中国行得通、很管用。中国尊重各国自主选择的发展道路和模式，并以自身的成功实践为世界各国，特别是广大发展中国家探索切实、有效的民主政治形式树立了信心、提供了借鉴。中国共产党坚持为中国人民谋自由与幸福，维护和保障人权已写入《中华人民共和国宪法》。在建党百年之际发布的《中国共产党尊重和保障人权的伟大实践》白皮书，全面介绍中国共产党推进中国人权事业发展的历程、理念和成就。100年来，中国共产党团结带领人民成功走出了一条中国特色社会主义人权发展道路，为全球人权治理贡献了中国智慧、提供了中国方案。

百年征程波澜壮阔，百年初心历久弥坚。在新时代新征程上，我们要立足发展、面向人民，立足中国、面向世界，立足历史、面向未来，站在历史正确的一边和人类进步的一边，始终不渝做世界和平的建设者、全球发展的贡献者、国际秩序的维护者。我们要与各国携手一道，秉持"天下一家"理念，共同抵御妨碍人类心灵互动的观念纰缪，共同打破阻碍人类交往的精神隔阂，坚守全人类共同价值，共同推动构建持久和平、普遍安全、共同繁荣、开放包容、清洁美丽的世界。

二、全人类共同价值的重要意义

全人类共同价值凝聚了人类不同文明的价值共识，反映了世界各国人民普遍认同的价值理念的最大公约数,超越了意识形态、社会制度和发展水平差异,顺应历史潮流,契合时代需要,是习近平新时代中国特色社会主义思想的又一重大理论成果。

(一)全人类共同价值站在人类历史进程的战略高度,为人类进步事业提供了强大思想引领

当前,世界进入动荡变革期,气候变化、网络安全、公共卫生等全球性挑战层出不穷,一些地方战乱和冲突仍在持续,饥荒和疾病仍在流行,隔阂和对立仍在加深,各国人民追求幸福生活的呼声更加强烈。经历了疫情肆虐,国际社会更加清晰地认识到,我们生活在一个地球村,各国休戚相关、命运与共,世界比以往任何时刻都更需要站在全人类战略高度的思想引领,凝聚合力、激发动力。在人类社会面临何去何从的历史当口,习近平总书记以宏阔的全球视野和深厚的人民情怀,提出和平、发展、公平、正义、民主、自由的全人类共同价值,是对世界上一切进步力量最广泛共识的凝练概括,为维护人类共同和长远利益贡献中国智慧,为促进人类文明永续进步擘画价值准则,为创造人类美好未来提供精神动力。

(二)全人类共同价值体现中华优秀传统文化的历史厚度,为世界文明发展注入了新的力量

文化孕育理念,思想引领方向。自古以来,中华文明在继承创新中不断发展,在应时处变中不断升华,积淀着中华民族最深沉的精神追求,为中华民族生生不息、发展壮大提供丰厚滋养,为人类文明进步作出重要贡献。中国人民的价值观和精神世界,始终深深植根于中华优秀传统文化沃土之中。全人类共同价值传承着"天下一家""协和万邦""大道之行,天下为公"等中华文化基因,蕴含着中华民族讲仁爱、重民本、守诚信、崇正义、尚和合、求大同等思想理念。全人类共同价值的提出,将中华文明鲜明的价值追求向世界维度延伸升华,实现了中外话语体系的对接,是中国观念国际表达的光辉典范,是中国智慧国际分享的成功探索,为人类文明发展作出了新的重大贡献。

(三)全人类共同价值凸显海纳百川、兼收并蓄的胸怀广度,为实现世界人民大团结提供了强大精神动力

大时代需要大格局,大格局呼唤大胸怀。世界前途命运必须由各国共同掌握,国际上的事情要由大家商量着办,这是国际社会应该共同遵守的原则。各国历史、文化、制度、发展水平不尽相同,但各国人民都追求和平、发展、公平、正义、民主、自由的全人类共同价值。习近平总书记倡导全人类共同价值,体现了对不

同文明价值内涵的理解，体现了对不同国家探索价值实现路径的尊重，体现了对不同国家人民追求幸福生活平等权利的支持。全人类共同价值的提出，是人类思想史上一次深刻的价值理念创新，切实回应各国人民的普遍期待和诉求，为国际社会实现最广泛的团结提供了可信的共同价值纽带，画出了人类不同文明的价值"同心圆"。

（四）全人类共同价值彰显人类命运共同体理念的思想深度，明确了这一重要理念蕴含的价值内核

自2013年习近平主席在莫斯科国际关系学院首次向国际社会提出命运共同体理念以来，人类命运共同体理念不断丰富发展，成为新时代中国特色大国外交的鲜明旗帜。这一理念被写入《中国共产党章程》和《中华人民共和国宪法》，上升为党和国家的意志，也被多次写入联合国等重要国际和地区组织文件，在国际上日益深入人心。人类命运共同体理念从倡议到共识再到落地生根，契合各国人民的共同价值和精神追求。习近平总书记对全人类共同价值的重要论述，揭示了人类命运共同体理念深邃的价值内涵，构筑了以人类命运共同体为总体目标、建设新型国际关系为实践路径、全人类共同价值为价值内核的科学思想体系，助力构建人类命运共同体进一步走深走实。

相关链接：
共同的追求

三、全人类共同价值的时代意蕴和理论底蕴

"大道之行也，天下为公。"早在2015年，习近平主席在出席第70届联合国大会一般性辩论时就明确指出，"和平、发展、公平、正义、民主、自由，是全人类的共同价值"。此后，习近平总书记在多个场合多次提及全人类共同价值的内涵和外延。2020年，在纪念中国人民志愿军抗美援朝出国作战70周年大会上的讲话中，习近平总书记再次强调："作为负责任大国，中国坚守和平、发展、公平、正义、民主、自由的全人类共同价值，坚持共商共建共享的全球治理观，坚定不移走和平发展、开放发展、合作发展、共同发展道路。"这一重要论述启示我们，全人类共同价值为全球治理提供了观念基础，为人类社会健康发展提供了价值支撑。

（一）全人类共同价值的时代意蕴

全人类共同价值的形成是继承发展、交流互鉴的结果。伴随人类社会发展进

步,各个国家、民族的文化都在不断发展繁荣,形成了既特色鲜明,又交织融合的价值体系,如繁花锦簇。其中,和平、发展、公平、正义、民主、自由是全人类的共同追求,是价值观多样性中的共同性。

全人类共同价值实现了中华优秀传统文化与革命文化、社会主义先进文化的融合创新。例如,中华优秀传统文化中"和而不同""天下为公"等价值理念,是人类文明发展的璀璨明珠,即使在经济全球化的当今时代仍然有着重要意义;在当代中国,社会主义核心价值观的提出,集中体现了当代中国精神,凝结着全体人民共同的价值追求,是充分反映中国特色、民族特性、时代特征的价值体系,是对全人类共同价值的吸纳和发展。全人类共同价值的提出,是中国价值立场的鲜明表达。

全人类共同价值符合世界各国人民的共同追求,顺应人类社会发展进步的时代潮流。人类文明的优秀成果是在历史演进中不断积累形成的,这些优秀成果中蕴含着一些经久不衰、历久弥新的良善价值。中华民族是一个兼容并蓄、海纳百川的民族,在漫长历史进程中,不断学习他人的好东西,把他人的好东西转化成自己的东西。我们始终坚持平等、互鉴、对话、包容的文明观,并运用马克思主义立场观点方法,科学看待和借鉴其他国家和民族文明中那些关乎人类前途命运的价值理念,在融会贯通的基础上提出全人类共同价值。全人类共同价值不仅是传统文化与现代文明的结合,更是人类文明交流互鉴的结晶,它不是哪个国家、哪个民族的价值,而是人类价值理念在不同时期、不同民族、不同国家之间形成的最大公约数。

习近平总书记指出,新冠肺炎疫情加速了国际格局调整,世界进入动荡变革期。国际社会正在经历多边和单边、开放和封闭、合作和对抗的重大考验。"世界怎么了,我们怎么办"成为时代之问,各国人民对美好生活的向往更加强烈,和平、发展、合作、共赢的时代潮流不可阻挡。今天的全球治理和人类社会发展,比以往任何时候都需要全人类共同价值的引领。党的十八大以来,以习近平同志为核心的党中央坚守全人类共同价值,提出构建人类命运共同体,推动全球治理理念创新发展,为人类社会实现共同发展、持续繁荣、长治久安绘制了蓝图。

一方面,秉持共商共建共享的全球治理观,积极参与和引领全球治理体系改革和建设。党的十八大以来,以习近平同志为核心的党中央提出和重申一系列具有鲜明中国特色的全球治理理念。例如,和平发展道路、合作共赢理念、新型大国关系、正确义利观、发展观、合作观、安全观等,特别是提出共建"一带一路"倡议等,在国际上引起广泛反响。这些重要理念和举措,是对全人类共同价值的坚守和践行。在国际环境日趋复杂、不稳定性不确定性明显增加的背景下,中国敏锐判断和平与发展仍然是时代主题,坚持共商共建共享,促使关于全球治理体系变革的主张转化为各方共识、形成一致行动。实践证明,坚守全人类共同价值,与世界各国携手建设相互尊重、公平正义、合作共赢的新型国际关系，是中国对百年未有之大变局的理性思考与现实回应。

另一方面，坚定不移走和平发展、开放发展、合作发展、共同发展道路，为人类社会健康发展提供中国方案。中华民族对发展的理解和实践独具特色。40多年来，中国人民通过艰苦卓绝的奋斗，实现了人类历史上空前的飞跃，取得了世所罕见的经济快速发展奇迹和社会长期稳定奇迹。这"两大奇迹"所蕴含的发展价值，本身就体现着中国精神、中国智慧和中国方案。世界各个国家、各个民族对于发展都有着自己的理解和方案，而在所有方案中，最经得起历史考验、能够实现较快较好发展的，当属和平发展、开放发展、合作发展、共同发展的方案。为了自身发展，不惜对别的国家发动战争，最终只能损人害己；关起门来搞建设，难以实现长久发展。只有坚持和平发展、开放发展、合作发展、共同发展，才能建设一个持久和平、普遍安全、共同繁荣、开放包容、清洁美丽的世界。

相关链接：
为实现世界永续和平发展贡献中国力量

（二）全人类共同价值的理论底蕴

1. 深厚的马克思主义理论基础

追求人类文明进步、最终实现人类解放，是马克思主义的基本理论主题。全人类共同价值理念以深邃的世界历史视野和强烈的人类关怀精神，凸显了深厚的马克思主义理论底蕴。

（1）体现深邃的世界历史眼光。马克思、恩格斯曾深刻指出："各民族的原始封闭状态由于日益完善的生产方式、交往以及因交往而自然形成的不同民族之间的分工消灭得越是彻底，历史也就越是成为世界历史。"在经济全球化时代，人类的整体关联性日益增强，正如列宁形象地指出："世界历史是个整体，而各个民族是它的'器官'。"不同民族的价值观念在长期的接触、交流甚至碰撞中得以互鉴、融合并不断发展。生产力、分工与交往的发展程度，决定了人类对共同价值的需求程度。当前，人类普遍交往比以往任何时期都更深入、更广泛，各国相互联系比以往任何时期都更频繁、更紧密。随着经济全球化程度的不断加深，全人类共同价值的意义日益凸显，"全人类共同价值"深刻证明了马克思主义世界历史理论的当代意义。

（2）彰显强烈的人类关怀。马克思强调："旧唯物主义的立脚点是'市民'社会；新唯物主义的立脚点则是人类社会或社会化的人类。"这表明，站在全人类利益上来考虑问题，是马克思新世界观的根本立脚点。资本主义工业文明促进了人们的普遍交往和世界的相互联系，但是，它也带来了阶级剥削和民族压迫。在资本逻辑的主宰下，各个资本主义国家争当世界霸主，不断欺压其他落后国家，攫取国际垄断利润。19世纪50年代，马克思多次撰文深刻揭露和批判当时西方对东方的欺凌和抢夺，对殖民者的"文明"和伪善给予辛辣讽刺。可以说，反对剥削和压迫，提倡平等交往，是马克思多次表达出的国际交往理念。在当今世界，一些西方国家出于狭隘的民族立场，依仗军事和经济优势，在对外政策上长期奉行单边主义、霸权主义，这无疑背离了世界各国对共同发展、共同进步的期盼，背离了人类整体利益。全人类共同价值理念的积极倡议，彰显了马克思主义的人类关怀和平等交往理念，具有重要的现实针对性。

2. 丰富的中华优秀传统文化滋养

全人类共同价值理念深植于中华文明大地，深受中华优秀传统文化的滋养，凸显了中华文明价值理念的优良传统和现实意义。

（1）彰显中华文化天下大同的理想情怀。《礼记·礼运》有言："大道之行也，天下为公。"天下大同是中华优秀传统文化的核心价值理念之一。《尚书·尧典》有道："克明俊德，以亲九族。九族既睦，平章百姓。百姓昭明，协和万邦。"亲仁善邻、协和万邦是中华文明一贯的处世之道。"协和万邦"实际上表达了天下大同的理念，而这一理念深刻体现在全人类共同价值理念之中，集中反映了中华民族自古以来孜孜以求的美好夙愿和独具特色的社会理想。

（2）体现中华文化和而不同的包容精神。"和羹之美，在于合异。"所谓"合异"，就是异中求同，在差别中求统一，在多样中求一致。长久以来，如何在不同民族、不同国家、不同社会制度的价值观念之间，从纷繁复杂的价值差异、价值分歧和价值冲突中，推动价值共识、价值互信、价值和谐的形成与发展，是一个摆在世界各国人民面前的重大问题。而作为对这一问题的解答，"全人类共同价值"承认不同个体、不同民族、不同国家、不同社会形态的特殊性、差异性，同时还承认存在共性、普遍性和相似性，从根本上坚持了和而不同的包容精神。这一和而不同、兼收并蓄的文明价值理念，不仅反映了中华民族"和实生物"的价值追求，也突显了当代中国坚持开放包容、和平发展的坚定信念，为人类文明进步带来了智慧启示，为世界各国携手和平发展奠定了价值基础。

3. 国际社会长期以来达成的价值共识

习近平总书记深刻指出："纵观近代以来的历史，建立公正合理的国际秩序是人类孜孜以求的目标。从360多年前《威斯特伐利亚和约》确立的平等和主权原则，到150多年前日内瓦公约确立的国际人道主义精神；从70多年前《联合国宪章》明确的四大宗旨和七项原则，到60多年前万隆会议倡导的和平共处五项原则，国际关系演变积累了一系列公认的原则。这些原则应该成为构建人类命运共同体的基本遵循。"毫无疑问，这些公认的原则也体现了国际社会形成的价值共识。

（1）反映当代世界和平、发展的时代主题。和平是世界人民的永恒期盼，发展是世界各国的第一要务。一方面，从现实来看，不同时期、不同国家、不同民族往往有着各自不同的具体诉求，反映在价值理念上也会呈现出不同程度的差异性和特殊性。另一方面，各国人民之间又同时存在着普遍意义的价值诉求，即全人类能否始终保持长久光明和不断开辟美好未来。无论是对于单独个体，还是整个人类而言，和平与发展是互为一体的。有了和平稳定的环境，才能更好地生存与发展。而只有人类的共同发展才能为世界和平创造更加坚实的基础和条件。对此，习近平总书记指出，"这个世界，和平、发展、合作、共赢成为时代潮流"。

（2）彰显国际关系中公平、正义的重要准则。2000年9月，由189个国家签署的《联合国千年宣言》在第一部分"价值和原则"中就宣称：包括自由、平等、团结、容忍等在内的"某些基本价值对21世纪的国际关系是必不可少的"。但很长一段时间以来，少数西方国家主导着世界，一味推行霸权思维，打着"人权高于主权"的幌子，粗暴干涉别国内政。对于很多发展中国家而言，受强权逻辑宰制，大小、强弱、贫富国家之间不平等加剧趋势并未缓解。正是因为国际社会普遍缺乏"公平"和"正义"，才更加映衬出"公平""正义"的宝贵和重要。全人类共同价值理念高度重视维护公平和正义，本身就是对西方丛林法则、强权逻辑、霸权主义的否定，反映了国际社会对建立新型国际关系的普遍关切，蕴含着推动全球治理体系深刻变革的重大意义。

（3）体现各国人民对民主、自由的发展要求。不同的价值观念和价值体系，对于何谓民主、何谓自由的问题，往往存在不同理解。一种价值体系对民主和自由的理解，在很大程度上反映了它对现代政治文明基本价值的立场。全人类共同价值理念深刻体现了各国人民对民主、自由的普遍发展要求。就民主而言，作为理论表达的民主虽然最先出现在西方，但是民主本身是人类追求平等与进步的产物。任何民主，和任何其他上层建筑一样，终究是由该社会中的经济基础决定的。不同的基本国情、不同的文化传统，必然要求采取不同的民主形式。对此，习近平总书记指出："民主同样是各国人民的权利，而不是少数国家的专利。实现民主有多种方式，不可能千篇一律。一个国家民主不民主，要由这个国家的人民来评判，而不能由少数人说了算！"

总之，不论全球治理还是人类社会发展，都需要坚持正确价值导向。面向未来，各国应紧密团结起来，坚守和平、发展、公平、正义、民主、自由的全人类共同价值，推动构建新型国际关系，推动构建人类命运共同体，共同创造世界更加美好的未来。

相关链接：

构建人类命运共同体

四、全人类共同价值是人类命运共同体的理论基石

新的征程上,我们必须高举和平、发展、合作、共赢旗帜,奉行独立自主的和平外交政策,坚持走和平发展道路,推动建设新型国际关系,推动构建人类命运共同体。全人类共同价值是习近平新时代中国特色社会主义思想中一个重大理论创新,是推动构建人类命运共同体的理论基石。

(一)全人类共同价值是习近平新时代中国特色社会主义思想的重要创新点

2013年3月,习近平主席在俄罗斯莫斯科国际关系学院发表演讲,第一次在国际场合阐发了"人类命运共同体"理念。他指出:"这个世界,各国相互联系、相互依存的程度空前加深,人类生活在同一个地球村里,生活在历史和现实交汇的同一个时空里,越来越成为你中有我、我中有你的命运共同体。"2013年9—10月,习近平主席在哈萨克斯坦和印度尼西亚先后提出要共同建设"丝绸之路经济带"和21世纪"海上丝绸之路"。"一带一路"倡议得到国际社会特别是沿线国家的积极响应,"一带一路"成为推动构建人类命运共同体的重要实践平台。

2015年9月28日,在纽约联合国总部,习近平主席在第70届联合国大会一般性辩论发表讲话指出:"和平、发展、公平、正义、民主、自由,是全人类的共同价值,也是联合国的崇高目标。目标远未完成,我们仍须努力。当今世界,各国相互依存、休戚与共。我们要继承和弘扬联合国宪章的宗旨和原则,构建以合作共赢为核心的新型国际关系,打造人类命运共同体。"这是习近平主席第一次在重要的国际场合提出全人类共同价值,这对于思想理论界和国际关系界都是一个重大的理论突破,引起了学术界和外交界的强烈兴趣和高度重视。

自此之后,习近平主席在国际国内多个场合多次强调要坚守和弘扬全人类共同价值。

2018年12月10日,习近平主席给在北京举行的纪念《世界人权宣言》发表70周年座谈会发去贺信,他在信中强调:"中国人民愿同各国人民一道,秉持和平、发展、公平、正义、民主、自由的人类共同价值,维护人的尊严和权利,推动形成更加公正、合理、包容的全球人权治理,共同构建人类命运共同体,开创世界美好未来。"

2020年10月23日,在纪念抗美援朝出国作战70周年大会上,习近平总书记强调:"中国坚守和平、发展、公平、正义、民主、自由的全人类共同价值,坚持共商共建共享的全球治理观,坚定不移走和平发展、开放发展、合作发展、共同发展道路。只要坚持走和平发展道路,同各国人民一道推动构建人类命运共同体,就一定能够迎来人类和平与发展的美好未来!"

弘扬全人类共同价值，推动构建人类命运共同体 专题九

2021年1月25日，习近平主席在"达沃斯议程"对话会上的特别致辞中说："我们要秉持人类命运共同体理念，坚守和平、发展、公平、正义、民主、自由的全人类共同价值，摆脱意识形态偏见，最大程度增强合作机制、理念、政策的开放性和包容性，共同维护世界和平稳定。"

习近平总书记提出的全人类共同价值成为新时代中国国家发展合作的指导思想，写进了2021年1月10日国务院新闻办发表的《新时代的中国国际发展合作》白皮书："中国坚守和平、发展、公平、正义、民主、自由的全人类共同价值，坚定走和平发展、开放发展、合作发展、共同发展道路。积极开展国际发展合作，是中国作为国际社会负责任成员的应尽责任和义务。中国把为人类作出新的更大贡献作为使命，愿努力为国际社会提供更多公共产品，与各国共创更加美好的未来。"

2021年6月28日，习近平主席在北京同俄罗斯总统普京举行视频会晤。《中俄睦邻友好合作条约》签署20周年，两国元首宣布发表联合声明，正式决定《中俄睦邻友好合作条约》延期。在会谈中，双方一致同意，共同弘扬和平、发展、公平、正义、民主、自由的全人类共同价值，加强团结协作，合力应对共同挑战，推动构建人类命运共同体。

2021年7月5日晚，习近平主席在北京同法国总统马克龙、德国总理默克尔举行视频峰会。他在会谈中讲到，当前，全球疫情形势依然严峻，经济复苏前景不明。世界比以往任何时候都更需要相互尊重、精诚合作，而不是猜忌对立、零和博弈。希望中欧扩大共识和合作，为妥善应对全球性挑战发挥重要作用。中方坚守和平、发展、公平、正义、民主、自由的全人类共同价值。中欧本着相互尊重、求同存异原则开展合作，双方全面战略伙伴关系汇聚了彼此之间最大公约数。我们要秉持这一精神，正确看待相互差异，理性处理彼此分歧，牢牢把稳中欧关系前进航向。

2021年7月6日晚，习近平主席在"中国共产党与世界政党领导人峰会"发表网上主旨讲话，面向来自160多个国家的500多个政党和政治组织的领导人、逾万名政党和各界代表，他在讲话中对于全人类共同价值作出了更为全面和深刻的论述："各国历史、文化、制度、发展水平不尽相同，但各国人民都追求和平、发展、公平、正义、民

2021年11月20日，中老铁路老挝段客运服务信息系统工程调试完成，全线十座新建客运站全部具备客运服务条件，为中老铁路高质量开通提供保障。图为中老铁路老挝首都万象火车站候车大厅。

主、自由的全人类共同价值。我们要本着对人类前途命运高度负责的态度,做全人类共同价值的倡导者,以宽广胸怀理解不同文明对价值内涵的认识,尊重不同国家人民对价值实现路径的探索,把全人类共同价值具体地、现实地体现到实现本国人民利益的实践中去。"

从2015年9月起,习近平主席就开始在不同的场合多次论述过全人类共同价值,在庆祝中国共产党成立100周年大会上,习近平总书记再次向全世界表明,"中国共产党将继续同一切爱好和平的国家和人民一道,弘扬和平、发展、公平、正义、民主、自由的全人类共同价值",更加凸显了全人类共同价值的重要意义,产生了更为广泛深远的世界性影响。全人类共同价值是习近平新时代中国特色社会主义思想的一个重要组成部分,是马克思主义中国化的又一重要理论创新。

(二)全人类共同价值打破西方中心论和西方话语霸权

全人类共同价值的提出是对西方"普世价值"理论强有力的批判,打破了西方中心论和西方话语霸权,纠正了西方舆论界在价值观上对中国的抹黑和贬损,在国际政治理论和国际关系实践中占领了道义制高点。

众所周知,我们不接受和批判西方的"普世价值"。为什么我们要批判"普世价值"呢?因为它本来就不是普世的,它在其中包含了许多资产阶级和资本主义社会具有的特殊政治理念和特定政治经济模式的内涵,体现的是少数强权国家的话语霸权,把它说成是普世的或普适的,具有欺骗性和虚伪性。

西方某些理论家和政客宣扬的所谓"普世价值"包括以下几个方面的内容:一是在西方自文艺复兴到启蒙运动时期形成的一些政治理念,例如自由、平等、博爱、民主、人权、法治等,可以说这些是在资产阶级革命时期形成的核心价值观;二是资本主义社会的政治经济制度模式,例如三权分立、多党制、普选制、私有化、市场经济等;三是与前两者相适应的一些道德准则和行为规范等。

所谓"普世价值"最初的产生是和西方基督教的历史文化传统联系在一起的,在资产阶级革命时期形成,在资产阶级执掌国家政权之后,用制定宪法的手段,把资产阶级的根本利益和阶级意志用法律的形式确定并保护起来。例如,资产阶级的"宪政民主"就是通过英国的《权利法案》(1689)、《美国宪法》(1787)、法国的《人权和公民宣言》(1789)等体现出来的,它们的共同特点是:明确资产阶级私有财产神圣不可侵犯,规定了国家政权的资产阶级专政性质、资产阶级的国家制度和包括多党制、议会制民主、三权分立在内的政权组织形式,为君主立宪和民主共和这两种西方宪政制度奠定了根本的政治和法律基础。这些宪政制度是历史形成的,符合西方的文化传统,就其推翻和取代封建主义制度而言,它们是革命的、进步的,在一定历史时期和一些国度也是有效的,它们一度成为西方许多国家纷纷效仿的制定宪法并实施宪政的范本。

但问题是，一些西方的政治家和理论家将这种宪政制度看成普遍适用的、永恒的、唯一的和排他的制度模式，与此相一致的制度就是好的，与此不一致的制度就是他们不能容忍的。他们向全世界推销这种制度，甚至不惜诉诸武力和战争，例如，他们制造的"颜色革命"、中东北非之乱等，让许多国家战乱频仍，造成这些国家人民利益与福祉的巨大损失。

所谓"普世价值"，并不是全世界所有国家和民族接受的理念，因为它们不是世界各国推荐推选出来的，也不是被普遍同意或认同的。所谓"普世价值"，是少数西方国家主导的，具有虚伪性、排他性，完全是西方中心论，是一种制度和文化的霸权和傲慢。同时，他们将一定历史时期和少数国家所主张的具有特定含义的东西说成普遍适用于所有时代和所有国家的东西，将其绝对化、永恒化，这是一种历史唯心主义。

习近平总书记提出的全人类共同价值是从历史唯物主义出发的，是在承认每一个人、每一个民族、每一个国家的个性、特殊性、差异性基础上，还承认存在共性、普遍性和相似性。全人类共同价值不是把某一个或某几个民族、国家和人民的价值普遍化，强加给别的民族、国家和人民，它是所有民族、国家和人民的异中之同，是大家求同存异的结果。

习近平总书记提出的全人类共同价值是和西方少数国家标榜的"普世价值"完全不同的。美国等少数西方大国是"普世价值"的提出者、倡导者和操纵者，我国是全人类共同价值的提出者、倡导者和推动者，代表着中国和其他广大发展中国家的利益。同时，全人类共同价值的提出也是对西方某些政客和敌对势力在价值观念上抹黑中国最好的批判，站在道义的制高点上，打破了西方的政治傲慢和话语霸权。

（三）全人类共同价值是构建人类命运共同体的理论基石

1. 全人类共同价值是以承认人类文明的多样性为基础的，主张文明没有高低优劣之分，文明应该交流互鉴

2014年3月，习近平主席在联合国教科文组织总部演讲时就讲到，不论是中华文明，还是世界上存在的其他文明，都是人类文明创造的成果。各种人类文明在价值上是平等的，都各有千秋，也各有不足。文明没有高低、优劣之分。每一种文明都是独特的。一切文明成果都值得尊重，一切文明成果都值得珍惜。文明因交流而多彩，文明因互鉴而丰富。习近平主席提出的全人类共同价值不是将某一种文明的价值作为普世的或普适的而强加给其他文明，而是建立在承认世界文明多样性、承认不同民族不同地域不同国家的人们存在不同的价值观的基础之上。习近平主席还倡导，要以宽广胸怀理解不同文明对价值内涵的认识，尊重不同国家人民对价值实现路径的探索，把全人类共同价值具体地、现实地体现到实现本

国人民利益的实践中去。每一种文明都是独特的，但多姿多彩的不同文明间又有一些共性、一些共同的价值认同和价值追求，全人类共同价值就是不同文明的价值认同和价值追求的最大同心圆和最大公约数。

2. 全人类共同价值是在全球化时代人类应对面临的共同难题和挑战的条件下形成的

2013年3月，习近平主席第一次在国际场合论述人类命运共同体理念时就指出："这个世界，人类依然面临诸多难题和挑战，国际金融危机深层次影响继续显现，形形色色的保护主义明显升温，地区热点此起彼伏，霸权主义、强权政治和新干涉主义有所上升，军备竞争、恐怖主义、网络安全等传统安全威胁和非传统安全威胁相互交织，维护世界和平、促进共同发展依然任重道远。"宇宙只有一个地球，人类共有一个家园。人类生活在同一个地球村，气候变化、生态环境、自然灾害、重大传染性疾病都需要人类共同去面对。我们主张，各国要同心协力，妥善应对各种难题和挑战。各国主权范围内的事情只能由本国政府和人民去管，世界上的事情只能由各国政府和人民共同商量来办，世界的命运必须由各国人民共同掌握。"和平、发展、公平、正义、民主、自由"体现出全人类在解决共同面临的重大问题上的价值诉求，正因为目前世界上还存在霸权主义、极端主义和暴恐行为等，这才凸显出"和平"价值的重要性；正是由于世界还存在大量贫困人口，需要通过发展解决贫富差距问题，每个国家在谋求自身发展的同时，要积极促进其他各国共同发展，各国人民应该共同享受发展成果，这才凸显"发展"价值的重要性；正是因为当前以美国为首的西方国家主导着世界，粗暴干涉别国内政，大小、强弱、贫富国家之间不平等，强权政治多于公平合理，普遍缺乏"公平"和"正义"，这才凸显"公平""正义"价值的重要性。这些说明，全人类要解决共同问题、保障共同安全、追求共同利益，需要我们有共同的价值理念。

全人类共同价值是为推动构建人类命运共同体服务的，二者之间有着内在的和必然的联系。构建人类命运共同体，就是要努力建设一个远离恐惧、普遍安全的世界，建设一个远离贫困、共同繁荣的世界，建设一个远离封闭、开放包容的世界，建设一个山清水秀、清洁美丽的世界。全人类共同价值是推动构建人类命运共同体的思想基础和理论基石，只有坚守和践行和平、发展、公平、正义、民主、自由的全人类共同价值，构建人类命运共同体才能变成现实。

相关链接：
一个构建人类命运共同体的生动例证

五、弘扬全人类共同价值，推动构建人类命运共同体

党的十八大以来，习近平总书记在庆祝中国共产党成立100周年大会、第76届联合国大会一般性辩论等多个重大场合阐发全人类共同价值的丰富内涵和重要意义。毋庸置疑，全人类共同价值是世界各国人民的共同价值愿景和最大化价值共识，是激励世界各国人民追求共同美好生活的精神动力。放眼当今国际，在新冠肺炎疫情全球肆虐和世界百年未有之大变局纵横交织的复杂时代境遇中，弘扬全人类共同价值不仅有助于凝聚国际社会的团结意识，更有助于激发世界各国的合作行动，从而为时代发展注入更多确定性，助推构建人类命运共同体的时代伟业。

（一）全人类共同价值是当代中国共产党人关于时代之问的智慧共享

世界现代化事业的吊诡之处在于，人类在生产力发展实现前所未有重大跃迁的同时亦面临着前所未有的深刻危机。共同性的人类危机意味着，贫富鸿沟、发展失衡、暴恐危机、环境恶化等问题从负面维度将人类命运紧密联结在一起，而应对全球性危机的不二法门则在于各国在全人类共同价值的引领下携手共建人类社会的美好未来。任何具有现实意识的人都不会否认："一球两制"是近两百个主权国家所构成的当代世界格局的基本呈现。全人类共同价值的提出基于资本主义与社会主义国家处于共时态的空间事实，其理论初衷与现阶段目标并非对抗或消灭资本主义制度。面对人类社会在当下遭遇的共同困局与危机，世界怎么了，我们怎么办？当代中国共产党人给出的方案是，一个和平发展的世界应该承载不同形态的文明，世界各国应该在抛弃意识形态偏见和超越意识形态对立的基础上实现合作共赢。同时，全人类共同价值在全球治理现实中倡导并维护各国主权平等，主张各个国家都有权自主选择社会制度和发展道路，倡议切实尊重各国的发展现实性、发展阶段性与发展过程性。全人类共同价值内蕴了"协和万邦""和谐共生"等中华优秀传统文化精髓，是当代中国共产党人在回应时代之问中关于建设更加美好世界的理念创新和智慧共享。

（二）全人类共同价值是当代人类共同利益的观念反映

早在19世纪中叶，马克思就以充满前瞻性的语言指出，随着人类交往的充分展开，"共同利益不是仅仅作为一种'普遍的东西'存在于观念之中，而首先是作为彼此有了分工的个人之间的相互依存关系存在于现实之中"。当前，人类共同利益作为一种客观现实已经深刻嵌入经贸往来、科技交流、文化互动、全球反恐、生态保护等诸多领域。自觉维护人类共同利益并进一步扩大本国同他国的

利益交汇点，本应成为各国的广泛共识和一致行动，但逆全球化、去全球化等思潮却甚嚣尘上，干扰了经济全球化的正常进程。无须讳言的是，经济全球化过程中不合理贫富差距进一步拉大等问题的出现是放纵资本在全球市场疯狂逐利的结果，解决此类问题的出路在于各国通力合作以规制资本的负面逻辑，而非因噎废食地否定经济全球化。由此可见，人类文明的继续行进依然需要发挥经济全球化在加速生产力发展、推动生产要素全球流动、促进文明交流融合等方面的积极正面效应。具体到如何在当下的经济全球化进程中维护人类共同利益，习近平总书记倡导"各国应该坚持人类优先的理念，而不应把一己之利凌驾于人类利益之上"。坚守和弘扬全人类共同价值，正是人类整体利益优先在共同价值观领域的表现和呼吁。

（三）全人类共同价值是世界各国人民对美好生活的未来愿景

在世界近现代史的演进历程中，人类既见证了世界生产力的巨大跃迁，也目睹过两次血腥的世界大战，经历了人类共同体内部的贫穷饥饿，大多数发展中国家更是遭遇过被殖民与被压迫。步入当代尤其是进入21世纪以来，国家之间的往来互动日益频繁，资金、科技、人才等要素在全球范围内加速流动，人类社会的一体化程度前所未有，正如习近平总书记所言，"一体化的世界就在那儿，谁拒绝这个世界，这个世界也会拒绝他"。共同的历史记忆、共同的生活实践生发出全人类共同的价值追求，"和平、发展、公平、正义、民主、自由"的美好生活已经成为世界各国人民共同愿景的价值表达。

（四）全人类共同价值是世界人民战胜全球性风险的价值支撑

当前，新冠肺炎疫情在全球范围仍不断反复，面对第二次世界大战结束以来最严重的全球公共卫生突发事件，坚持人类优先意味着各国必须摒弃意识形态偏见和政治私利，以对全人类共同价值的坚守和弘扬汇聚起战胜疫情的强大时代合力。面对人类未来生活中可能遭遇的种种全球化风险和重大挑战，显而易见的要事是当代人类从历史和现实中应该收获何种有启发意义的生存反思与生活智慧。作为世界人民战胜全球性风险的价值支撑，全人类共同价值不仅能在人类遭遇重大困境或灾难之时供给团结应对的精神动力，更能在人类现实生活场域中供给和平相处、真诚对话、平等相待的价值规范。

（五）坚守全人类共同价值符合人类文明的演进规律

多彩的地域特色、多样的历史文化造就了人类文明的多样性，多样性既是人类文明的基本特征，也不断演绎着人类文明的特有魅力。不同文明尽管特色各异但地位平等，它们之间没有也不应存在高低、优劣之别。然而，在现实的国际交往中，"文明优越""文明冲突"等偏颇思维依然沉渣泛起，并成为阻碍不同文明交往的意识形态屏障。习近平总书记强调应"以文明交流超越文明隔阂，以文明互鉴超越文明冲突，以文明共存超越文明优越"，唯有如此，多样文明之间才能形成取长补短、共同进步的良性发展格局。全人类共同价值尊重多样文明所孕育的价值多元性并找到了多元价值的最大公约数，是民族特色价值和人类普遍价值的有机统一。全人类共同价值超越了西方的一元现代性叙事，肯定并尊重多样文明发展道路与发展模式的差异性，致力于开创更具普遍意义的人类文明新形态。坚守和弘扬全人类共同价值，不仅能够实现多元文明的交流互鉴和共同进步，更能够凝聚起世界人民关于发展的最大共识以推动人类文明在当代实现进步性跃迁。

（六）坚守全人类共同价值顺应了多边主义的时代发展潮流

资本的全球扩张曾经推动人类进入世界历史时代，同时也将资本逻辑所衍生的单边主义等级秩序带到全球各地，"使农民的民族从属于资产阶级的民族，使东方从属于西方"。回顾世界近现代史不难发现，单边主义总是伴随着世界霸主轮替、发展鸿沟加大、公平正义缺位的可怕恶果，与当今时代的进步潮流格格不入。欲实现共同的美好生活追求，当代人类需走出单边主义、零和博弈、意识形态对抗的思维窠臼，坚守并弘扬全人类共同价值。作为联合国创始会员国、联合国安全理事会常任理事国，目前中国人口规模位居世界第一、经济总量位居世界第二、连续11年成为世界最大制造业国家，此外中国还是世界上最大的发展中国家。身为大国，中国的发展离不开世界，而人类文明的前行同样也离不开中国的参与和贡献。近年来尤其是党的十八大以来，中国以更加积极主动的态度和行动参与全球治理。新冠肺炎疫情全球防控期间，中国不断加强同世界卫生组织以及各国之间的抗疫合作，始终为推动新冠疫苗成为全球公共产品而不懈努力。言必信，行必果，中国目前已经向多个国家和国际组织提供大量防疫物资，切实以自身负责任行动全力支持联合国及世卫组织在疫情抗击过程中发挥领导作用。此外，中国成为疫情发生以来第一个实现经济正增长的主要经济体。通过构建以国内大循环为主体、国内国际双循环相互促进的新发展格局，中国正在并一如既往地为世界经济复苏提供强劲动力。重大历史节点方显民族弘毅，正是通过坚守并弘扬"和平、发展、公平、正义、民主、自由"的全人类共同价值，中华民族在充满不确定性的世界中勇挑时代重担。当下的国际关系场域中，抗疫不力甩锅行为、霸凌主义行径之所以屡见不鲜，就在于某些大国奉"拳头决定一切"为圭臬，漠视人类道义和大国担当，将自身凌驾于联合国体系之上。反观中国，始终以知行合一的言与行切实维护联合国以及联合国宪章宗旨和原则的权威，致力于推动建立更加公正合理的新型国际秩序。

（七）坚守全人类共同价值能够有效凝聚世界各国人民的团结意识

当今国际，人类正处于世界百年未有之大变局，不断反复的新冠肺炎疫情又给当今世界注入了新的不确定性。新的时代条件下，国际政治格局、世界经济发展、国际安全形势、人类文明交流、全球环境治理等都面临着新的变数。对待身处其中的百年变局，我们既要保持风险意识和底线思维，也要拥有积极心态与机遇意识。在洞悉时代特质的前提下才能准确识变和积极应变，从而进一步推动世界百年未有之大变局与美好生活的演进方向同向而行。具体到生存环境改善、生活质量提升等领域，"和平、发展、公平、正义、民主、自由"则是具象化的价值愿景。在充满不确定性的当今国际，全人类共同价值无疑是"确定性"的代名词，亦是强化世界各国人民团结意识的精神纽带。当今世界，尽管各国的历史文化背景不尽相同，在社会制度等方面也存在差别，但和平的生活环境、发展水平的提升、公平正义的国际环境、民主自由的发展目标却是各个国家的真切和共同愿望。

构建人类命运共同体是一个长期的历史过程，不可能一蹴而就。在推动"一带一路"建设等相关实践的过程中，人类依然会遭遇诸如新冠肺炎疫情等全球不确定性事件的挑战和掣肘。历史的接力棒已经传到我们这一代人手中，唯有坚守并弘扬全人类共同价值并从中汲取构建人类命运共同体的精神给养，世界各国人民才能在体悟、弘扬和践行全人类共同价值的历史进程中共同把握人类命运、共同创造美好未来。

共同建设更加美好的世界

"以史为鉴、开创未来，必须不断推动构建人类命运共同体。"在庆祝中国共产党成立100周年大会上，习近平总书记深情回顾中国共产党百年奋斗的光辉历程，表达与世界一切进步力量携手开创美好未来的坚定决心，展现了中国共产党人的全球视野、天下情怀和大国担当。

这是一个百年大党面向世界、面向未来的郑重宣示，是一个拥有9500多万名党员的世界最大执政党在新征程上继续为人类进步事业而奋斗的时代号角。

为人民谋幸福，为民族谋复兴，为世界谋大同，是中国共产党矢志不渝的追求。党的十八大以来，习近平总书记站立时代潮头，洞察世界大势，以深邃的历史眼光和博大的天下情怀，深入思考"建设一个什么样的世界、如何建设这个世界"等关乎人类前途命运的重大课题，高瞻远瞩地提出构建人类命运共同体的重要理念，深刻阐述构建人类命运共同体的丰富内涵、实现途径等重大问题，推动

弘扬全人类共同价值，推动构建人类命运共同体

各国与中国携手走构建人类命运共同体的人间正道，为世界和平发展、人类文明进步不断作出新贡献。

"人类生活在同一个地球村里，生活在历史和现实交汇的同一个时空里，越来越成为你中有我、我中有你的命运共同体"

当今世界正经历百年未有之大变局，中国正处于实现中华民族伟大复兴的关键时期。要更好统筹国内国际两个大局，坚持开放的发展、合作的发展、共赢的发展，通过争取和平国际环境发展自己，又以自身发展维护和促进世界和平。

2013年1月28日，十八届中共中央政治局就坚定不移走和平发展道路进行第三次集体学习。习近平总书记强调："我们要树立世界眼光，更好把国内发展与对外开放统一起来，把中国发展与世界发展联系起来，把中国人民利益同各国人民共同利益结合起来，不断扩大同各国的互利合作。"

同年3月，习近平就任国家主席后首次出访，在俄罗斯莫斯科国际关系学院发表演讲时提出构建人类命运共同体理念。习近平主席强调，"人类生活在同一个地球村里，生活在历史和现实交汇的同一个时空里，越来越成为你中有我、我中有你的命运共同体"，"各国应该共同推动建立以合作共赢为核心的新型国际关系，各国人民应该一起来维护世界和平、促进共同发展"。

构建人类命运共同体理念的提出，顺应和平、发展、合作、共赢的时代潮流，揭示了世界各国相互依存和人类命运紧密相连的客观现实和发展规律。密切关注习近平主席演讲的俄罗斯国际事务理事会主任安德烈·科尔图诺夫回忆说，人类命运共同体理念首次面向世界提出，就以长远眼光和宏大目标给人留下深刻印象。

8年多来，一个个历史性时刻标记着思想的脉络——

2015年9月，习近平主席出席第70届联合国大会一般性辩论并发表重要讲话，提出建立平等相待、互商互谅的伙伴关系，营造公道正义、共建共享的安全格局，谋求开放创新、包容互惠的发展前景，促进和而不同、兼收并蓄的文明交流，构筑尊崇自然、绿色发展的生态体系，形成"五位一体"打造人类命运共同体的总布局和总路径。20分钟讲话，全场15次响起热烈掌声。许多国家和国际组织领导人由衷赞叹习近平主席重要讲话的全球意义。

2017年1月，习近平主席在联合国日内瓦总部发表题为《共同构建人类命运共同体》的主旨演讲，面对"世界怎么了、我们怎么办"的时代之问，倡导建设一个持久和平、普遍安全、共同繁荣、开放包容、清洁美丽的世界。现场聆听演讲的第七十一届联合国大会主席汤姆森有感而发："习主席，您说过，'独行快，众行远'，当下正值全人类面临重大挑战的时刻，您的真知灼见让我们意识到，必须确保所有国家团结起来，共同打造人人受益、可持续的未来。"

2020年9月，习近平主席在第75届联合国大会一般性辩论上发表重要讲话，面对新冠肺炎疫情带来的全球性挑战，提出重要的"四点启示"，呼吁"让我们团结起来,坚守和平、发展、公平、正义、民主、自由的全人类共同价值,推动构建新型国际关系,推动构建人类命运共同体,共同创造世界更加美好的未来"。法国巴黎第八大学国际问题专家弗里德里克·杜泽称赞:"中国倡导要树立命运共同体意识和合作共赢理念,向世界传递了力量和信心,为我们共同应对挑战提供了关键方案。"

2021年9月,习近平主席在北京以视频方式出席第76届联合国大会一般性辩论并发表重要讲话,高举构建人类命运共同体旗帜,以信心、勇气、担当回答时代课题,为国际团结抗疫注入信心,为全球共同发展指引方向,为因应世界变局擘画蓝图。讲话结束后,很多国家代表向中方表示祝贺,认为习近平主席的讲话展现了一个负责任大国的气魄和担当。

"肯取势者可为人先,能谋势者必有所成。"构建人类命运共同体,是人类应对全球性挑战的必由之路,是增进各国人民福祉的光明大道。如今,坚持推动构建人类命运共同体已列为新时代坚持和发展中国特色社会主义的基本方略,写入中国共产党章程和中华人民共和国宪法,写进联合国决议等国际文件,不仅成为党和国家的意志,而且凝聚起广泛国际共识。许多国际人士表示,构建人类命运共同体是超越民族国家意识形态的"全球观",为推动世界和平开辟了新路径。

"我真诚希望,国际社会携起手来,秉持人类命运共同体的理念,把我们这个星球建设得更加和平、更加繁荣"

"我衷心希望,国际社会共同努力,多一份平和,多一份合作,变对抗为合作,化干戈为玉帛,共同构建各国人民共有共享的人类命运共同体。"从2016年起,习近平主席每年都会在新年贺词中表达中国同各国携手构建人类命运共同体的真诚愿望。

"我真诚希望,国际社会携起手来,秉持人类命运共同体的理念,把我们这个星球建设得更加和平、更加繁荣""我同有关各方深入交换意见,大家都赞成共同推动构建人类命运共同体,以造福世界各国人民"……习近平主席的深情话语、坚定信念,为构建人类命运共同体不断凝聚行动共识。

8年多来,习近平主席不断丰富构建人类命运共同体理念的内涵,为破解世界面临的复杂难题提供正确指引——

为加强全球互联网治理,习近平主席在第二届世界互联网大会开幕式上指出:"网络空间是人类共同的活动空间,网络空间前途命运应由世界各国共同掌握。各国应该加强沟通、扩大共识、深化合作,共同构建网络空间命运共同体。"

为携手抗击新冠肺炎疫情,习近平主席在向法国总统马克龙致慰问电时提出:"中方愿同法方共同推进疫情防控国际合作,支持联合国及世界卫生组织在完善全球公共卫生治理中发挥核心作用,打造人类卫生健康共同体。"

弘扬全人类共同价值，推动构建人类命运共同体

为应对前所未有的全球环境挑战，习近平主席在领导人气候峰会上呼吁："面对全球环境治理前所未有的困难，国际社会要以前所未有的雄心和行动，勇于担当，勠力同心，共同构建人与自然生命共同体。"

为推动全球发展迈向平衡协调包容新阶段，习近平主席在第76届联合国大会一般性辩论上提出全球发展倡议，强调"加快落实联合国2030年可持续发展议程，构建全球发展命运共同体"。

8年多来，习近平主席不断深化构建人类命运共同体的区域，为中国与有关地区实现和平发展、合作共赢指明方向——

"要切实抓好周边外交工作，打造周边命运共同体，秉持亲诚惠容的周边外交理念，坚持与邻为善、以邻为伴，坚持睦邻、安邻、富邻，深化同周边国家的互利合作和互联互通。"

"面对风云变幻的国际和地区形势，我们要把握世界大势，跟上时代潮流，共同营造对亚洲、对世界都更为有利的地区秩序，通过迈向亚洲命运共同体，推动建设人类命运共同体。"

"我们愿同非洲人民心往一处想、劲往一处使，共筑更加紧密的中非命运共同体，为推动构建人类命运共同体树立典范。"

"我们应该高举'上海精神'旗帜，在国际关系民主化历史潮流中把握前进方向，在人类共同发展宏大格局中推进自身发展，构建更加紧密的上海合作组织命运共同体，为世界持久和平和共同繁荣作出更大贡献。"

8年多来，习近平主席不断推动中国与有关国家共建人类命运共同体，为双边关系发展注入新动力——

2015年4月，习近平主席在巴基斯坦议会发表演讲，提出构建中巴命运共同体、开辟合作共赢新征程，赢得巴各党派代表的一致赞赏。

2016年10月，习近平主席在金边同柬埔寨首相洪森举行会谈。两国领导人一致决定巩固中柬传统友好关系，大力推动全面战略合作，让两国继续做高度互信的好朋友、肝胆相照的好伙伴、休戚相关的命运共同体。2019年4月，中柬构建命运共同体行动计划在北京签署。

2017年11月，习近平总书记访问老挝期间提出打造中老具有战略意义的命运共同体，老挝人民革命党中央委员会总书记、国家主席本扬反复强调："期待老中命运共同体进入新的更高水平"。2019年4月，《中国共产党和老挝人民革命党关于构建中老命运共同体行动计划》在北京签署。

由点及面，连线成网，人类命运共同体意识日益深入人心，构建人类命运共同体的行动增加各国利益的汇合点，增强各国应对共同挑战的信心，增进维护和践行多边主义、加强全球治理的共识。联合国秘书长古特雷斯指出："中国已成为多边主义的重要支柱，而我们践行多边主义的目的，就是要建立人类命运共同体。"

"只要各方树立人类命运共同体理念,一起来规划,一起来实践,一点一滴坚持努力,日积月累不懈奋斗,构建人类命运共同体的目标就一定能够实现"

"涓涓细流汇成大海,点点星光点亮银河。我深信,只要各方树立人类命运共同体理念,一起来规划,一起来实践,一点一滴坚持努力,日积月累不懈奋斗,构建人类命运共同体的目标就一定能够实现。"2017年12月,习近平总书记在中国共产党与世界政党高层对话会上发表主旨讲话,展现出推动构建人类命运共同体的坚定信心。

2013年金秋,习近平主席在出访哈萨克斯坦和印度尼西亚时,分别提出共同建设"丝绸之路经济带"和"21世纪海上丝绸之路"。"一带一路"倡议,正是构建人类命运共同体的重要实践平台。

8年多来,习近平主席亲自推动共建"一带一路"从美好愿景变为实际行动,结出累累硕果,造福沿线各国人民——

在塞尔维亚,习近平主席步入河钢集团塞尔维亚斯梅代雷沃钢厂,见证百年老厂摆脱经营危机,重现活力;在波兰,习近平主席登上华沙铁路集装箱货运站内的观礼台,目迎带有统一标识的中欧班列鸣笛缓缓驶入站台;在乌兹别克斯坦,习近平主席出席"安格连—帕普"铁路隧道通车视频连线活动,见证该国基础设施互联互通水平提升的重要时刻;在希腊,习近平主席参观中远海运比雷埃夫斯港项目,远眺繁忙有序、欣欣向荣的港口……

在习近平主席的亲自擘画和推动下,从亚太到非洲,从欧洲到拉美,高质量共建"一带一路"将各国前途命运紧密相连。迄今已有141个国家和32个国际组织加入"一带一路"大家庭,亚洲基础设施投资银行成员数量超过100个。世界知名未来学家奈斯比特夫妇感慨:"历史上从来没有谁尝试通过一系列政策的实施,在经济领域将那么多国家和大洲连接起来。"

时间是最有力量的语言,行动是最生动的注脚。如今,人们更能读懂习近平主席2018年11月对联合国秘书长古特雷斯所说的话:"我提出构建人类命运共同体,倡议共建'一带一路',就是在反复思考世界各国应如何在千差万别的利益和诉求中实现共商共享、和而不同、合作共赢。"

8年多来,习近平主席提出一系列重要主张、重大合作倡议,充分彰显中国是构建人类命运共同体的行动派——

积极响应联合国"为维和而行动"倡议,设立中国—联合国和平与发展基金,组建8000人规模的维和待命部队,向非盟提供总额为1亿美元的无偿军事援助……习近平主席在联合国成立70周年系列峰会期间作出的承诺全面落实,为建设持久和平的世界增加稳定因素。

秉持共同、综合、合作、可持续安全观,举行上合组织联合反恐军演,合力打击"三股势力",积极同各方开展网络安全、核安全对话合作,发起《全球数据安全倡议》……中国倡导的安全合作内涵不断丰富，为建设普遍安全的世界扩大防护屏障。

进博会、服贸会、广交会、消博会等一系列合作平台的搭建，为各国搭乘中国发展快车提供机遇；坚持正确义利观，落实中非"十大合作计划""八大行动"，向发展中国家提供"6个100"项目支持……中国秉持合作共赢理念，为建设共同繁荣的世界注入发展动力。

推动各国共同构建相互尊重、公平正义、合作共赢的新型国际关系；积极推动全球治理体系变革，高举真正的多边主义旗帜；"一带一路"国际合作高峰论坛、亚洲文明对话大会、中国共产党与世界政党高层对话会等主场外交活动精彩纷呈，彰显平等、互鉴、对话、包容的文明观……超越"零和博弈""文明冲突"的中国智慧，为建设开放包容的世界增添多彩活力。

宣布二氧化碳排放力争于2030年前达到峰值，努力争取2060年前实现碳中和，不再新建境外煤电项目；推动制定"2020年后全球生物多样性框架"，宣布中国将率先出资15亿元人民币，成立昆明生物多样性基金，支持发展中国家生物多样性保护事业……完善全球环境治理的中国行动，为建设清洁美丽的世界注入强大信心。

新冠肺炎疫情给世界带来严峻挑战，习近平主席以非凡的政治勇气和政治智慧，倡导各国共同构建人类卫生健康共同体，领导开展新中国历史上规模最大的全球紧急人道行动。中国已向150多个国家和国际组织提供物资援助，向100多个国家和国际组织提供超过16亿剂新冠疫苗。国际人士称赞，中国以实际行动推动抗疫国际合作，得到国际社会的广泛尊重。

当今世界，和平、发展、合作、共赢是主旋律，全球性问题和挑战也层出不穷。沧海横流，更当阔步人间正道。无论通向美好未来的道路有怎样的艰难险阻，中国将始终与世界携手同行，坚持推动构建人类命运共同体，不断为人类进步事业作出更大贡献。我们相信，只要国际社会携起手来，就一定能够共同创造一个更加美好的未来。

（资料来源：《人民日报》2021年11月9日01版）

阅读推荐

1. 杨依军、许可、温馨等：《共创更加繁荣美好的地区和世界》，《人民日报》2021年11月23日02版。

2. 《为什么要坚守和弘扬全人类共同价值？》，求是网，http://www.qstheory.cn/laigao/ycjx/2021-08/24/c_1127786218.htm.

3. 李馥伊、杨长湧：《携手构建人类命运共同体的伟大实践》，《经济日报》2021年11月9日10版。

思考题

1. 全人类共同价值与普世价值有什么不同?
2. 全人类共同价值与构建人类命运共同体有什么关系?
3. 构建人类命运共同体理念从提出至今取得了哪些成就?请举例说明。

2021年下半年国内、国际时事热点汇总

2021年下半年国内时事热点汇总

7月国内重要时事

1. 新华社7月1日电 百年征程波澜壮阔，百年初心历久弥坚。7月1日上午，庆祝中国共产党成立100周年大会在北京天安门广场隆重举行，各界代表7万余人以盛大仪式欢庆中国共产党百年华诞。中共中央总书记、国家主席、中央军委主席习近平发表重要讲话。他强调，过去100年，中国共产党向人民、向历史交出了一份优异的答卷。现在，中国共产党团结带领中国人民又踏上了实现第二个百年奋斗目标新的赶考之路。中国共产党立志于中华民族千秋伟业，百年恰是风华正茂。回首过去，展望未来，有中国共产党的坚强领导，有全国各族人民的紧密团结，全面建成社会主义现代化强国的目标一定能够实现，中华民族伟大复兴的中国梦一定能够实现。

2. 新华社7月3日电 百年伟业——庆祝中国共产党成立100周年大型主题展览7月3日在香港会展中心开幕。展览通过历史图片、军事模型、互动装置等展示中国共产党的百年奋斗历程和辉煌成就。

3. 新华社7月4日电 7月4日，经过约7小时的出舱活动，神舟十二号航天员乘组圆满完成出舱活动期间全部既定任务，我国空间站阶段航天员首次出舱活动取得圆满成功。

4. 新华社7月7日电 从南方到北方，从内陆到海滨，消失多年的珍禽异兽正在"归来"，显示我国生物多样性保护取得实实在在的成效。

5. 新华社7月8日电 为庆祝中国共产党成立100周年，7月8日上午，"让党中央放心、让人民群众满意——新时代中央和国家机关党的建设成就巡礼展"在国家博物馆开幕。中共中央政治局委员、中央和国家机关工委书记丁薛祥出席并宣布展览开幕。

6. 新华社7月12日电 2021年6月30日，我国获得世卫组织颁发的国家消除疟疾认证，成为我国卫生事业发展史上又一座里程碑。疟疾俗称"打摆子"，是一种经蚊叮咬感染疟原虫所引起的蚊媒传染病，主要表现为周期性规律发作的全身发冷、发热、多汗，可引起贫血和脾肿大，严重的可导致死亡。我国从20世纪40年代每年报告约3000万疟疾病例，到如今完全消除疟疾，抗疟成就斐然。

7. 新华社7月15日电 "十四五"开局之年经济半年报亮相！国家统计局15日发布数据，初步核算，上半年国内生产总值532167亿元，按可比价格计算，同比增长12.7%；两年平均增长5.3%，比一季度加快0.3个百分点，经济发展呈现

稳中加固、稳中向好态势。

8. 新华社 7 月 21 日电　7 月 20 日，河南遭遇极端强降雨，郑州市多个国家级气象观测站日降雨量突破有气象记录以来的历史极值。截至目前，河南省 89 个县（市、区）560 个乡镇 1240737 人受灾，25 人死亡、7 人失联。目前，部队、武警官兵、民兵、公安、消防等各方救援力量正陆续投入抢险救灾，尽最大努力保障人民群众生命财产安全。

9. 新华社 7 月 22 日电　中共中央政治局常委、国务院副总理韩正 7 月 22 日出席加快发展保障性租赁住房和进一步做好房地产市场调控工作电视电话会议并讲话，会议深入学习贯彻习近平总书记关于住房工作的重要指示批示精神，研究部署加快发展保障性租赁住房，进一步做好房地产市场调控有关工作。

10. 新华社 7 月 23 日电　在庆祝西藏和平解放 70 周年之际，中共中央总书记、国家主席、中央军委主席习近平来到西藏，祝贺西藏和平解放 70 周年，看望慰问西藏各族干部群众，给各族干部群众送去党中央的关怀。习近平作为中共中央总书记、国家主席、中央军委主席到西藏庆祝西藏和平解放，在党和国家历史上是第一次，充分表达了党中央对西藏工作的支持、对西藏各族干部群众的关怀。

11. 新华社 7 月 25 日电　最高人民检察院 7 月 25 日发布了 2021 年 1—6 月全国检察机关主要办案数据。数据显示，2021 年上半年，全国检察机关共受理审查起诉各类犯罪 1102975 人，案件总量已超过 2019 年同期水平，表明疫情防控常态化后刑事犯罪发案量重新呈上升趋势。上半年，危险驾驶罪仍是检察机关起诉人数最多的罪名，共起诉 173941 人。经济犯罪和网络犯罪案件数量持续攀升，检察机关共受理 157053 人，占总体案件量的 14.2%，达到近年来最高值。

12. 新华社 7 月 29 日电　第一届全国人力资源服务业发展大会 7 月 28—29 日在重庆举行。中共中央政治局常委、国务院总理李克强作出重要批示。批示指出：发展人力资源服务业对于促进社会化就业、更好发挥我国人力资源优势、服务经济社会发展具有重要意义。要坚持以习近平新时代中国特色社会主义思想为指导，认真贯彻党中央、国务院决策部署，以实施就业优先战略、人才强国战略和乡村振兴战略为引领，进一步提高人力资源服务水平。大力支持劳动力市场、人才市场、零工市场建设，更好促进就业扩大和优化人力资源配置，更大激发亿万劳动者和各类人才的创业创新活力，带动新动能成长，为提高我国经济综合竞争力、持续改善民生、促进高质量发展提供有力支撑。

8 月国内重要时事

1. 新华社 8 月 1 日电　发展新能源汽车是我国从汽车大国迈向汽车强国的必由之路，是应对气候变化、推动绿色发展的战略举措。日前召开的中共中央政治局会议要求，支持新能源汽车加快发展。

2. 新华社 8 月 2 日电　7 月 17 日以来，河南省遭遇极端强降雨，特别是 7 月

20 日郑州市遭受特大暴雨灾害，造成重大人员伤亡和财产损失。为深入贯彻落实习近平总书记关于防汛救灾重要指示精神和李克强总理等中央领导同志批示要求，根据有关法律法规规定，国务院决定成立调查组，由应急管理部牵头，相关方面参加，对河南郑州"7·20"特大暴雨灾害进行调查。调查组聘请专家为调查工作提供技术支撑。

3. 新华社 8 月 3 日电　国务院日前印发《全民健身计划（2021—2025 年）》，就今后一个时期促进全民健身更高水平发展，更好满足人民群众的健身和健康需求作出部署。

4. 新华社 8 月 7 日电　海关总署发布数据显示，2021 年前 7 个月，我国货物贸易进出口总值 21.34 万亿元人民币，同比增长 24.5%，比 2019 年同期增长 22.3%。

5. 新华社 8 月 8 日电　8 月 8 日，东京奥运会火炬在奥林匹克体育场熄灭。中国体育代表团交出一份亮眼的成绩单：38 金 32 银 18 铜共 88 枚奖牌，金牌数和奖牌数仅次于美国位居第二，金牌数追平 2012 年伦敦奥运会时取得的境外参赛最好成绩。

6. 新华社 8 月 12 日电　国务院新闻办公室 8 月 12 日发表《全面建成小康社会：中国人权事业发展的光辉篇章》白皮书。白皮书指出，中国全面建成小康社会，是世界人权事业发展史上的重要里程碑。中国在全面建成小康社会的伟大进程中，所创造的尊重和保障人权的成功做法和经验，为增进人类福祉贡献了中国智慧、提供了中国方案。

7. 新华社 8 月 16 日电　中共中央党史和文献研究院编辑的习近平同志《论把握新发展阶段、贯彻新发展理念、构建新发展格局》一书，近日由中央文献出版社出版，在全国发行。

8. 新华社 8 月 19 日电　七十载沧桑巨变，九万里风鹏正举。8 月 19 日上午，西藏各族各界干部群众 2 万多人欢聚在布达拉宫广场，热烈庆祝西藏和平解放 70 周年。中共中央总书记、国家主席、中央军委主席习近平在贺匾上题词"建设美丽幸福西藏　共圆伟大复兴梦想"。中共中央政治局常委、全国政协主席、中央代表团团长汪洋出席庆祝大会并讲话。

9. 新华社 8 月 20 日电　十三届全国人大常委会第三十次会议 8 月 20 日上午在北京人民大会堂闭幕。会议经表决，通过了个人信息保护法、监察官法、法律援助法、医师法、新修订的兵役法，全国人大常委会关于修改人口与计划生育法的决定；决定免去陈宝生的教育部部长职务，任命怀进鹏为教育部部长。国家主席习近平分别签署第 91、92、93、94、95、96、97 号主席令。栗战书委员长主持会议。

10. 新华社 8 月 26 日电　坚决遏制"两高"项目盲目发展电视电话会议 8 月

26日在北京召开，中共中央政治局常委、国务院副总理韩正出席会议并讲话。会议认真贯彻落实党中央、国务院决策部署，分析专项检查发现的问题，研究部署坚决遏制"两高"项目盲目发展下阶段重点工作。

11.新华社8月27日电　记者27日从中央网信办获悉，为进一步加大治理力度，中央网信办近日发布《关于进一步加强"饭圈"乱象治理的通知》，提出取消明星艺人榜单、优化调整排行规则、严管明星经纪公司等十项措施，重拳出击解决"饭圈"乱象问题。

9月国内重要时事

1.新华社9月1日电　自1983年颁布以来首次全面进行修订的海上交通安全法于9月1日起正式施行，重点从事前制度防范、事中事后加强监管、强化应急处置等方面完善制度设计。

2.新华社9月2日电　《"十四五"推进西部陆海新通道高质量建设实施方案》于9月2日发布。方案明确，到2025年，基本建成经济、高效、便捷、绿色、安全的西部陆海新通道。东中西三条通路持续强化，通道、港口和物流枢纽运营更加高效，对沿线经济和产业发展带动作用明显。

3.新华社9月6日电　《横琴粤澳深度合作区建设总体方案》《全面深化前海深港现代服务业合作区改革开放方案》于9月5日、6日相继发布，引发粤港澳各界高度关注、热烈讨论，认为方案对于全面推进粤港澳大湾区建设，提升粤港澳合作水平具有重要意义，为港澳长远发展注入新动力、提供新空间、创造新机遇，有利于港澳保持长期繁荣稳定和更好融入国家发展大局。

4.新华社9月10日电　综合新华社驻外记者报道：国家主席习近平9月10日向当天在广西南宁开幕的第18届中国—东盟博览会和中国—东盟商务与投资峰会致贺信指出，新冠肺炎疫情发生以来，中国和东盟携手抗疫、共克时艰，以实际行动诠释了守望相助、休戚与共的命运共同体精神。东盟国家人士就此表示，东盟各界愿与中方紧密合作，共同树立区域合作的典范。

5.新华社9月15日电　记者从郑州地铁集团有限公司获悉，9月15日6时起，郑州地铁5号线和2号线二期（贾河站至刘庄站）、3号线、4号线等4条线路恢复载客运营。

6.新华社9月17日电　据中国载人航天工程办公室消息，北京时间2021年9月17日13时34分，神舟十二号载人飞船返回舱在东风着陆场成功着陆，执行飞行任务的航天员聂海胜、刘伯明、汤洪波安全顺利出舱，身体状态良好，空间站阶段首次载人飞行任务取得圆满成功。这也是东风着陆场首次执行载人飞船搜索回收任务。

7.新华社9月20日电　国务院港澳事务办公室发言人9月20日发表谈话表示，香港特别行政区于19日顺利举行了2021年选举委员会界别分组选举，这是香港特别行政区在国安法实施、选举制度修改完善后的第一场重要选举,意义重大,影响深远。这次选举是全面贯彻落实"爱国者治港"原则的一次生动实践,充分展示出香港由乱转治、由治及兴的新气象、新希望,有利于香港的长治久安,有利于香港民生福祉的改善,有利于"一国两制"实践行稳致远。

8. 新华社9月21日电 9月20日,《中华人民共和国监察法实施条例》全文公布并于当日起施行,这是国家监察委员会成立后制定的第一部监察法规。条例共计9章287条,体例上与《中华人民共和国监察法》各章一一对应,包括总则、监察机关及其职责、监察范围和管辖、监察权限、监察程序、反腐败国际合作、对监察机关和监察人员的监督等内容,对监察制度进行科学化、体系化集成,是一部全面系统规范监察工作的基础性法规。

9. 新华社9月22日电 中共中央、国务院印发的《知识产权强国建设纲要(2021—2035年)》9月22日发布,为我国加快建设知识产权强国作出全面部署。纲要提出,到2025年,知识产权强国建设取得明显成效,知识产权保护更加严格,社会满意度达到并保持较高水平,知识产权市场价值进一步凸显,品牌竞争力大幅提升。到2035年,我国知识产权综合竞争力跻身世界前列,中国特色、世界水平的知识产权强国基本建成。

10. 新华社9月23日电 中宣部9月23日在深圳召开文化高质量发展座谈会。中共中央政治局委员、中宣部部长黄坤明出席会议并讲话,强调要深入学习贯彻习近平总书记关于文化建设和推动高质量发展的重要论述,积极回应时代新要求、满足人民新期待,以更大力度、更强自觉推动文化高质量发展,不断开创社会主义文化强国建设新局面。

11. 新华社9月25日电 9月25日晚,在党和人民亲切关怀和坚定支持下,孟晚舟在结束被加拿大方面近3年的非法拘押后,乘坐中国政府包机抵达深圳宝安国际机场,顺利回到祖国。

10月国内重要时事

1. 新华社10月4日电 香港特区政府政务司司长李家超10月4日表示,学校推行国家安全教育是应有之责,应以培育具国家观念、传承中华优良文化,以及守法守规的公民为目标,让学生对作为国家和中华民族一分子感到自豪,为国家和香港作出贡献。

2. 新华社10月9日电 纪念辛亥革命110周年大会10月9日上午在北京人民大会堂隆重举行。中共中央总书记、国家主席、中央军委主席习近平在会上发表重要讲话强调,2021年是辛亥革命110周年,是中国共产党成立100周年,中国人民正意气风发向着全面建成社会主义现代化强国的第二个百年奋斗目标迈进。在这个重要时刻,我们在这里隆重集会,缅怀孙中山先生等革命先驱的历史功勋,就是要学习和弘扬他们为振兴中华而矢志不渝的崇高精神,激励和团结海内外全体中华儿女为实现中华民族伟大复兴而共同奋斗。

3. 新华社10月11日电　中共中央政治局常委、国务院副总理韩正10月11日在云南昆明出席《生物多样性公约》第十五次缔约方大会开幕式并致辞。

4. 新华社10月14日电　中央人大工作会议10月13—14日在北京召开。中共中央总书记、国家主席、中央军委主席习近平出席会议并发表重要讲话，强调人民代表大会制度是符合我国国情和实际、体现社会主义国家性质、保证人民当家作主、保障实现中华民族伟大复兴的好制度，是我们党领导人民在人类政治制度史上的伟大创造，是在我国政治发展史乃至世界政治发展史上具有重大意义的全新政治制度。我们要坚持中国特色社会主义政治发展道路，坚持和完善人民代表大会制度，加强和改进新时代人大工作，不断发展全过程人民民主，巩固和发展生动活泼、安定团结的政治局面。

5. 新华社10月16日电　据中国载人航天工程办公室消息，北京时间2021年10月16日0时23分，搭载神舟十三号载人飞船的长征二号F遥十三运载火箭，在酒泉卫星发射中心按照预定时间精准点火发射，约582秒后，神舟十三号载人飞船与火箭成功分离，进入预定轨道，顺利将翟志刚、王亚平、叶光富3名航天员送入太空，飞行乘组状态良好，发射取得圆满成功。

6. 新华社10月18日电　10月18日，北京冬奥会火种在奥林匹克运动发祥地——希腊伯罗奔尼撒半岛的古奥林匹亚采集成功。在有着2000多年历史的赫拉神庙遗址前，奥运火种再次为北京点燃。

7. 新华社10月20日电　商务部10月20日发布前三季度我国吸收外资数据，1—9月，全国实际使用外资金额8595.1亿元，同比增长19.6%，引资结构持续优化。

8. 新华社10月21日电　十三届全国人大常委会第三十一次会议10月21日上午在北京人民大会堂举行第二次全体会议。栗战书委员长出席。会议审议了国务院关于2020年度国有资产管理情况的综合报告。报告介绍了国有资产总体情况、管理工作情况、上年度审议意见落实情况，提出了下一步工作安排：以全面加强党的建设为统领，不断推进党建工作与国资监管工作相统一；持续深化国资国企改革；加快理顺国有金融资本管理体制；扎实推进行政事业性国有资产管理提质增效；统筹健全自然资源资产管理体系；持续夯实国有资产管理和监督基础。

9. 新华社10月22日电　中共中央总书记、国家主席、中央军委主席习近平10月22日下午在山东省济南市主持召开深入推动黄河流域生态保护和高质量发展座谈会并发表重要讲话。他强调，要科学分析当前黄河流域生态保护和高质量发展形势，把握好推动黄河流域生态保护和高质量发展的重大问题，咬定目标、脚踏实地、埋头苦干、久久为功，确保"十四五"时期黄河流域生态保护和高质量发展取得明显成效，为黄河永远造福中华民族而不懈奋斗。

10. 新华社10月25日电　在中央广播电视总台央视奥林匹克频道及其数字平台开播上线之际，中共中央总书记、国家主席、中央军委主席习近平发来贺信，表示热烈的祝贺。习近平在贺信中指出，奥林匹克频道要通过奥林匹克运动和文化传播，讲述中国体育故事、弘扬中华体育精神，加强国际体育交流合作，推动我国同世界各国文明互鉴、民心相通。

11. 新华社10月27日电　国务院新闻办10月27日发表《中国应对气候变化的政策与行动》白皮书。白皮书说，气候变化是全人类的共同挑战。中国高度重视应对气候变化。作为世界上最大的发展中国家，中国克服自身经济、社会等方面困难，实施一系列应对气候变化战略、措施和行动，参与全球气候治理，应对气候变化取得了积极成效。

12. 新华社10月30日电　中国国民党第21届第1次全代会10月30日以视频会议方式举行，会议通过的中国国民党政策纲领中提到，该党将延续过去党章、党纲的基础，坚持反对"台独"，积极推动两岸改善关系。

11月国内重要时事

1. 新华社11月1日电　商务部近日印发通知，部署各地深入贯彻落实党中央、国务院决策部署，保障今冬明春广大人民群众生活必需品供应充足，切实做好市场保供稳价工作。

2. 新华11月2日电　记者从中国石化胜利油田获悉，胜利油田济阳页岩油勘探多点开花，首批上报预测石油地质储量4.58亿吨，已具备全面勘探开发条件。

3. 新华社11月4日电　第四届进博会的举办场所国家会展中心（上海）位于上海西翼的虹桥。2021年年初，国务院正式批复《虹桥国际开放枢纽建设总体方案》，提出由沪苏浙皖三省一市共建"大虹桥"。从昵称为"四叶草"的国家会展中心（上海）出发，长三角正在架起一座联通中外的"彩虹桥"。

4. 新华社11月8日电　据中国载人航天工程办公室消息，北京时间11月8日1时16分，经过约6.5小时的出舱活动，神舟十三号航天员乘组密切协同，圆满完成出舱活动全部既定任务，航天员翟志刚、王亚平安全返回天和核心舱，出舱活动取得圆满成功。

5. 新华社11月11日电　中国共产党第十九届中央委员会第六次全体会议，于2021年11月8—11日在北京举行。全会听取和讨论了习近平受中央政治局委托作的工作报告，审议通过了《中共中央关于党的百年奋斗重大成就和历史经验的决议》，审议通过了《关于召开党的第二十次全国代表大会的决议》。习近平就《中共中央关于党的百年奋斗重大成就和历史经验的决议（讨论稿）》向全会作了说明。

6. 新华社11月16日电　就业是最大的民生工程，是社会稳定的重要保障。国家统计局最新数据显示，1—10月，全国城镇新增就业1133万人，提前完成全年目标任务。

7. 新华社11月18日电　中共中央政治局11月18日召开会议，审议《国家安全战略（2021—2025年）》《军队功勋荣誉表彰条例》和《国家科技咨询委员会2021年咨询报告》。中共中央总书记习近平主持会议。

8. 新华社11月18日电　即将在2022年2月举办的北京冬奥会得到大批科技成果助力。"科技冬奥"将成为2022年北京冬奥会和冬残奥会的一大亮点，场馆建设、基础设施、绿色环保、智慧服务、转播技术、人工智能等新技术将得到充分展示和应用。

9. 新华社11月19日电　2021世界制造业大会11月19日在安徽合肥开幕。中共中央政治局委员、国务院副总理刘鹤作书面致辞。刘鹤表示，习近平总书记高度重视制造业发展，指出制造业是立国之本、强国之基，要推动制造业加速向数字化、网络化、智能化发展。必须深刻学习领会，认真贯彻落实。

10. 新华社11月21日电　11月21日下午，一年一度的台湾50年代白色恐怖政治受难者追思慰灵大会在台北马场町纪念公园举行。人们站在一幅幅烈士遗照前，身后的新店溪水流潺潺，无声地流向不远处的大海。

11. 新华社11月24日电　国台办发言人朱凤莲11月24日在例行新闻发布会上应询表示，我们要认真学习宣传贯彻中共十九届六中全会精神，切实把全会精神转化为推进对台工作的强大力量，从党百年奋斗重大成就和历史经验中汲取智慧和力量，坚决贯彻落实新时代党解决台湾问题的总体方略，毫不动摇地坚持一个中国原则和"九二共识"，坚决反对"台独"分裂行径和外部势力干涉，团结广大台湾同胞共担民族大义，共同致力民族复兴、祖国统一。

12. 新华社11月28日电　中央军委人才工作会议11月26—28日在京召开。中共中央总书记、国家主席、中央军委主席习近平出席会议并发表重要讲话。他强调，强军之道，要在得人。人才是推动我军高质量发展、赢得军事竞争和未来战争主动的关键因素，对实现党在新时代的强军目标、把我军全面建成世界一流军队具有重大现实意义和深远历史意义。要贯彻中央人才工作会议精神，深入实施新时代人才强军战略，确保为实现建军一百年奋斗目标提供坚实支撑，人才总体水平跻身世界强国军队前列。

12月国内重要时事

1. 新华社12月1日电　11月份中国制造业采购经理指数（PMI）日前出炉，在连续2个月低于50%的临界点后，重回扩张区间。市场预期向好，这表明前期系列保供稳价等政策取得成效，坚定了稳预期稳增长的信心。

2. 新华社12月2日电　一个年产卫星300颗的"G60星链"产业基地日前落户上海市松江区。这个高规格的数字卫星工厂，将成为上海高端制造的又一个标杆。从生物制药、人工智能到卫星通信、航天制造，松江已成为先进制造业主阵地、原始创新大走廊。截至2021年10月，战略性新兴产业占规上工业产值比重达63.4%。

3. 新华社12月4日电　全国宗教工作会议12月3—4日在北京召开。中共中央总书记、国家主席、中央军委主席习近平出席会议并发表重要讲话，强调要全面贯彻新时代党的宗教工作理论，全面贯彻党的宗教工作基本方针，全面贯彻党的宗教信仰自由政策，坚持我国宗教中国化方向，积极引导宗教与社会主义社会相适应，提高宗教界自我管理水平，提高宗教事务治理法治化水平，努力开创宗教工作新局面，更好组织和引导信教群众同广大人民群众一道为全面建成社会主义现代化强国、实现中华民族伟大复兴的中国梦而团结奋斗。

4. 新华社12月4日电　12月4日，国务院新闻办公室发表《中国的民主》白皮书并举行新闻发布会。发布会上，有关部门负责同志就中国共产党领导人民实现全过程人民民主等方面内容作了解读。白皮书指出，全过程人民民主，实现了过程民主和成果民主、程序民主和实质民主、直接民主和间接民主、人民民主和国家意志相统一，是全链条、全方位、全覆盖的民主，是最广泛、最真实、最管用的社会主义民主。

5. 新华社12月5日电　近日，中共中央办公厅、国务院办公厅印发了《农村人居环境整治提升五年行动方案（2021—2025年）》，并发出通知，要求各地区各部门结合实际认真贯彻落实。

6. 新华社12月6日电　12月2日，中共中央在中南海召开党外人士座谈会，就2021年经济形势和2022年经济工作听取各民主党派中央、全国工商联负责人和无党派人士代表的意见和建议。中共中央总书记习近平主持座谈会并发表重要讲话强调，要全面贯彻落实中共十九届六中全会精神，重温多党合作的历程和作用，发扬光荣传统，坚守合作初心，围绕宏观政策要稳健有效、微观政策要激发市场主体活力、改革开放政策要增强发展动力、社会政策要兜住民生底线，积极履行职能，加强自身建设，引导广大成员和所联系群众把会议精神转化为共同奋斗的政治共识，在全面建设社会主义现代化国家新征程中继续团结奋斗。

7. 新华社12月7日电　中共中央政治局12月6日下午就建设中国特色社会主义法治体系进行第三十五次集体学习。中共中央总书记习近平在主持学习时强调，我国正处在实现中华民族伟大复兴的关键时期，世界百年未有之大变局加速演进，改革发展稳定任务艰巨繁重，对外开放深入推进，需要更好发挥法治固根本、稳预期、利长远的作用。要坚定不移走中国特色社会主义法治道路，以解决法治领域突出问题为着力点，更好推进中国特色社会主义法治体系建设，提高全面依法治国能力和水平，为全面建设社会主义现代化国家、实现第二个百年奋斗目标提供有力法治保障。

8. 新华社12月10日电　中央经济工作会议12月8—10日在北京举行。中共中央总书记、国家主席、中央军委主席习近平，中共中央政治局常委李克强、栗战书、汪洋、王沪宁、赵乐际、韩正出席会议。习近平在会上发表重要讲话，总结2021年经济工作，分析当前经济形势，部署2022年经济工作。李克强在讲话中对明年经济工作作出具体部署，并作了总结讲话。

9. 新华社12月11日电　中共中央政治局常委、国务院副总理、推进海南全面深化改革开放领导小组组长韩正12月10日主持召开推进海南全面深化改革开放领导小组全体会议，认真学习贯彻党的十九届六中全会和中央经济工作会议精神，总结2021年推进海南全面深化改革开放工作，审议有关文件，研究部署2022年重点工作。

2021年下半年国际时事热点汇总

7月国际重要时事

1. 新华社7月4日电　在中国共产党百年华诞之际，多国政党政府领导人等继续致电致函习近平总书记和中共中央，热烈祝贺中国共产党成立100周年，高度评价中国共产党建党百年特别是党的十八大以来，在以习近平同志为核心的党中央领导下取得的伟大成就和对世界的重要贡献，坚信中国共产党必将取得新的更大成就。

2. 新华社7月5日电　最早在印度发现的新冠变异病毒德尔塔毒株在全球蔓延，导致部分国家出现新一波疫情。这再次凸显了疫苗接种的重要性和紧迫性，多国重新收紧防疫措施，同时持续推进疫苗接种。

3. 新华社7月6日电　中共中央总书记、国家主席习近平7月6日在北京以视频连线方式出席中国共产党与世界政党领导人峰会，并发表题为《加强政党合作　共谋人民幸福》的主旨讲话，强调政党作为推动人类进步的重要力量，要锚定正确的前进方向，担起为人民谋幸福、为人类谋进步的历史责任。中国共产党愿同各国政党一起努力，始终不渝做世界和平的建设者、全球发展的贡献者、国际秩序的维护者。

4. 新华社7月6日电　国务院总理李克强7月6日下午在中南海紫光阁同英国工商界代表举行视频对话会，围绕中英关系与务实合作、新冠肺炎疫情、应对气候变化、优化营商环境、深化服务贸易合作、促进人文交流等议题进行对话交流。标准人寿、帝亚吉欧、怡和、阿斯利康、沃博联、英国石油、力拓集团、捷豹路虎、高伟绅律师事务所、施罗德集团、伦敦大学学院、英国48家集团俱乐部等30多家跨国公司和知名机构负责人出席。

5. 新华社7月13日电　针对日本发布的《防卫白皮书》首次提到台湾周边局势稳定的重要性，外交部发言人赵立坚7月13日说，台湾是中国领土，台湾问题纯属中国内政，中方绝不容许任何国家以任何方式插手台湾问题。

6. 新华社7月14日电　东京奥运会中国体育代表团7月14日下午正式成立，431名运动员将参加30个大项225个小项的角逐，在全球新冠肺炎疫情依旧严峻的当下，中国代表团无论是参赛规模还是参赛小项，都创境外参赛之最。期待中国健儿在东京力争佳绩、超越自我的同时，全面展现体育精神和新一代中国青年形象，为全国人民尤其是青少年树立中国榜样，为祖国再添荣耀。

7. 新华社7月15日电　针对巴基斯坦开伯尔-普什图省达苏水电站项目通勤班车爆炸造成中方人员严重伤亡一事，外交部发言人赵立坚7月15日说，中方对事件造成中方人员严重伤亡感到十分震惊，将于当日派跨部门联合工作组赴巴协助开展工作。

8. 新华社7月16日电　国家主席习近平7月16日晚应邀在北京以视频方式出席亚太经合组织领导人非正式会议并发表讲话。多国人士认为，在疫情防控形势严峻、世界经济脆弱复苏的当下，习近平主席的讲话为地区和全球团结抗疫、推动世界经济复苏注入强大信心和动力。

9. 新华社7月20日电　津巴布韦维多利亚瀑布城的居民大规模接种了中国国药集团新冠疫苗，这座城市成为津巴布韦第一个实现群体免疫的城市，此后没有出现一例死亡病例。受邻国疫情高发、变异病毒传播力加强等因素影响，这个南部非洲国家目前正面临第三波疫情的严重威胁，新增病例和死亡病例数连创新高。维多利亚瀑布城居民3月开始接种国药疫苗，迄今已有2.1万市民接种，接种率达70%。

10. 新华社7月23日电　7月23日晚，当奥运圣火在东京新国立竞技场熊熊燃烧，第32届夏季奥林匹克运动会正式拉开帷幕。奥运之光辉映飘扬的五环旗帜，穿透新冠肺炎疫情阴霾，为人们带来温暖与力量。

8月国际重要时事

1. 新华社8月2日电　8月2日，世界上100多个国家和地区300多个政党、社会组织和智库向世界卫生组织秘书处提交《联合声明》，强调面对新冠病毒对人类生命安全和健康的严重威胁，国际社会需要加强抗疫合作，呼吁世卫组织客观公正地开展全球新冠病毒溯源研究，坚决反对将溯源问题政治化。

2. 新华社8月4日电　美国约翰斯·霍普金斯大学发布的最新统计数据显示，截至8月4日下午，全球累计新冠确诊病例超过2亿例，累计死亡病例超过425万例。其中美国累计确诊病例超过3500万例，累计死亡病例超60万例，美国是累计新冠确诊病例和死亡病例最多的国家。

3. 新华社8月9日电　全球累计新冠确诊病例已超2亿例，多种新冠变异株的出现，为疫情防控带来新挑战。加速提升疫苗在发展中国家的可及性，中国目前向世界提供了新冠疫苗和原液超7.7亿剂，居全球首位。

4. 新华社8月16日电　阿富汗塔利班发言人穆罕默德·纳伊姆8月15日宣布，塔利班武装人员已进入并控制了首都喀布尔，"阿富汗的战争已经结束"。

5. 新华社8月23日电　中国驻英国使馆8月23日强烈谴责英国电视四台日前播放的题为《新冠病毒从中国一实验室泄漏？》的病毒溯源专题片，并指出这是彻头彻尾的违背事实、违反科学、附和政治操弄的报道，中方坚决反对。

6. 新华社8月23日电　8月23日，国家主席习近平向中国—上海合作组织数字经济产业论坛、2021中国国际智能产业博览会致贺信。习近平指出，世界正进入数字经济快速发展的时期，5G、人工智能、智慧城市等新技术、新业态、新平台蓬勃兴起，深刻影响全球科技创新、产业结构调整、经济社会发展。近年来，中国积极推进数字产业化、产业数字化，推动数字技术同经济社会发展深度融合。

7. 新华社8月25日电　中国常驻日内瓦代表陈旭8月24日就新冠病毒溯源问题致函世卫组织总干事，并递交了《关于德特里克堡（美陆军传染病医学研究所）的疑点》《关于北卡罗来纳大学巴里克团队开展冠状病毒研究情况》两份非文件，以及超过2500万中国网民联署的要求调查德特里克堡基地的公开信。

8. 新华社8月28日电　经过90多天的所谓调查之后，美国情报机构当地时间8月27日发布了新冠病毒溯源报告的摘要，没有就新冠病毒起源拿出有说服力的新证据，诬蔑中方阻挠国际调查、拒绝共享信息。这份将矛头指向中国的报告违背科学，完全是政治操弄。这场彻头彻尾的闹剧注定沦为笑柄。

9月国际重要时事

1. 新华社9月2日电　外交部发言人汪文斌9月2日说，中方一直积极支持并参与"新冠疫苗实施计划"，致力于推动新冠疫苗在发展中国家的可及性和可负担性。近期，近3000万剂疫苗将陆续运往阿尔及利亚、科特迪瓦、尼日尔、吉尔吉斯斯坦、委内瑞拉等发展中国家。

2. 新华社9月7日电　从极度濒危物种海南长臂猿喜添"新丁"，到云南野生亚洲象群的北移经历……近年来，中国在生物多样性保护领域的暖心故事不断涌现。在法国马赛举办的第七届世界自然保护大会期间，多位与会者为生物多样性保护领域的"中国贡献"点赞，并认为一些"中国案例"堪称典范，对世界其他国家具有借鉴意义。

3. 新华社9月9日电　9月9日晚，国家主席习近平在北京以视频方式出席金砖国家领导人第十三次会晤并发表重要讲话，就推动金砖合作提出中国倡议、宣布务实举措，为金砖合作注入新动力，为促进全球经济复苏带来强大信心。

4. 新华社9月11日电　在9月11日举行的国际粮食减损大会实施情况和主要成果新闻发布会上，农业农村部国际合作司司长隋鹏飞介绍，这次大会共有70位嘉宾进行了致辞发言和演讲交流，取得了十项减损共识成果。

5. 新华社9月22日电　综合新华社驻外记者报道：国家主席习近平9月21

日在北京以视频方式出席第76届联合国大会一般性辩论并发表题为《坚定信心 共克时艰 共建更加美好的世界》的重要讲话。多国人士表示，习近平主席的讲话为全球发展提出重要倡议，为国际社会共同应对挑战，推动实现更加强劲、绿色、健康的全球发展，构建人类命运共同体凝聚起强大合力。

6. 新华社9月29日电 日本自民党总裁选举9月29日在东京举行，日本前外务大臣岸田文雄以明显优势胜出，成功当选自民党第27任总裁。按惯例岸田文雄将接替现任首相菅义伟出任首相。

10月国际重要时事

1. 新华社10月3日电 委内瑞拉总统马杜罗10月3日在全国电视讲话中表示，委政府全力支持习近平主席提出的全球发展倡议，将采取行动努力落实该倡议。

2. 新华社10月6日电 联合国环境规划署亚太办事处主任德钦策林日前在接受新华社记者专访时表示，中国是全球环境议程的重要引领者，在应对气候变化、防止污染和保护生物多样性方面发挥着关键作用。联合国环境规划署将继续加强与中国的合作，确保在昆明举行的联合国《生物多样性公约》第十五次缔约方大会取得圆满成功。

3. 新华社10月8日电 国务委员兼外长王毅10月7日向全球反恐论坛第十一次部长级会议发表书面发言。王毅对未来国际反恐事业提出五点主张：第一，应发挥联合国中心作用；第二，应坚持标本兼治原则；第三，应摒弃任何"双重标准"；第四，应遏制新威胁新挑战；第五，应加强发展中国家反恐能力建设。

4. 新华社10月12日电 国家主席习近平10月12日下午以视频方式出席在昆明举行的《生物多样性公约》第十五次缔约方大会领导人峰会并发表主旨讲话。习近平指出，生物多样性使地球充满生机，也是人类生存和发展的基础。保护生物多样性有助于维护地球家园，促进人类可持续发展。昆明《生物多样性公约》第十五次缔约方大会为未来全球生物多样性保护设定目标、明确路径，具有重要意义。国际社会要加强合作，心往一处想、劲往一处使，共建地球生命共同体。

5. 新华社10月18日电 2021年是新中国恢复联合国合法席位50周年。1971年10月25日，第26届联合国大会以压倒多数的票数通过第2758号决议，决定恢复中华人民共和国在联合国的一切合法权利，联合国真正成为最具普遍性、代表性和权威性的政府间国际组织。

6. 新华社10月23日电 联合国秘书长古特雷斯10月23日在接受新华社记者关于中华人民共和国恢复联合国合法席位50周年的采访时，高度赞扬中国在减贫等方面取得的成就，同时呼吁国际社会团结应对共同面临的多重挑战。

7. 新华社10月28日电 生态环境部消息，10月28日，中国《联合国气候变化框架公约》国家联络人向公约秘书处正式提交《中国落实国家自主贡献成效和新目标新举措》和《中国本世纪中叶长期温室气体低排放发展战略》。这是中国履行《巴黎协定》的具体举措，体现了中国推动绿色低碳发展、积极应对全球气候变化的决心和努力。

8. 新华社10月31日电　国家主席习近平10月31日晚在北京继续以视频方式出席二十国集团领导人第十六次峰会，重点阐述对气候变化、能源、可持续发展等问题的看法。

11月国际重要时事

1. 新华社11月1日电　联合国秘书长古特雷斯11月1日在全球新冠死亡病例数超过500万之际，呼吁促进疫苗公平分配，实现全球新冠疫苗接种战略所设定的目标。

2. 新华社11月2日电　综合新华社驻外记者报道：国家主席习近平11月1日向《联合国气候变化框架公约》第二十六次缔约方大会世界领导人峰会发表书面致辞，提出维护多边共识、聚焦务实行动、加速绿色转型三点建议。海外人士对此高度评价，认为全球应对气候变化，习近平主席的这三点建议至关重要。

3. 新华社11月8日电　外交部发言人汪文斌11月8日表示，习近平主席在第76届联大一般性辩论上提出的"全球发展倡议"在国际社会引发强烈反响。"全球发展倡议"面向全球开放，欢迎各国共同参与。中国愿同世界各国一道，秉持共商共建共享理念，践行真正的多边主义，为加快落实联合国2030年可持续发展议程，推动构建人类命运共同体作出不懈努力和新的贡献。

4. 新华社11月11日电　11月11日，国家主席习近平应邀在北京以视频方式向亚太经合组织工商领导人峰会发表题为《坚持可持续发展　共建亚太命运共同体》的主旨演讲。

5. 新华社11月13日电　11月12日晚，国家主席习近平在北京以视频方式出席亚太经合组织第二十八次领导人非正式会议并发表重要讲话。这是中国共产党十九届六中全会胜利闭幕后，习近平主席首次出席重大多边活动。11日，习近平主席还应邀以视频方式向亚太经合组织工商领导人峰会发表主旨演讲。

6. 新华社11月16日电　国家主席习近平11月16日上午同美国总统拜登举行视频会晤。双方就事关中美关系发展的战略性、全局性、根本性问题以及共同关心的重要问题进行了充分、深入的沟通和交流。

7. 新华社11月19日电　针对台驻立陶宛机构挂牌运作，国台办发言人朱凤莲11月19日应询表示，民进党当局出于谋"独"企图，在国际上打着各种旗号进行破坏一个中国原则、分裂国家的行径。其伎俩包括设立有关机构、更改有关名称、拉拢渗透有关国家政要、编织谎言、散布"台独"言论等。对于各种谋"独"行径，我们坚决反对并将坚决打击。

8. 新华社11月25日电　国务院总理李克强11月25日下午在人民大会堂出

席第十三届亚欧首脑会议，并发表引导性讲话。柬埔寨首相洪森主持会议。来自53个成员的领导人和国际组织负责人与会。会议以视频方式举行。

9. 新华社11月26日电　国务院新闻办公室11月26日发布《新时代的中非合作》白皮书。这是中国政府发布的第一部全面介绍中国非洲合作的白皮书，也是党的十八大以来首部介绍中国同世界上某一地区合作成果的白皮书。

10. 新华社11月28日电　综合新华社驻外记者报道：英国、德国、意大利、俄罗斯、澳大利亚11月27日和28日陆续报告感染新冠变异病毒奥密克戎毒株的确诊病例。为防范该变异病毒传播，多国紧急取消航班、限制旅客入境、升级防控措施。

11. 新华社11月30日电　11月29日，习近平主席以视频方式出席中非合作论坛第八届部长级会议开幕式，发表题为《同舟共济，继往开来，携手构建新时代中非命运共同体》的主旨演讲。会议结束之际，国务委员兼外交部部长王毅接受中央媒体采访，介绍习近平主席与会情况，阐释习近平主席提出的重大倡议主张及其重要意义影响。

12月国际重要时事

1. 新华社12月1日电　12月1日，日本前首相安倍晋三罔顾国际关系基本准则和中日四个政治文件原则，公然在台湾问题上说三道四，粗暴干涉中国内政，渲染所谓"中国威胁"。在此正告日本一些政客，台湾是中国的神圣领土，绝不容外人肆意染指。任何人胆敢挑战中国人民的底线，必将碰得头破血流！

2. 新华社12月3日电　中共中央总书记、国家主席习近平12月3日同老挝人民革命党中央总书记、国家主席通伦举行视频会晤。习近平指出，今年是中老建交60周年暨中老友好年。60年来，中老关系之所以能够经受住国际风云变幻考验，历久弥坚、历久弥新，关键在于双方坚守共同理想，彼此信赖、守望相助、命运与共。

3. 新华社12月3日电　12月2日，国家主席习近平在北京向2021年"读懂中国"国际会议（广州）开幕式发表视频致辞，深刻阐明中国共产党百年奋斗对世界发展的重大意义，鲜明宣示中国共产党更好满足中国人民美好生活向往、为世界作出更大贡献的坚定决心，引起与会中外人士的热烈反响。

4. 新华社12月4日电　12月3日，中国－拉美和加勒比国家共同体论坛第三届部长会议以视频方式成功举行。会后，外交部副部长马朝旭接受国内媒体联合采访，介绍会议情况和成果。

5. 新华社12月5日电　日本前首相安倍晋三近日大放厥词，妄称"台湾有事即日本有事，也就是日美同盟有事"。中国外交部部长助理华春莹为此紧急约见日本驻华大使垂秀夫提出严正交涉。外交部、国台办发言人也分别发声，表达了中国政府的严正立场。

6. 新华社12月6日电 美国务卿布林肯、防长奥斯汀近日发表涉台错误言论，包括公然称中国台湾地区为"国家"，声称美承诺"确保台有能力自卫"等。对此，国台办发言人马晓光6日指出，美国政府一些人近来一而再再而三发表涉台错误言论，暴露出美国政府在涉台问题上顽固坚持错误立场，继续打"台湾牌"的图谋。

7. 新华社12月7日电 新华社国家高端智库12月7日向全球全媒发布中英文智库报告《全人类共同价值的追求与探索——民主自由人权的中国实践》及纪录片，深度解读中国共产党高举人民民主旗帜、实现人民当家作主，中国人民成为国家、社会和自己命运的主人的伟大成就，深刻阐释中国人民始终不渝追求全人类共同价值的历史逻辑、实践逻辑和理论逻辑。

8. 新华社12月10日电 综合新华社驻外记者报道：连日来，多个国家通过不同方式发声，纷纷支持北京冬奥会，反对将奥运政治化和体育政治化，相信北京冬奥会将把各国民众团结在一起，促进世界和平与发展。

9. 新华社12月12日电 2021年是中国加入世界贸易组织20周年。20年来，中国切实履行入世承诺，中国经济与全球经济高度融合，中国的发展红利惠及全球，也让美国经济显著受益。

10. 新华社12月21日电 针对美方依据美国内法，借口所谓"新疆人权"问题，对中方官员进行非法制裁，外交部发言人赵立坚12月21日说，有关行径严重干涉中国内政，严重违反国际关系基本准则，严重损害中美关系，中方对此坚决反对，强烈谴责，决定依法进行对等反制。

参考文献

[1] 商志晓：《深刻认识新时代在民族复兴进程中的重要地位》，《求是》2021年第20期。

[2] 《关于〈中共中央关于党的百年奋斗重大成就和历史经验的决议〉的说明》，新华网，http://m.news.cn/2021-11/16/c_1128069845.htm.

[3] 洪晓楠：《党的十九届六中全会的重大意义》，《大连日报》2021年11月15日A08版。

[4] 《中共中央关于党的百年奋斗重大成就和历史经验的决议》，新华网，http://www.news.cn/2021-11/16/c_1128069706.htm.

[5] 《如何理解全过程人民民主的丰富内涵》，人民网－理论频道，http://theory.people.com.cn/n1/2021/0906/c40531-32218485.html.

[6] 冉梨：《深刻把握全过程人民民主的鲜明特征》，《重庆日报》2021年10月21日14版。

[7] 《全过程民主——人民民主的时代命题》，《天津日报》2021年8月27日07版。

[8] 《不断发展全过程人民民主》，《人民日报》2021年10月18日01版。

[9] 宁吉喆：《国民经济总体保持恢复态势 推动高质量发展取得新进展》，《求是》2021年第21期。

[10] 《11月国民经济运行持续恢复》，人民网，https://baijiahao.baidu.com/s?id=1686185259413178230&wfr=spider&for=pc.

[11] 《稳字当头、稳中求进，推动高质量发展》，《人民日报》2021年12月11日01版。

[12] 《坚定信心，坚定不移做好自己的事情——论学习贯彻中央经济工作会议精神》，《人民日报》2021年12月13日04版。

[13] 顾海良：《深刻理解共同富裕是社会主义的本质要求》，《人民日报》2021年10月19日10版。

[14] 《新发展阶段促进共同富裕的战略擘画》，《求是》2021年第20期。

[15] 尤权：《做好新时代党的民族工作的科学指引》，《求是》2021年第21期。

[16] 《以铸牢中华民族共同体意识为主线 推进新时代党的民族工作高质量发展的纲领性文献》，《人民日报》2021年12月8日12版。

[17] 刘宝明：《新时代党的民族工作的根本遵循》，《光明日报》2021年11月10日06版。

[18]《习近平同美国总统拜登举行视频会晤》,《人民日报》2021年11月17日01版。
[19]《元首视频会晤为中美关系把舵引航》,《人民日报》2021年11月18日02版。
[20] 刘华、郑明达、伍岳等:《把舵引航,引领中美巨轮共同前行》,新华网,http://www.qstheory.cn/qshyjx/2021-11/17/c_1128071957.htm.
[21]《世界气象组织发布"2021年全球气候状况"临时报告》,光明网,https://m.gmw.cn/baijia/2021-11/01/1302659929.html.
[22] 郭爽:《联合国气候变化大会谈什么》,《光明日报》2021年11月02日16版。
[23]《联合国气候变化大会闭幕 中国对〈巴黎协定〉达成作出历史性贡献》,《光明日报》2015年12月14日12版。
[24]《中国应对气候变化的政策与行动》,新华网,https://baijiahao.baidu.com/s?id=1714755252956906426&wfr=spider&for=pc.
[25] 曹前发:《把握"人与自然生命共同体"理念的丰富内涵》,光明网,https://m.gmw.cn/baijia/2021-07/07/34976378.html.
[26]《读懂全人类共同价值的丰富内涵》,求是网,http://www.qstheory.cn/laigao/ycjx/2021-08/25/c_1127786359.htm.
[27] 佟德志:《全人类共同价值的时代意蕴》,《光明日报》2021年1月22日11版。
[28] 冯俊:《全人类共同价值与构建人类命运共同体》,中国党政干部论坛,2021年9月27日。
[29] 桑建泉、代玉启:《弘扬全人类共同价值推动构建人类命运共同体》,《中国社会科学报》2021年11月25日A04版。